Anton Gneupel | Luis Pazos

CLOSED-END FUNDS VERSTEHEN UND BEWERTEN

Mit börsennotierten Investmentfonds zum globalen Einkommensstrom

FBV

Bibliografische Information der Deutschen Nationalbibliothek
Die Deutsche Nationalbibliothek verzeichnet diese Publikation in der Deutschen Nationalbibliografie. Detaillierte bibliografische Daten sind im Internet über http://dnb.d-nb.de abrufbar.

Für Fragen und Anregungen
info@finanzbuchverlag.de

Originalausgabe
1. Auflage 2022

Türkenstraße 89
80799 München
Tel.: 089 651285-0
Fax: 089 652096

Redaktion: Silvia Kinkel
Korrektorat: Mauela Kahle
Umschlaggestaltung: Sonja Vallant
Umschlagabbildung: Exclusively/shutterstock.com
Satz: Röser MEDIA GmbH & Co. KG, Karlsruhe
Druck: CPI
Printed in the EU

ISBN Print 978-3-95972-472-2
ISBN E-Book (PDF) 978-3-96092-898-0
ISBN E-Book (EPUB, Mobi) 978-3-96092-899-7

Inhalt

Haftungsausschluss und potentielle Interessenkonflikte

Der Handel mit Wertpapieren ist grundsätzlich mit Verlustrisiken verbunden. Diese können sogar einen Totalausfall der Investition nach sich ziehen. Die Autoren übernehmen daher keine Haftung für materielle oder ideelle Schäden, die aus der Nutzung oder Nichtnutzung der angebotenen Informationen resultieren. Ferner wird für deren Aktualität, Korrektheit, Qualität oder Vollständigkeit trotz sorgfältiger Zusammenstellung keine Gewähr übernommen. Zudem sind alle getroffenen Aussagen keinesfalls als Anlageempfehlungen im Sinne des Wertpapierhandelsgesetzes, sondern lediglich als persönliche Meinungsäußerungen der Autoren aufzufassen. Diese sind selbst als Investoren aktiv. Es besteht daher die Möglichkeit, dass Finanzinstrumente und Wertpapiere besprochen werden, mit denen die Autoren selbst Handel zu treiben beabsichtigen oder die sich in ihrem Besitz befinden. Hieraus resultierende Interessenkonflikte können somit nicht ausgeschlossen werden.

Fragen und Anmerkungen zum vorliegenden Buch nehmen die Autoren gerne unter folgenden E-Mail-Adressen entgegen:

gneupel@dwiedividende.de
pazos@nurbaresistwahres.de

Weitere Informationen zur einkommensorientierten Geldanlage finden sich auf den Blogs der beiden Autoren:

https://dwiedividende.de
https://nurbaresistwahres.de

Meinem Großvater Ulrich.
Meiner Mutter Angela.

Vorwort

Aus der Rückschau betrachtet wurden die goldenen 2010er-Börsenjahre von zwei markanten Finanztrends umklammert. Der Anfang der Dekade ging mit einer Renaissance sogenannter Sammelanlagen einher, also Investment- beziehungsweise Sondervermögen, welche Anlegergelder bündeln und die verwalteten Mittel in der Regel über eine Vielzahl börsennotierter Wertpapiere sowie je nach Statut andere Vermögenswerte gestreut investieren. Befeuert wurde der bis zur Drucklegung dieses Buches anhaltende Boom in erster Linie vom Aufstieg der Exchange Traded Funds (ETFs).

Dieses vergleichsweise junge Finanzinstrument konnte vor allem durch einen prognosefreien Ansatz und die damit verbundene, massive Kostenreduktion im Vergleich zu traditionellen Investmentfonds punkten, flankiert durch reichliche Literatur zum Thema, deren Auflage parallel zur Beliebtheit der ETFs stieg.

Mit der historisch erstmaligen Verfestigung zunächst realer und dann auch nominaler Negativzinsen in weiten Teilen der westlichen Welt erwachte schließlich gegen Ende des Jahrzehnts die gute alte Dividende aus ihrem knapp 40 Jahre währenden Dornröschenschlaf. In diesen hatte sie die Spindel des ausgeprägten Bullenmarktes versetzt, welcher Anfang der 1980er-Jahre Anlauf nahm. Dies wiederum hatte zur Folge, dass viele Marktteilnehmer ihr Augenmerk zunehmend weg von der Dividende und hin auf die Kursrendite richteten.

Tatsächlich sollte sich beispielsweise die durchschnittliche Dividendenrendite amerikanischer Aktien in der Folgezeit im Vergleich zum vorausgegangenen Jahrhundert knapp halbieren. Ursächlich hierfür waren keineswegs die den Ausschüttungen durchweg davoneilenden Kurse, sondern vielmehr eine auf zahlreichen wirtschaftlichen Anreizen beruhende Zurückhaltung in der Dividendenpolitik der Unternehmen, welche von den Aktionären weitgehend klaglos hingenommen wurde.

Ein Instrument, welches beide Trends in sich vereint, ist der Closed-end Fund (CEF) - und das bereits seit 1868. Inmitten der derzeit über 1000 börsennotierten Vertreter laufen tatsächlich noch heute zahlreiche frühe Emissionen der weltweit verbreiteten Produktgattung um, die bereits im späten 19. und frühen 20. Jahrhundert aufgelegt wurden. Damit ist er der unangefochtene Methusalem unter den derzeit handelbaren Investmentvermögen.

Als selbstständiges Anlagevehikel kombiniert der CEF nebst ganz spezifischen Eigenschaften die Merkmale einer börsennotierten Sammelanlage und eines ausschüttungsstarken Dividendenwertes. Aufgrund dessen erfreuen sich CEFs insbesondere bei jungen wie alten einkommensorientierten Investoren ungebrochener Beliebtheit. Eine Ausnahme bildet Kontinentaleuropa, wo dieses in der angelsächsischen Welt verbreitete Fondskonzept nie richtig Fuß fassen konnte, obgleich sich der Kontinent mit Fug und Recht als Wiege des Investmentfonds im Allgemeinen sowie des CEFs im Speziellen rühmen darf.

Genau dieser historische Hintergrund einschließlich der Ausdifferenzierung der Investmentlandschaft wird einleitend in KAPITEL 1 beleuchtet. Die Gemeinsamkeiten und Unterschiede der aktuell bedeutendsten Sammelanlagen sind Gegenstand von KAPITEL 2. Wie es zur Herausbildung von CEFs als eigenständiges Instrument mit gesonderter Regulierung kam, die gängige rechtliche Struktur, etwaige länderspezifische Besonderheiten der CEFs sowie deren vornehmliche Zielgruppe werden in KAPITEL 3 thematisiert.

Obgleich der bis hierhin theoriebezogene Teil des Buches nicht zwingend zur Vorbereitung von Anlageentscheidungen nötig ist, empfiehlt sich dennoch dessen Lektüre. Zum einen tragen die Ausführungen zum Gesamtverständnis des Themenkomplexes bei, zum anderen versteht sich diese Publikation als Beitrag zu einer ganzheitlichen Finanzbildung, die über einen reinen Ratgeber hinausgeht. Ungeduldige Leser sollten daher zumindest den Lesestoff nachholen, sofern sie denn direkt mit dem praxisorientierten Teil dieses Buches starten.

Dieser beginnt mit KAPITEL 4 und der Typisierung der Fondsgattung nach der praktizierten Anlagestrategie, jeweils einschließlich eines konkreten Branchenvertreters. Daran anschließend folgt in KAPITEL 5 eine Übersicht der bedeutendsten Kapitalmärkte für CEFs, welche historisch bedingt im angelsächsischen Raum zu finden sind. Selbstverständlich gehört zur Betrachtung potenzieller Investitionen auch ein Blick auf die Chancen und Vorteile sowie Risiken und Nachteile, welcher in den KAPITELN 6 und 7 erfolgt, bevor im KAPITEL 8 erprobte Werkzeuge an die Hand gegeben werden, um CEFs zu bewerten. Typisierte CEF-Musterportfolios in KAPITEL 9 sowie die unausweichliche Steuerthematik in KAPITEL 10 runden diese erste deutschsprachige Publikation zu Closed-end Funds ab.

1

Giganten der Finanzmärkte

1.1 Vom Geldautomaten und anderen Innovationen

Paul Adolph Volcker wurde am 05. September 1927 in New Jersey inmitten einer der exzessivsten Partys der Börsengeschichte geboren. Berühmt wurde er als Vorsitzender des Federal Reserve Systems (Fed) der Vereinigten Staaten von Amerika, wenngleich ihn sein Nachfolger in diesem Amt in puncto Bekanntheit deutlich in den Schatten stellen sollte. Volcker verstarb 2019.

Die Amtszeit Volckers währte von August 1979 bis August 1987. In diese Periode fiel die letzte Hochinflationsphase der USA, welche die Kaufkraft des US-Dollars noch Anfang der 1980er-Jahre um 15 Prozent per annum aushöhlte. Mit Leitzinsen jenseits der 20 Prozent gelang es der Fed schließlich, die Lohn-Preis-Spirale zu brechen und eine Phase sinkender Zinsen und damit spiegelbildlich steigender Vermögenspreise einzuleiten, die unter heftigen Zuckungen bis in die 2020er-Jahre andauern sollte.

Der kurzfristig für diesen sogenannten »Volcker-Schock« fällige Preis war freilich eine ausgeprägte Rezession. Auch nach Übergabe des Staffelstabs an den legendären und unter Börsianern äußerst beliebten Alan Greenspan – bekannt auch als »Sphinx of the Fed«, »Master of the

Universe« oder kurz »Maestro« –, der im Laufe seiner 19 Jahre währenden Amtszeit noch jeden Crash mit Zinssenkungen und Liquiditätsspritzen ausbügelte, blieb Volcker seinem Metier treu.

Als finanzpolitischer Berater der US-Regierung machte er noch einmal 2010, im Nachgang zur Weltfinanzkrise, von sich Reden. Aus jener Epoche stammt denn auch die wohl bekannteste, dem früheren US-amerikanischen Notenbankchef zugeschriebene Aussage, derzufolge die Finanzbranche in den letzten Jahrzehnten lediglich eine sinnvolle Innovation zustande gebracht habe, nämlich den Geldautomaten.

Ein erstes funktionstüchtiges Exemplar desselben wurde übrigens bereits im Jahr 1939 gebaut, von der City Bank of New York probeweise in Betrieb genommen und nach etwa einem halben Jahr mangels Nachfrage wieder abgebaut. »Es sieht so aus, dass ein paar Prostituierte und Glücksspieler, die nicht von Angesicht zu Angesicht mit Kassierern zu tun haben wollten, die einzigen Benutzer des Gerätes waren«, konstatierte George Luther Simjian, der Erfinder der Apparatur. Erst im Juni 1967 startete die Barclays Bank in London als globaler Vorreiter des automatisierten Bargeldbezugs, ein knappes Jahr später zog die Sparkasse Tübingen als erstes deutsches Institut nach. Heute existieren weltweit rund 3,5 Millionen Automated Teller Machines (ATMs) beziehungsweise Geldausgabeautomaten (GAA).

1.2 Der Siegeszug der Indexanlagen

Wenige Jahre später revidierte Volcker seine Aussage und ergänzte die Liste um eine weitere Finanzinnovation, den Indexfonds. Analog zum Geldautomaten hat dieser in der börsennotierten Variante des Exchange Traded Funds (ETFs) nach der vorläufigen Verdauung der Weltfinanzkrise ab den 2010er-Jahren seinen globalen Siegeszug angetreten und dabei vor allem den klassischen Investmentfonds beziehungsweise Mutual Funds im angelsächsischen Raum das Wasser abgegraben. Auf die Begrifflichkeiten, und vor allem rechtlichen wie organisatorischen Unterschiede, werden wir noch eingehen.

Indexfonds wiederum sind auf das Engste mit dem Namen und der Person John C. Bogle verknüpft, der unter seinen Anhängern eine ähnlich kultische Anerkennung genießt wie unter wertorientierten Investoren Warren Buffett. Bogle, der gemeinhin als Vater des sogenannten Index Investings gilt und seine revolutionäre Idee auch unternehmerisch und zunächst erfolglos in die Tat umsetzte, hat schließlich 2007 im Alter von 78 Jahren die Essenz seiner aus über fünf Dekaden gespeisten Börsenerfahrung unter dem Titel *The Little Book of Common Sense Investing* (deutscher Titel: *Das kleine Handbuch des vernünftigen Investierens*) zu Papier gebracht.

Neben Warren Buffett, Peter Lynch und George Soros war es Bogle, der im Jahr 2004 vom Wirtschaftsmagazin *Fortune* in den Rang eines »Giants of the 20th Century« erhoben wurde – zumindest in Finanzfragen. Dies ist insofern erstaunlich, als dass Bogle der Einzige unter besagten Giganten ist, der auf nichts weiter als das schlichte Mittelmaß abzielt.

Bereits Anfang der 1970er-Jahre erkannte der 1929 in New Jersey geborene Bogle, dass klassische Investmentfonds langfristig durch die Bank weg schlechter abschnitten als korrekt gewählte Vergleichsindizes. Und selbst den wenigen »Outperformern« gelang es nicht, die Überrendite systematisch aufrechtzuerhalten. Im Gegenteil, die Regression zur Mitte stutzte sie regelmäßig wieder auf Normalmaß.

Zudem war und ist es unmöglich, im Vorhinein zu ermitteln, welche Investmentfonds den Staffelstab an der Branchenspitze übernehmen; sprich, die Outperformance-Konstanz der Vermögensverwalter liegt mittel- bis langfristig nicht oberhalb des statistischen Zufalls. Das jedenfalls belegen dutzende Untersuchungen, die beispielsweise jenseits des Atlantiks der emeritierte Princeton-Professor Burton Malkiel und diesseits sein Mannheimer Pendant Martin Weber zusammengetragen haben.

Als einen wesentlichen Faktor für dieses Phänomen identifizierte Bogle frühzeitig die Kosten des Fondsmanagements, die neben den Personalaufwendungen beispielsweise auch die Ausgaben für umfangreiche Markt- und Unternehmensanalysen sowie Transaktionskosten umfassen und sich in den Verwaltungsgebühren niederschlagen. Diese fallen zwar mit im Schnitt 1,5 bis 2,0 Prozent des verwalteten Vermögens pro Jahr optisch zunächst vergleichsweise niedrig aus, anders sieht es jedoch aus, wenn statt der absoluten die relative Gebührenquote herangezogen wird.

Diese beläuft sich in etwa auf satte 15 bis 20 Prozent der jährlichen Nominalrendite, also des Dividenden- und Kursgewinnertrags vor Inflation, sofern beispielsweise ein marktbreiter US-amerikanischer Aktienindex über die letzten 100 Jahre zugrunde gelegt wird. Allein diese wieder hereinzuholen ist schwer. Zu schwer, wie entsprechende Statistiken in neuerer Zeit zuhauf belegen.

Warum dann also nicht gleich zu minimalen Kosten »nur« einen Index nachbilden? Was heute zum Kanon der Finanzbildung gehört, war vor über 40 Jahren tatsächlich ein revolutionärer Gedanke, wie Volcker im Rahmen seiner eingangs zitierten Laudatio zu würdigen wusste. Bogle blieb jedoch nicht bei dem Gedanken stehen, denn um seine Hypothese in der Praxis zu erproben, gründete er im Jahr 1974 die Vanguard Group.

Ein Jahr später emittierte die Vermögensverwaltung den ersten öffentlichen Indexfonds. Der später in Vanguard 500 Index Fund umbenannte First Index Trust bildete die Wertentwicklung des S&P 500 ab und wurde wie bei Investmentfonds nach wie vor üblich ausschließlich am Primärmarkt, also direkt über den Emittenten, gehandelt – zunächst belächelt und mit wenig Erfolg. Gerade einmal etwas über 11 Millionen US-Dollar sammelte der Indexfonds ein. Geplant zur Aufrechterhaltung eines wirtschaftlichen Betriebs waren 150 Millionen US-Dollar.

Aufgeben war Bogles Sache nicht. Der Rest ist Legende: Die erste Börsennotierung eines ETFs erfolgte in den USA im Jahr 1989. In Deutschland war es die heute zu BlackRock respektive iShares gehörende Indexchange Investment AG, die im Jahr 2000 zeitgleich die ersten beiden Produkte dieser Gattung auf den hiesigen Markt brachte. Die Erstnotiz der ETFs auf den EURO STOXX 50 und STOXX Europe 50 erfolgte am 11. April besagten Jahres und damit nahezu parallel zur Implosion des neuen Marktes. Ende 2020 verwalteten nach Angaben der Deutschen Börse weltweit etwa 7000 ETFs ein Vermögen von über 6 Billionen US-Dollar.

Der im Zuge steigender Beliebtheit zunehmende Konkurrenzkampf der Fonds- und Kapitalanlagegesellschaften um Kunden und Marktanteile in diesem Segment hat zu sukzessive sinkenden Gebühren geführt. John C. Bogle dürfte das ausdrücklich begrüßen, derweil Stand Juli 2021 der Vanguard 500 Index Fund 777 Milliarden US-Dollar verwaltet – gut die Hälfte mehr als der für das gleiche Jahr veranschlagte Bundeshaushalt.

Summa summarum ist es Bogle wie kaum einem anderen Akteur auf dem Börsenparkett gelungen, Praxis und Theorie miteinander zu verbinden. Das akademische Gegenstück zur Vanguard Group ist das Bogle Financial Markets Research Center, auf dessen Erkenntnisse und Statistiken der Namensgeber gerne im Buch zurückgreift. Profitiert hat Bogle indes nur sehr indirekt vom Aufstieg »seiner« Vanguard Group.

Laut dem Informationsdienst ADV Ratings ist das Unternehmen Stand März 2021 mit circa 7,5 Billionen US-Dollar an verwaltetem Vermögen nach BlackRock der zweitgrößte Asset Manager der Welt. Entgegen den Gepflogenheiten des Sektors ist die Vanguard Gruppe genossenschaftlich organisiert. Sie gehört ihren eigenen (US-amerikanischen) Investment- beziehungsweise Indexfonds sowie ETFs und damit deren Anlegern. Die Gewinne des Unternehmens wirken damit unmittelbar dämpfend auf die Kosten- und damit Gebührenstruktur – ganz im Sinne des Erfinders!

Exkurs: BlackRock, die unangefochtene Nummer eins unter den weltweiten Asset Managern, verwaltete zeitgleich ein Vermögen von knapp über 9 Billionen US-Dollar. Hinter Vanguard ging die Bronzemedaille an die UBS mit 4,23 vor Fidelity mit 3,90 und State Street Global Advisors mit 3,59 Billionen US-Dollar. Das verwaltete Vermögen der weltweit 500 größten Asset Manager betrug Ende 2019 gut 104 Billionen US-Dollar. Dabei dominierten US-Unternehmen die Rangfolge. Allein 16 der 20 größten Vermögensverwalter haben ihren Sitz in den Vereinigten Staaten. Die deutsche Allianz – seinerzeit noch auf dem fünften Platz und nach wie vor in der führenden Zehnerriege –, Amundi und BNP Paribas aus Frankreich sowie die bereits aufgeführte Schweizer Großbank UBS stellen die fehlenden vier Vertreter. Die DWS (27.), die Landesbank Baden-Württemberg (58.), Union Investment (64.), Meag (69.) sowie die Dekabank (85.) komplettieren die deutschen Vertreter in der Top 100.

1.3 Auf den Schultern eines holländischen Riesen

Nun stehen Giganten üblicherweise selbst auf den Schultern von Riesen. Da bilden die Finanzgiganten des 20. Jahrhunderts keine Ausnahme, im Fall von Bogle und seiner Vanguard Group reichen diese exakt 200 Jahre zurück auf einen niederländischen »Riesen«, dessen Name heutzutage jedoch bestenfalls finanzhistorisch interessierten Personen geläufig sein dürfte. Tatsächlich gilt Abraham van Ketwich als Architekt und Erfinder des modernen Investmentfonds, ohne den der Indexfonds und schließlich auch der ETF nie das Licht der Welt erblickt hätten.

Ausgangspunkt dafür war - wie so oft in der Geschichte - eine politisch induzierte Finanz- und Wirtschaftskrise im Nachgang eines Krieges, in deren Folge das europäische Bankensystem in Teilen zusammenbrach; ein Muster mit jahrhundertealter Tradition. Bei dem in diesem Fall militärisch relevanten Konflikt handelt es sich um den Siebenjährigen Krieg, der von 1756 bis 1763 wütete und alle bedeutenden Großmächte der damaligen Zeit in den Strudel der Ereignisse riss. Waffengänge erfolgten in Mitteleuropa, Portugal, Nordamerika, Indien, der Karibik und auf den Weltmeeren, weshalb der Siebenjährige Krieg unter Historikern bisweilen auch als Weltkrieg geführt wird.

Der langjährige Waffengang endete wie das Hornberger Schießen mit der Wiederherstellung des vorherigen Status quo, lediglich jenseits des Atlantiks verlor Frankreich einige Kolonialgebiete an

Großbritannien. Im Gegenzug forderte der Krieg erhebliche personelle und materielle Ressourcen, Letztere konnten – ebenfalls wie historisch üblich – nur über deutliche Ausweitungen der öffentlichen Verschuldung finanziert werden.

Exkurs: Großbritannien hat nach der kostspieligen Beteiligung am Siebenjährigen Krieg im Jahr 1765 ein Stempelsteuergesetz erlassen, welches eine Vielzahl zu beglaubigender Vorgänge umfasste. Hierzu zählten auch Börsengeschäfte. Die Stempelsteuer oder »stamp duty« wird heute noch an der Londoner Börse als Finanztransaktionssteuer auf die Käufe der meisten Aktien von Privatanlegern erhoben. Die Höhe beträgt 0,5 Prozent des Ordervolumens. Nur wenige Jahre nach ihrer Einführung sollte die Stempelsteuer mitentscheidend für die Erklärung der amerikanischen Unabhängigkeit werden. Tatsächlich wurde sie von den *Sons of Liberty* (englisch: »Söhne der Freiheit«) um deren prominentestes Mitglied John Adams, den späteren zweiten Präsidenten der Vereinigten Staaten von Amerika, entschieden bekämpft. Als fiskalisch-militärisches Relikt gleicht sie damit der deutschen Schaumweinsteuer, welche im Jahr 1902 zur Finanzierung der kaiserlichen Marine eingeführt und nie wieder abgeschafft wurde, obgleich sie Stand 2019 mit 377 Millionen Euro gerade einmal 0,023 Prozent zu den Staatseinnahmen von insgesamt 1610,56 Milliarden Euro beitrug. Eine jüngere Folge des Stempelsteuergesetzes ist die Einführung von Differenzkontrakten (Contract For Difference, CFD), welche heutzutage in stark gehebelten Varianten überwiegend spekulativ eingesetzt werden. Entwickelt wurden sie in den 1980er-Jahren von der Schweizer Großbank UBS in London, um die britische Stempelsteuer zu umgehen. Hierbei wurde das zugrunde liegende Wertpapier nicht direkt gehandelt, sondern im Rahmen eines Swap-Geschäfts dessen Werteentwicklung gegen Gebühr verbrieft.

Genau diese monetarisierten Staatsschulden legten jedoch ab Mitte der 1760er-Jahre, exakt analog zu den Goldenen Zwanzigern nach dem Ersten Weltkrieg, den Grundstein für eine Geld- und Kreditexpansion im Privatsektor. In Großbritannien und seinen Kolonien führte diese zu einem (Über-)Investitions- und Konsumboom, die Produktionskapazitäten wurden in Folge des billigen Geldes erheblich ausgeweitet, die Exporte nach Übersee zogen massiv an. Neben der Exportfinanzierung gewährten vor allem britische Banken den landwirtschaftlichen Erzeugern in den Kolonien großzügig Kredit. Als Konsequenz quollen innerhalb weniger Jahre die Lager über, ein Warnsignal, welches wohlwollend übersehen wurde.

Darüber hinaus wurden, wie in (Kredit-)Boomphasen durchaus bis in die Gegenwart üblich, in zunehmendem Maße risikoreiche Darlehen ausgegeben, ferner führte das konjunkturelle Strohfeuer zu einer Vielzahl zweifelhafter Neugründungen im Bankgewerbe und ausgehend von Schottland zu einer ausgeprägten Wechselreiterei.

Exkurs: Ein Wechsel ist ein umlauffähiger Schuldschein. Gegen Ende der 1990er-Jahre büßte die Kombination aus Kredit- und Zahlungsmittel seine jahrhundertealte bedeutende ökonomische Funktion nahezu komplett ein. Wurden Wechsel in betrügerischer Absicht, also ohne ein zugrunde liegendes Handelsgeschäft, zur Kreditbeschaffung oder zur Verdeckung der Zahlungsunfähigkeit ausgegeben, erfüllte das den (Straf-)Tatbestand der Wechselreiterei. Aus der oben genannten Periode ist beispielsweise bekannt, dass sich in Schottland Bankiers »die berüchtigte Praxis zu eigen [machten], fiktive Wechsel zu ziehen und wieder zu ziehen, um die Kreditvergabe auszuweiten«. Im Jahr 1769 wurde mit der schottischen Bank Douglas, Heron & Company, nach dem Sitz des Unternehmens kurz Ayr Bank genannt, gar ein Institut gegründet, welches sich gezielt der Wechselreiterei verschrieben hatte. Das Geschäftsprinzip wurde von einem Zeitgenossen wie folgt erläutert: »A, beispielsweise in Edinburgh, stellte seinem Agenten B in London einen Wechsel aus, der in zwei Monaten zahlbar war. Bevor die Zahlung fällig war, zog B denselben Betrag zuzüglich Zinsen und Provisionen erneut bei A ein. In der Zwischenzeit diskontierte A seinen Wechsel in Edinburgh, und bevor die zwei Monate um waren, zog er einen weiteren Wechsel auf B usw.« Diese Methode konnte die wirtschaftliche Entwicklung nur vorübergehend unterstützen, förderte aber einen falschen Optimismus am Markt.

Der Schwarze Schwan, der die Kreditpyramide schließlich zum Einsturz bringen sollte, ereignete sich dann tatsächlich tausende Kilometer vom damaligen Weltfinanzzentrum London entfernt, allerdings nicht auf dem amerikanischen, sondern dem asiatischen Kontinent, genauer gesagt in Bengalen auf dem Gebiet der heutigen indischen Bundesstaaten Westbengalen und Tripura sowie Bangladesch.

Das Gebiet gehörte seinerzeit formal zum indischen Mogulreich, welches zu dem Zeitpunkt auch noch die Zivilverwaltung (Nizamat) innehatte, faktisch hatte sich jedoch die British East India Company (BEIC) respektive Britische Ostindien-Kompanie durch entsprechenden militärisch-politischen Nachdruck die Herrschaft abtreten lassen. Darunter fiel in erster Linie das Steuererhebungsmonopol, das sogenannte Diwani. Ihr Sieg in der Schlacht von Plassey im Jahr 1757 legte zudem den Grundstein für die knapp 200 Jahre währende Herrschaft Großbritanniens über den indischen Subkontinent.

Missernten in den Jahren 1768 und 1769 verknappten das Nahrungsmittelangebot in Bengalen drastisch, die Bonität der Bauern verschlechterte sich, sodass sie nicht mehr im üblichen Umfang Darlehen gewährt bekamen. Parallel dazu kaufte die Britische Ostindien-Kompanie wie gewohnt Teile der Produktion zur Versorgung der Armee auf. Bis 1770 stieg der Preis für Reis, das Hauptnahrungsmittel in der Region, um das Dreifache, der einsetzende Monsun begünstigte die Verbreitung von Krankheiten wie beispielsweise den Pocken unter der ohnehin geschwächten Bevölkerung.

Von den etwa 30 Millionen Menschen, welche die Region zuvor bevölkerten, starben vermutlich sieben bis zehn Millionen, wenngleich die Opferzahlen mangels verlässlicher demografischer Daten lediglich geschätzt werden können. Die Hungersnot hatte auch unmittelbare ökonomische Auswirkungen. Anbaufläche für Nahrungsmittel, aber auch Baumwolle, ging verloren, nicht zuletzt aufgrund der drastisch geschrumpften Erwerbsbevölkerung. Das galt ebenso für die weiterverarbeitenden Manufakturen, die einen Großteil ihrer Spinner und Weber verloren hatten. Diese wirtschaftliche Erosion konnte auch nicht mehr durch die vollständige Herrschaft über ganz Bengalen durch die Britische Ostindien-Kompanie kompensiert werden.

Im Gegenteil: Sie führte zu drastischen Abwertungen der Grundstücke und Besitzungen der Gesellschaft, deren Anteilspreise an der Londoner Börse daraufhin massiv korrigierten und tiefe Löcher in die Bilanzen zahlreicher englischer und kontinentaleuropäischer Banken rissen. Die im Wert sinkenden Vermögenswerte auf deren Aktivseite reichten bei vielen Instituten schließlich nicht mehr zur Deckung der Verbindlichkeiten auf der entsprechenden Passivseite. Über 30 Banken in Europa brachen zusammen, die (Agrar-)Immobilien- weitete sich zu einer Liquiditäts- und Kreditkrise auf beiden Seiten des Ärmelkanals aus, die selbstverständlich vom zuvor ebenso stark wie sorglos aufgebauten Hebel verstärkt wurde.

Es bildeten sich lange Schlangen vor den Schaltern der Kreditinstitute, die Panik des Publikums kulminierte in einem veritablen Bank Run. Auch die englische Realwirtschaft wurde hart getroffen. So stieg die durchschnittliche Anzahl der Konkurse in London, die zwischen 1764 und 1771 bei 310 per annum lag, im Jahr 1772 auf 484 und im Jahr 1773 auf 556 an. Eine Zeitschrift kommentierte die Szenen seinerzeit wie folgt: »Seit 50 Jahren ist kein Ereignis in Erinnerung geblieben, das dem Handel und dem öffentlichen Kredit einen so fatalen Schlag versetzt hat.«

Tausende Privatkunden des im Aufstieg befindlichen Bürgertums verloren schließlich ihre Ersparnisse und Zinseinkünfte. Letztere stellten gerade für Ruheständler, Witwen und Waisen die oftmals einzige Einkommensquelle dar. Herbe Verluste verzeichneten auch viele Kontinentaleuropäer. Entweder, weil sie im Vertrauen auf die Stabilität des damaligen Weltfinanzzentrums ihr Geld auf der Insel angelegt hatten oder aber, weil ihre eng mit den englischen Banken verflochtenen Institute mit in den Konkursstrudel gerissen wurden. Letzteres war insbesondere an den Finanzplätzen Edinburgh und Amsterdam der Fall. Da vor allem niederländische Banken in großem Umfang in Aktien der Britischen Ostindien-Kompanie investiert waren, wurden Letztere besonders hart von der Kreditkrise getroffen.

Dieses einschneidende Ereignis nahm der niederländische Kaufmann Abraham van Ketwich zum Anlass, eine möglichst krisenfeste und dennoch ausschüttungsstarke Finanzinnovation zu entwickeln, die der bisher fast unumgänglichen Bildung von Klumpenrisiken entgegenwirken sollte. Im Jahr 1774 legte er unter dem Namen »Eendragt Maakt Magt« (deutsch: »Eintracht macht stark«) den ersten Publikumsfonds auf. Um die beiden Leitgedanken der breiten Streuung und konstanten Dividende glaubwürdig zu verbriefen, entwarf van Ketwich einen Emissionsprospekt mit verbindlichen Regeln für das Fondsmanagement und damit sich selbst – heute eine Selbstverständlichkeit, seinerzeit revolutionär.

Das Reglement schrieb eine weltweite Streuung des Fondsvermögens über mindestens 2000 Titel sowie eine Fixdividende in Höhe von 4 Prozent auf den Emissionskurs zuzüglich einer Gewinnbeteiligung vor. Investiert wurde in Anleihen, Schuldverschreibungen, Aktien sowie unternehmerische Beteiligungen in Europa sowie den Kolonien. Der Emissionspreis betrug 500 Gulden je Anteil, was heute in etwa 10 000 Euro entspricht, der einmalige Ausgabeaufschlag lag bei 0,5 Prozent, die jährliche Verwaltungsgebühr bei bescheidenen 0,2 Prozent des verwalteten Vermögens. Fünfzig Jahre später wurde der Fonds planmäßig zu 561 Gulden je Anteil liquidiert.

Exkurs: Der Name des Investmentfonds wurde später zum Wappenspruch der Zuid-Afrikaansche Republiek (ZAR) oder Transvaal-Republik, die 1852 von deutsch- und französischstämmigen, vor allem aber niederländischen Buren (afrikaans für »Bauern«) am Kap der Guten Hoffnung gegründet wurde.

Zwischenzeitig mussten Anleger jedoch starke Kursschwankungen beziehungsweise -rückgänge aushalten, die während der Napoleonischen Kriege im Jahr 1811 mit 125 Gulden je Anteil ihren Höhepunkt erreichten. Noch erfolgreicher war der 1776 von der Bank von Utrecht aufgelegte und ebenfalls von Abraham van Ketwich gemanagte Publikumsfonds »Voorderig En Vorsiglig« (deutsch: »vorteilhaft und vorsichtig«). Er hatte ganze 117 Jahre bis 1893 Bestand und zahlte durchgängig mindestens die Fixdividende in Höhe von 6 Prozent – und das in der inflationsfreien Phase des klassischen Goldstandards. Selbstbindung durch Anlagerichtlinien und Risikominimierung durch Streuung – das Vermächtnis van Ketwichs prägt bis heute weltweit die Fondslandschaft.

Exkurs: Selbstverständlich konnte sich van Ketwich bei seinem Bemühen auf eine lange Tradition gebündelter Kapitalanlage stützen. Die frühesten ihrer Art sind in Form von Karawanen- und Schiffsexpeditionen für das frühantike Zweistromland nachgewiesen. Bereits im Römischen Reich wurde das bis heute nachwirkende Rechtsverständnis entwickelt. Mit der Societas (Personengesellschaft), dem Peculium (treuhänderische Vermögensverwaltung mit Gewinnteilung des Eigentümers) sowie der Publicani (antike Form der Public-Privat-Partnership) wurden zudem erstmals Organisationsformen formalisiert; die Societas lebt sogar bis heute in der Sozietät, wie sie beispielsweise unter Anwälten oder Steuerberatern praktiziert wird, fort. Die Verselbstständigung von Vermögen als juristische Person schließlich geht auf das mittelalterliche Trust- und Equityrecht zurück. Überhaupt war das Zeitalter eine Ära der Innovationen. Neben der Landwirtschaft (Wendepflug, Kummet, Dreifelderwirtschaft), dem Handel (Kogge), der Technik (Trittwebstuhl) und Bildung (Gründung der Universitäten von Parma, Bologna, Paris, Oxford, Montpellier, Cambridge und Salamanca) wurden auch Mathematik, Buchhaltung und Finanzwesen revolutioniert. Oberitalien entwickelte sich zum führenden Finanzzentrum, wo zahlreiche Begrifflichkeiten des Bank- und Börsenwesens geprägt wurden: Bank, Bankrott, Bilanz, brutto, Diskont, kalkulieren, Kapital, Kasse, Kredit, Lombard, netto, Saldo, Skonto. Schließlich waren es die (Spät-)Scholastiker der Schule von Salamanca, die ab dem 16. Jahrhundert das theoretische Fundament der modernen Wirtschaftswissenschaften erarbeiteten.

1.4 Der Außenseiter im Fondsuniversum

Warum dieser Ausflug in die Geschichte der neuzeitlichen Kapitalsammelanlage, deren Vorläufer wiederum über das europäische Hochmittelalter bis in die klassische Antike zurückreichen?

Nun, zum einen belegt die facettenreiche Episode die dem griechischen Philosophen Heraklit zugeschriebene These vom Krieg als Vater und König aller Dinge. Sie bestätigt sich übrigens auch im Siegeszug der netz- und fintechgestützten Verbreitung von ETFs, der ohne den Kalten Krieg und die Entwicklung des ARPANET undenkbar wäre. Darüber hinaus zeigen insbesondere die Entwicklungen um die Finanzinnovation von Abraham van Ketwich, dass sich Wirtschaftsgeschichte zwar nicht gleicht, jedoch reimt, was insbesondere für kreditgetriebene Booms und Busts zu gelten scheint.

Schließlich reflektiert die Entwicklungslinie der modernen Kapitalsammelanlagen das Spektrum dessen, was allgemein im deutschen Sprachraum unter dem Begriff »Fonds« assoziiert wird – der Ausflug über den Küchenjargon zur Garflüssigkeit mal außen vor gelassen. Tatsächlich verengt sich besagter Blick im Wesentlichen auf die beiden Alternativen des klassischen Investmentfonds einerseits sowie des modernen ETFs andererseits. Außen vor bleibt dabei auch in

Fachpublikationen ein gemeinsamer Verwandter, der geschichtlich zwischen van Ketwich und Bogle einen Abzweig genommen und vor allem die angelsächsische Welt erobert hat: Der Closed-end Fund oder kurz CEF. Und das, obwohl es sich bei den ältesten nach wie vor handelbaren Fonds der Welt um genau solche CEFs handelt (siehe KAPITEL 3.2). Höchste Zeit also, dieses eigenständige Finanzinstrument im deutschen Sprachraum publizistisch zu würdigen und ihm seinen legitimen Platz im Handelsspektrum kontinentaleuropäischer Anleger zu verschaffen.

Abschließend seien noch zwei Hinweise zur Begriffsverwendung und Wertpapierkennzeichnung erlaubt. Mangels einer treffsicheren deutschen Alternative – die wortwörtliche Übersetzung »Geschlossener Fonds« weckt als falscher Freund inhaltlich irrige Assoziationen – wird in dieser Publikation durchgehend das international gängige englische Original Closed-end Fund beziehungsweise die entsprechende Abkürzung CEF verwendet. Ferner wird, ganz in angelsächsischer Tradition, bei allen erwähnten Wertpapieren durchgehend das jeweilige Börsenkürzel in Form eines zwei- bis vierstelligen Codes angegeben, über welches der jeweilige Titel am Heimatmarkt handelbar ist. Beide Angaben, sowohl der Handelsplatz in der offiziellen Kurzschreibweise als auch das Börsenkürzel, finden sich in Klammern hinter dem jeweiligen CEF. Auf die Nennung einer (deutschen) Wertpapierkennnummer (WKN) wurde bewusst verzichtet, da zahlreiche Papiere über keinen entsprechenden Identifikator verfügen.

2

Kapitalmärkte und Kapitalverwaltung

2.1 Farbenlehre der Kapitalmärkte

In diesem Kapitel sollen CEFs des besseren Verständnisses wegen zunächst in den Kanon der Kapitalanlagen, konkret in die Systematik von Kapitalsammelstellen eingeordnet werden. Hierbei gilt es auch, die Gemeinsamkeiten und Unterschiede zu vergleichbaren, aber eben nicht identischen Anlageklassen darzulegen.

Dem Duden folgend handelt es sich bei Kapitalanlagen um den Einsatz von Geldmitteln in Beteiligungen, Sachwerten oder Ähnlichem zur Erzielung von Gewinn. Synonyme sind Geldanlage und Investition. Unter den Kapitalanlagen kommen wiederum den Kapitalsammelstellen eine volkswirtschaftlich überragende Bedeutung zu.

Diese definiert das Gabler Wirtschaftslexikon als »Sammelbegriff für Institutionen, bei denen in erheblichem Umfang Einlagen erfolgen beziehungsweise deren Geschäftstätigkeit damit verbunden ist, mit diesem Kapital als Anbieter auf dem Geld-, vorwiegend aber auf dem Kapitalmarkt aufzutreten. Zu den Kapitalsammelstellen zählen vor allem Kreditinstitute, Versicherungen, Sozialversicherungsanstalten, Bausparkassen und Investmentgesellschaften.«

Der Vollständigkeit halber sei erwähnt, dass es selbstverständlich auch Kapitalanlagen im nennenswerten Umfang gibt, die nicht von Kapitalsammelstellen verwaltet werden, so beispielsweise Edelmetalle, Direktbeteiligungen oder (Anlage-)Immobilien. Andererseits fallen auch moderne Formen der Geldanlage wie Crowdinvesting-Anbieter, Kryptovermögenswerte-Verwalter und P2P-Plattformen unter die breit gefasste Definition der Kapitalsammelstelle.

Allen Kapitalsammelstellen gemein ist der Umstand, dass sie das Geld zahlreicher Anleger bündeln oder poolen. Entsprechende Angebote finden sich sowohl auf dem weißen als auch auf dem grauen Kapitalmarkt. Diese Unterscheidung ist hinsichtlich des grundlegenden Risikos, dem sich entsprechend disponierte Anleger aussetzen, von elementarer Bedeutung. Gleichwohl existiert keine gesetzliche Definition für diese beiden Sphären des Kapitalmarktes, bisweilen sind die Übergänge fließend. Letztlich kommt es – wie in so vielen Definitionsfragen – auf das Gesamtbild der Verhältnisse an.

Der graue Kapitalmarkt bezeichnet den unregulierten oder wenig regulierten Teil des Kapitalmarktes. Dieser beziehungsweise die dort angebotenen Produkte und Dienstleistungen sind grundsätzlich legal, unterliegen jedoch keinen oder nur sehr elementaren Zulassungsvoraussetzungen. Das schließt die behördliche Aufsicht mit ein. So ist für am grauen Kapitalmarkt in Deutschland positionierte Anbieter respektive ihre Angebote bisweilen keine Erlaubnis seitens der Bundesanstalt für Finanzdienstleistungsaufsicht (BaFin) erforderlich, oftmals beschränken sich Vorgaben und Prüfungen auf rein formale Aspekte wie beispielsweise Vollständigkeit und Widerspruchsfreiheit.

Zuletzt wurden Aufsicht und Regulierung des grauen Kapitalmarktes in Deutschland im Jahr 2013 reformiert. Mit dem Inkrafttreten des Kapitalanlagegesetzbuches (KAGB) am 22. Juli 2013 wurden zahlreiche Anlageklassen einer erweiterten Regulierung unterworfen, so unter anderem auch die geschlossenen Fonds nach deutschem Recht, auf die noch zurückzukommen sein wird.

Obwohl der graue Kapitalmarkt regelmäßig von kleineren wie größeren Finanzskandalen heimgesucht wird, hat er dennoch seine

Berechtigung. Die sowohl in Aufwand wie Kosten vergleichsweise niedrigen Markteintrittshürden ermöglichen auch den die Unternehmenslandschaft dominierenden kleinen und mittleren, sprich vergleichsweise kapitalschwachen, Firmen Zugang zu Investoren und damit alternativen Finanzierungsmöglichkeiten. Ebenfalls trägt dieses Marktsegment dazu bei, Finanzinnovationen zu kreieren und deren Marktgängigkeit zu testen.

Die Kehrseite der Medaille ist freilich, dass die niedrigen Einstiegshürden bevorzugt von betrügerischen wie unseriösen Anbietern ausgenutzt werden können, was regelmäßig erhebliche Schadenssummen durch dubiose Geldanlagen nach sich zieht. Tatsächlich ereigneten sich die bekannten Finanzbetrügereien der letzten Jahre mit einer Ausnahme alle am grauen Kapitalmarkt: Göttinger Gruppe, Phoenix Kapitaldienst, Prokon Genussrechte, One Coin, P&R Container – um nur einige zu nennen.

An der nach wie vor bestehenden Anfälligkeit des Segments für fragwürdige Beteiligungsmöglichkeiten darf auch die Reform von 2013 nicht hinwegtäuschen, worauf nicht zuletzt die Polizeistatistik des Jahres 2017 mit 27 444 erfassten Fällen von angezeigtem Anlagebetrug hindeutet. Fairerweise muss hierzu ergänzt werden, dass diese auch Fälle des schwarzen Kapitalmarktes beinhaltet – siehe weiter unten. Auf der anderen Seite dürfte die Dunkelziffer gerade in dieser Deliktklasse deutlich höher liegen, da erfahrungsgemäß nur eine Minderheit von Fällen überhaupt zur Anzeige gebracht wird.

Die wohl bedeutendste Ausnahme von der im letzten Abschnitt vorgestellten Regelmäßigkeit stellt die Wirecard AG dar, deren Insolvenz über 25 Milliarden Euro Marktkapitalisierung parallel zur implodierenden Bilanz in Luft aufgehen ließ. Der Betrag entspricht ziemlich genau der durchschnittlichen jährlichen Schadenssumme, die eine Studie im Auftrag des Bundesministeriums für Ernährung, Landwirtschaft und Verbraucherschutz aus dem Jahr 2008 in Folge mangelhafter Finanzberatung ermittelt hat. Kapitalgewichtet hat es die Wirecard AG also durchaus vermocht, gleich mehrere Großskandale des grauen Kapitalmarktes aufzuwiegen. Die Besonderheit: Die berüchtigte Aktiengesellschaft war beziehungsweise ist Teil des weißen Kapitalmarktes.

Der weiße Kapitalmarkt umfasst dementsprechend vergleichsweise streng regulierte und überwachte Unternehmen, Produkte und Dienstleistungen. Hierzu zählen anbieterseitig Banken, Kapitalanlagegesellschaften, Vermögensverwaltungen, Versicherungen und sonstige Organisationen aus dem Finanzumfeld, deren Tätigkeit erlaubnispflichtig ist. Dem Kapitalmarktsegment sind produktseitig neben börsennotierten Aktiengesellschaften regulierter Märkte ebensolche Investmentvermögen zuzuschlagen.

Der Vollständigkeit halber sei noch auf den schwarzen Kapitalmarkt verwiesen. Auf diesem in aller Regel illegalen Markt werden verbotene Anlagen und Investitionen vertrieben, so beispielsweise High Yield Investment Programs (HYIP). Hierbei handelt es sich um Ponzi-Schemata, die in erfrischender Offenheit als solche ausgewiesen werden. Das hält viele Geldgeber jedoch keineswegs davon ab, an derartigen Pyramidenspielen mit mathematisch zwangsläufigem Ende zu partizipieren. Mittlerweile werden sogar zahlreiche Ratgeber angeboten, die den Interessenten angeblich systematisch ausbeutbare HYIP-Strategien vermitteln möchten.

2.2 Rechtsgrundlage der Kapitalverwaltung

Doch zurück zu den legalen Geschäftspraktiken. Unter den Kapitalsammelstellen nimmt die Kapitalverwaltungsgesellschaft (KVG) eine besondere Stellung ein. Und zwar weltweit. Denn bei diesen handelt es sich durchweg um beaufsichtigte und regulierte Organisationen, die faktisch jedem Fonds zugrunde liegen. Der hier stellvertretend für alle Vertreter der Gattung verwendete deutsche Begriff findet beispielsweise seinen Niederschlag im Kapitalanlagegesetzbuch (KAGB). Dieses trat aufgrund EU-rechtlicher Vorgaben am 22. Juli 2013 in Kraft und ersetzte das Investmentgesetz (InvG) samt der bis dato gültigen Bezeichnung Kapitalanlagegesellschaft (KAG).

Das KAGB schützt in diesem Zusammenhang ferner die Bezeichnung »Investmentgesellschaft«. Diese ist ausschließlich KVGs vorbehalten und darf folglich auch nur von diesen verwendet werden. Mit der Investmentgesellschaft wird letztlich auch der Brückenschlag zum Fondskonstrukt vollzogen, entspricht diese doch dem fremdverwalteten Investmentvermögen, welches liquide Mittel von privaten wie institutionellen Anlegern einsammelt, um diese nach einer vorgegebenen Anlagestrategie in eine oder mehrere Anlageklassen zu investieren. Hierzu heißt es in § 1 KABG: »Investmentvermögen ist jeder Organismus für gemeinsame Anlagen, der von einer Anzahl von Anlegern Kapital einsammelt, um es gemäß einer festgelegten Anlagestrategie zum Nutzen dieser Anleger zu investieren und der kein operativ tätiges Unternehmen außerhalb des Finanzsektors ist.«

Besagte Beteiligung der Anleger am Investmentvermögen erfolgt über die Ausgabe sogenannter Investmentzertifikate, was gleichzeitig den zweiten wesentlichen Betriebszweck von KVGs darstellt. Der Gegenwert eines Investmentzertifikats respektive Anteils entspricht dabei stets dem aktuellen Investmentvermögen geteilt durch die Zahl der ausgegebenen Zertifikate. Die Handschrift Abraham van Ketwichs ist auch bei der zeitgenössischen Fondskonstruktion unverkennbar.

KVGs, gemeinhin Fondsgesellschaften, dürfen stets mehrere Investmentvermögen, sprich Fonds, betreuen, was auch die gängige internationale Praxis widerspiegelt und nicht zuletzt aufgrund des von ETFs losgetretenen Kosten- und Effizienzdrucks zu einer paretoverteilten Branchenstruktur in der Vermögensverwaltung geführt hat. Wie in zahlreichen anderen Sektoren auch hat ferner die Digitalisierung zur skalenbedingten Fixkostendegression geführt. Will heißen: Mit einem einmal aufgesetzten IT-System lassen sich zusätzliche Investmentvermögen ohne beziehungsweise zu kaum ins Gewicht fallenden Zusatzkosten verwalten. Jeder weitere über dieses System und damit die Kostenstruktur administrierte Fonds senkt die Kosten je Investmentgesellschaft. Bei ETFs fallen aufgrund der indexorientierten und damit automatisierten Investitions- und Desinvestitionsprozesse zudem die nicht unerheblichen Kosten des aktiven Managements weg.

Investmentvermögen im Sinne des KAGBs sind grundsätzlich auch Sondervermögen; eine Ausnahme bilden aufgrund ihrer Konstruktion geschlossene Fonds, siehe KAPITEL 2.3. Ein Sondervermögen muss stets getrennt vom Vermögen der Investmentgesellschaft gehalten sowie bilanziert werden und steht den Anteilseignern zu. Letzteres gilt insbesondere im Fall der Insolvenz des Verwalters und stellt den Schutz der Anleger sicher. Diese erwerben genau genommen über die Indexzertifikate einen Miteigentumsanteil am Investmentvermögen, sprich am Sammelbestand an Beteiligungen. Analoge Regelungen zu denen des KAGBs finden sich im Kern in allen Ländern mit entwickelten Finanzmärkten, die auch jeweils eigene oder spezielle Rechtsformen für Investmentvermögen vorsehen. Auch darauf wird noch im Einzelnen zurückzukommen sein.

Das deutsche respektive europäische Recht unterscheidet zudem nach Art des verwalteten Investmentvermögens auf Basis zweier EU-Richtlinien, welche letztlich auch die Ablösung des InvG durch das KAGB erforderlich machten: Zum einen die Richtlinie 2009/65/EG zur Koordinierung der Rechts- und Verwaltungsvorschriften betreffend bestimmte Organismen für gemeinsame Anlagen in Wertpapieren (OGAW), zum anderen die Richtlinie 2011/61/EU über die Verwalter alternativer Investmentfonds (AIF).

Erfasst werden hierdurch »die im Gebiet der Mitgliedstaaten niedergelassenen Organismen für gemeinsame Anlagen in Wertpapieren« beziehungsweise Gesellschaften, die Investmentfonds »in der Union verwalten und/oder vertreiben«. Die AIF-Richtlinie soll dabei jedwede Fondskonstruktion erfassen, die nicht bereits unter die OGAW-Richtlinie fällt. Hierzu zählen vor allem Hedgefonds, deren Erwerb Privatanlegern in der EU seither untersagt ist, sowie Fonds, die in nicht börsennotierte Vermögenswerte investieren. In letztere Kategorie fallen vor allem die in Deutschland auch als geschlossene Investmentfonds bekannten Anlagen, siehe KAPITEL 2.3, sowie alle Immobilienfonds, sowohl in der offenen wie auch geschlossenen Variante.

Eine weitere und an dieser Stelle letzte wichtige Vorschrift im Zusammenhang mit Investmentvermögen ist schließlich die Richtlinie

2004/39/EG über Märkte für Finanzinstrumente mit der Bezeichnung Markets in Financial Instruments Directive oder kurz MiFID. Sie wurde am 03. Januar 2018 durch die Nachfolgerichtlinie 2014/65/EU über Märkte für Finanzinstrumente respektive Markets in Financial Instruments Directive (MiFID II) ersetzt. In Verbindung mit der zwei Tage zuvor in Kraft getretenen EU-Verordnung Nr. 1286/2014 über »Basisinformationsblätter für verpackte Anlageprodukte für Kleinanleger und Versicherungsanlageprodukte«, englisch »Packaged Retail and Insurance-based Investment Products«, kurz PRIIP-Verordnung, schränkt sie die Handelbarkeit »verpackter« Anlageprodukte für Privatanleger mit Wohnsitz in der EU ein.

Zu diesen Produkten zählen bestimmte Derivate, die besprochenen Investmentzertifikate sowie strukturierte Finanz- und Versicherungsanlageprodukte wie beispielsweise Altersvorsorgeprodukte – unter anderem Lebensversicherungen, Riester- und Rürup-Rente – und von Banken emittierte (Anlage-)Zertifikate.

Es sind vor allem zwei Dokumente, welche die Emittenten der betroffenen Finanzprodukte bereitstellen müssen, damit die entsprechende Emission von Privatanlegern gehandelt werden darf. Vorgeschrieben sind zum einen ein Basisinformationsblatt beziehungsweise Key Investor Information Document, kurz KIID, zum anderen eine sogenannte Zielmarktdefinition in der jeweiligen Landessprache. Beide müssen inhaltlich einheitlichen und formalisierten Mindeststandards genügen, welche hierzulande die BaFin vorgibt und überwacht.

Das Basisinformationsblatt ist als vorvertragliches Dokument jedem Anleger vor einem Kauf des Finanzprodukts auszuhändigen. Es soll diesem ermöglichen, »die grundlegenden Merkmale und Risiken von PRIIPs besser zu verstehen. Zudem sollen die Vorgaben für PRIIPs-Basisinformationsblätter dazu führen, dass derartige Produkte europaweit besser vergleichbar sind – sowohl innerhalb eines Sektors, also zum Beispiel unterschiedliche Lebensversicherungspolicen, als auch zwischen verschiedenen Sektoren, sodass etwa eine Lebensversicherungspolice mit einer Anlage in einem Investmentfonds besser verglichen werden kann.«

Die Zielmarktdefinition umfasst dagegen Angaben zu geeigneten Kundenkategorien, notwendigen Kenntnissen und Erfahrungen, der Verlusttragfähigkeit des Anlegers, dem Rendite-Risiko-Profil der Investitionen sowie Bedürfnissen und Zielen des Kunden. Sie richtet sich vornehmlich an Berater und Produktverkäufer.

Ohne Basisinformationsblatt und Zielmarktdefinition sind die betroffenen Finanzprodukte nicht mehr für den Privatanlegerhandel zugelassen. Im Fall der strukturierten Wertpapiere mit Börsennotiz wurden diese ab Inkrafttreten von Richtlinie und Verordnung sukzessive von den Banken und Brokern für Privatkunden gesperrt – sofern deren Wohnsitz in der EU lag und die Institute von der Regulierung betroffen waren. Hierauf wird in KAPITEL 10 zurückzukommen sein. Die Sperrung wurde übrigens auch dann vollzogen, wenn die betreffenden Kunden entsprechende Papiere bereits im Bestand hatten. In diesem Fall waren nur noch Verkäufe möglich.

2.3 Geschlossene Investmentfonds

Typische Vertreter für den in KAPITEL 2.1 aufgegriffenen grauen Kapitalmarkt sind unter anderem Direktbeteiligungen, Crowdfunding, Kryptowährungen beziehungsweise -vermögenswerte, Nachrangdarlehen und Peer-to-Peer-Kredite (kurz P2P-Kredite). Die zumindest in Deutschland bedeutendste Anlageklasse in diesem Segment sind jedoch die sogenannten geschlossenen Fonds, die seit der im vorangegangenen Kapitel besprochenen Novellierung des KAGBs formal korrekt als alternative Investmentfonds oder AIF bezeichnet und klassifiziert werden.

Wortwörtlich in die englische Sprache übersetzen lässt sich der geschlossene Investmentfonds mit »closed-end fund«. Und tatsächlich werden im größten Internetlexikon unter diesem Schlagwort sowohl die deutsche als auch die angelsächsische Anlageklasse in einem Eintrag geführt. Hierbei handelt es sich um das klassische Anwendungsbeispiel für einen »false friend«, denn bis auf ein gemeinsames

Charakteristikum unterscheiden sich beide Investitionsmöglichkeiten fundamental voneinander; genau das ist auch der Grund, weshalb geschlossene Investmentfonds zum grauen, CEFs jedoch zum weißen Kapitalmarkt zählen.

Zunächst zur Gemeinsamkeit: Bei einem geschlossenen Investmentfonds wird nach der Auflage und Prospektierung zunächst eine vorab festgelegte Anzahl von Investmentzertifikaten veräußert oder eine definierte Investitionssumme von privaten und/oder institutionellen Anlegern eingeworben. Anschließend wird der Fonds geschlossen, das heißt, einerseits können die einmal ausgegebenen Investmentzertifikate nicht mehr durch die Anleger an den Fonds zurückgegeben werden, andererseits kann der Fonds selbst auch keine neuen Anteile – beispielsweise für zusätzliche Investitionen oder zur Bedienung der Nachfrage weiterer Anleger – herausgeben.

Damit enden die Gemeinsamkeiten jedoch bereits. Denn im Gegensatz zum CEF erfolgt beim geschlossenen Fonds keine Börsennotiz, was einen Rattenschwanz an Nachteilen für Investoren nach sich zieht. Das sind zum einen eine in der Regel vergleichsweise hohe Mindesteinlage oder -beteiligungssumme, zum Zweiten die Mitunternehmerschaft, zum Dritten die mangelnde Liquidität in Kombination mit einer fest definierten Laufzeit und zum Vierten die Konzentration der Mittel in einen oder wenige Vermögensgegenstände.

Geschlossene Fonds werden in der Regel nicht als Aktiengesellschaft, sondern als GmbH & Co. KG aufgelegt. Obwohl es sich bei der GmbH ebenfalls um eine Kapitalgesellschaft handelt, werden die Anteilseigner im Gegensatz zur Aktiengesellschaft regelmäßig zu Kommanditisten und damit Mitunternehmern einschließlich aller Rechte und Pflichten. Bedingt durch diese rechtliche Konstruktion sind die im geschlossenen Fonds gebundenen Investitionen wie im letzten Kapitel ausgeführt auch kein Sondervermögen. Besagte Pflichten schließen die Pflicht zur Besteuerung mit ein, wobei die Anteilseigner meist Einkünfte aus Gewerbebetrieb erzielen. Diese unterliegen dem individuellen Einkommensteuersatz und nicht der in der Regel wesentlich günstigeren Abgeltungssteuer, welche bei Einkünften aus Kapitalerträgen greift, siehe hierzu KAPITEL 10.2.

Zudem heißt es bei geschlossenen Fonds grundsätzlich: Mitgefangen, mitgehangen. Mangels Börsennotiz haben Anleger keine Möglichkeit, ihre Beteiligung vor dem Ende der im Prospekt vorab festgelegten Laufzeit zu liquidieren. Mittlerweile existieren zwar Sekundär- oder Zweitmärkte für den Handel mit Investmentzertifikaten geschlossener Fonds, allerdings sind diese weit illiquider als die großen Wertpapierbörsen rund um den Globus. Ferner sind Verkäufe oft nur gegen hohe Abschläge möglich, was vor allem daran liegt, dass an den Zweitmärkten überwiegend Anteile von Fonds in Schieflage gehandelt werden – für gut laufende Beteiligungen gibt es mit Ausnahme von Liquiditätsknappheit schließlich kaum Verkaufsgründe.

Besagte Schieflagen kommen dabei vergleichsweise häufig vor, sofern diese als eine negative Abweichung von der prospektierten Rendite definiert wird, was nicht zuletzt der Konstruktion geschlossener Fonds geschuldet ist. So werden die während der Platzierung eingeworbenen Anlegergelder in aller Regel um Fremdkapital angereichert und abzüglich der Kosten der Emission langfristig in wenig liquide Vermögenswerte angelegt. Der vergleichsweise hohe Verschuldungsgrad ist meist allein deswegen erforderlich, um angesichts der Kostenstruktur überhaupt die Chance auf eine passable Rendite zu wahren.

Die Veranlagung selbst erfolgt typischerweise in Flugzeugen, Immobilien, Schiffen, Stromerzeugungsanlagen oder (außerbörslichen) Unternehmensbeteiligungen, die über eine vorab festgelegte Laufzeit bewirtschaftet werden. Die laufenden Einnahmen aus Gewinnen, Verkaufserlösen, Vermietung und Verpachtung sowie Zinsen werden regelmäßig an die Anteilseigner ausgeschüttet – nach Abzug der Fondskosten, versteht sich. Gleiches gilt am Laufzeitende mit den Einnahmen aus der Liquidation der Vermögenswerte.

Einer der renditeschmälernden Kardinalpunkte geschlossener Fonds sind dabei die sogenannten Initial- und Weichkosten, die je nach Emission schon einmal bis zu 30 Prozent der Investitionssumme ausmachen können. Allein dieser Faktor kann selbst bei gut laufenden Fonds zu erheblichen Abschlägen beim Zweitmarkthandel führen.

Dabei umfassen die Initialkosten vor allem die Kosten für die Fondskonzeption, den Erwerb der Vermögensgegenstände sowie die Kapitalbeschaffung. Sie werden oft zumindest teilweise durch den sogenannten Ausgabeaufschlag gedeckt. Der Ausgabeausschlag wird auch Agio, seltener Load genannt und ist eine einmalige Gebühr in Prozent der Investitions- oder Zeichnungssumme, die zusätzlich erhoben wird und direkt an das Emissionshaus abgeführt wird. Die Weichkosten wiederum umfassen im wesentlichen Marketingausgaben, Verwaltungs- und Vertriebskosten einschließlich Provisionen sowie Ausgaben für die Steuer- und Rechtsberatung.

Ausschließlich die nach Abzug aller Kosten verbleibenden Mittel können überhaupt veranlagt werden und Erträge generieren. Somit wird auch unmittelbar ersichtlich, warum geschlossene Fonds in aller Regel gehebelt sind, also wie oben dargestellt auf Fremdkapital zurückgreifen – anders ist eine adäquate Rendite nicht zu erzielen. Immobilienfonds finanzieren regelmäßig 30 bis 40 Prozent des Gesamtinvestitionsvolumens über Darlehen, Flugzeugfonds im Schnitt knapp 50 Prozent, Schiffs- und Unternehmensbeteiligungsfonds sogar zum Teil deutlich mehr. Je höher der Hebel oder Leverage, desto anfälliger ist der Fonds natürlich für Änderungen der kommerziellen Parameter.

Hierunter fällt auch der Verkaufserlös aus der Liquidierung des Fonds am Ende der vorgesehenen Laufzeit, was angesichts der typischen Vermögenswerte maßgeblich zur Gesamtrendite beiträgt. Genau diese Erlöse sind allerdings allein aufgrund der typischen Zeitspanne schlechterdings nicht vorab kalkulierbar. So kann ein ungünstiger Zeitpunkt im Marktzyklus am Laufzeitende eine zuvor positive Entwicklung doch noch zunichtemachen.

Genau das war in der Vergangenheit sogar eher die Regel denn die Ausnahme, wie das von der Stiftung Warentest herausgegebene Magazin *Finanztest* im Jahr 2015 anhand der Ablaufrendite von exakt 1139 geschlossenen Fonds verschiedener Ausrichtungen beziehungsweise

Investitionsschwerpunkte ermittelt hat. So lautet eine Zusammenfassung der Auswertung wie folgt: »Knapp 70 Prozent (!) vermochten es dabei nicht, eine nominal positive Rendite zu erwirtschaften. Weitere 25 Prozent schlossen zwar nominal im Plus ab, verfehlten jedoch gleichwohl das laut Emissionsprospekt angestrebte Ergebnis. Lediglich 6 Prozent der geschlossenen Fonds erfüllten die selbstgesetzte Vorgabe. Noch schlechter sieht das Resultat aus, wenn statt der nominalen die realen Renditen, also die prozentuale Entwicklung unter Berücksichtigung der Inflation, betrachtet wird. Besonders frappierend ist übrigens auch die absolute Höhe des kumulierten Ergebnisses. Allein die im Betrachtungszeitraum 666 aufgelösten Fonds bescherten den Anlegern anstatt des prognostizierten Gewinns von 15,4 Milliarden Euro einen Verlust in Höhe von 4,3 Milliarden Euro.«

Die sehr durchwachsene Bilanz umfasst dabei auch regelmäßige Insolvenzen, zum Teil zuzüglich Nachschussverpflichtungen seitens der Anleger, ein Phänomen, welches bei den nachfolgend betrachteten Fondstypen seit dem Ende der Weltwirtschaftskrise der 1930er-Jahre nicht mehr vorgekommen ist, siehe hierzu auch KAPITEL 3. Bisweilen weiteten sich die Pleiten geschlossener Fonds gar zu Pleiteserien aus, so beispielsweise bei den Schifffonds, als im Zuge der Weltfinanzkrise 2007 bis 2009 die Seeschifffahrt in weiten Teilen zum Erliegen kam und Frachtraten je nach Transportgut zwischen gut 83 und knapp 96 Prozent einbrachen.

Bezeichnenderweise existieren zu sämtlichen Geschäftsmodellen, die im Mantel eines geschlossenen Fonds am grauen Kapitalmarkt angeboten werden, börsennotierte, sprich »weiße« Alternativen. Zeit also, die Schattierung im Segment der Investmentfonds deutlich aufzuhellen.

2.4 Offene Investmentfonds

Im Gegensatz zu geschlossenen Fonds, deren Investitionsvolumen nach Abschluss der Zeichnungsphase bis zur planmäßigen oder unplanmäßigen Liquidation nahezu unveränderlich ist, können beziehungsweise müssen offene Investmentfonds durch die Ausgabe neuer Anteile respektive die Rücknahme umlaufender Anteile ihren Inventarwert beliebig verändern – genau aus dieser Eigenschaft resultiert auch der vorangestellte Namenszusatz.

Der Handel mit Anteilen an offenen Investmentfonds – die angelsächsische Entsprechung lautet Mutual Fund – erfolgt grundsätzlich über den realen oder virtuellen Tresen der entsprechenden KVG. Hierfür wird einmal (börsen-)täglich der offizielle Fondspreis ermittelt, zu dem dann neue Anteile ausgegeben und umlaufende Anteile zurückgenommen werden.

In Deutschland firmieren offene Investmentfonds in der speziellen Rechtsform der Investmentaktiengesellschaft (InvAG). Diese definiert das KAGB bewusst in Abgrenzung zu »normalen« Aktiengesellschaften als Kapitalanlagegesellschaften mit variablem Gesellschaftskapital, wobei das Startkapital mindestens 125 000 Euro betragen muss. Das Geschäftsziel der InvAG darf ausschließlich auf die Verwaltung von Sondervermögen in Wertpapieren ausgerichtet sein.

Das paneuropäische Gegenstück der InvAG ist die SICAV. Die Abkürzung steht wahlweise für den französischen Begriff »société d'investissement à capital variable« oder den italienischen Begriff »società di investimento a capitale variabile« und umfasst nach belgischem, französischem, italienischem, luxemburgischem, maltesischem, schweizerischem sowie spanischem Recht gegründete Investmentfonds. Analog zur InvAG ist das Grundkapital der SICAV variabel, neue Aktien können jederzeit zum Net Asset Value (NAV) beziehungsweise Nettoinventarwert (NIW) ausgegeben oder zurückgenommen werden. Im ersten Fall erhöht sich das Gesellschaftskapital, im zweiten Fall sinkt es. Vergleichbare Rechtsformen finden sich in praktisch allen Ländern, die über entwickelte Kapitalmärkte und ein ausdifferenziertes Angebot an Publikumsfonds verfügen.

Exkurs: Der NAV respektive NIW ist eine Schlüsselgröße zur Bewertung jedweden Investmentvermögens. Die Kennzahl gibt den Gegenwert des Fondsvermögens an und wird ermittelt, indem von der Summe sämtlicher Vermögenswerte die Summe sämtlicher Verbindlichkeiten abgezogen wird. Davon zu unterscheiden ist der Börsen- oder Marktwert eines Investmentvermögens, der sich aus der Multiplikation der Anzahl der umlaufenden Anteile mit dem aktuellen Marktpreis ergibt. NAV und Börsenwert können, müssen jedoch nicht übereinstimmen. Darauf wird noch mehrfach zurückzukommen sein.

Offene Investmentfonds bieten ihren Anlegern den Vorteil eines je nach Anlagerichtlinien diversifizierten sowie in jedem Fall segregierten und überwachten Sondervermögens. Die entsprechenden Anteile lassen sich häufig kostenlos bei der KVG selbst beziehungsweise geeigneten Banken und Brokern verwahren. Mangels Börsennotiz ist kein laufender Handel möglich, lediglich einmal täglich lassen sich Anteile zum NAV kaufen oder verkaufen. Beides kann sich als Vorteil wie auch als Nachteil erweisen. So bremst die zeitlich eingeschränkte Handelbarkeit etwaigen Aktivismus, die Ausgabe und Rücknahme zum NAV garantiert einen stets adäquaten Preis – für 1 Euro Liquidität gibt es zum Zeitpunkt der Transaktion auch den Gegenwert von 1 Euro am Fondsvermögen und umgekehrt.

Ein handfester Nachteil von offenen Investmentfonds sind hingegen die einmaligen und laufenden Kosten. Beim Kauf fällt häufig der bereits genannte Ausgabeaufschlag an, der mehrere Prozent des Investitionsbetrags umfassen kann, selbiges gilt für den in Kontinentaleuropa allerdings eher unüblichen Rücknahmeabschlag. Je nach Höhe des geplanten Kaufvolumens und der Beziehung zum Institut, welches die Order abwickeln soll, sind beide Gebühren verhandelbar. Nicht verhandelbar sind hingegen die laufenden Kosten, die meist in Form der Gesamtkostenquote oder Total Expense Ratio (TER) in Prozent des verwalteten Fondsvermögens ausgewiesen werden.

Die TER umfasst dabei die drei folgenden Kostenblöcke: Depotbankgebühren, Vertriebsgebühren und Verwaltungsgebühren. Die Depotbankgebühren fallen bei einem Fonds analog zu einer Privatanlage für die separate Aufbewahrung und Verwaltung der Wertpapiere an. Die Vertriebsgebühren umfassen die Kosten für sämtliche Vermarktungsaktivitäten des Fonds. Zu den Verwaltungsgebühren zählen schließlich die Kosten des Managements und operativen Betriebs einschließlich Rechts- und Steuerberatung sowie Wirtschaftsprüfung.

Gleichwohl enthält die TER entgegen ihres Namens keineswegs sämtliche Kosten eines Investmentvermögens. So bleiben die Gebühren für bestimmte Termingeschäfte, beispielsweise sogenannte Swaps, ebenso außen vor wie die Transaktionskosten auf Fondsebene. Letztere umfassen vor allem die Broker- und Börsengebühren für den Wertpapierhandel. Im Gegenzug werden diese allerdings durch bis hierher ebenfalls nicht ausgewiesene Wertpapierleiherträge kompensiert, also Gewinne, die über Verleihoperationen erzielt werden. Letzteres ist übrigens auch Privatanlegern bei Wahl des richtigen Brokers möglich, siehe hierzu auch die INFORMATIONEN am Ende des Buches.

Eine umfassende Kostenkennzahl ist hingegen die Total Cost of Ownership (TCO). Neben sämtlichen internen Kosten eines Fonds, also auch den zuvor genannten Positionen, die nicht in der TER enthalten sind, beinhaltet die TCO auch die externen Kosten des jeweiligen Anlegers. Diese umfassen die drei Blöcke Geld-Brief-Spanne beziehungsweise Spread, die Ordergebühren sowie etwaige Steuern auf Ebene des Investors. Ergänzender Hinweis: Der Spread errechnet sich aus der Differenz zwischen dem Geldkurs, zu dem ein/e börsennotierte/s Anlage oder Instrument nachgefragt wird, sowie dem Briefkurs, zu dem selbige angeboten wird.

Anders formuliert: Die Geld-Brief-Spanne ist die Differenz zwischen dem höchsten Preis, den ein Käufer für einen Anteil zu zahlen bereit ist, und dem niedrigsten Preis, den ein Verkäufer für selbigen anzunehmen bereit ist. Dabei gilt: Je liquider der Handel, desto enger ist in der Regel auch der Spread. Anleger verbuchen also einen Verlust in Höhe der Geld-Brief-Spanne, wenn sie ein Wertpapier gleichzeitig kaufen und verkaufen würden. Genau diese Differenz fließt in die TCO ein. Ordergebühren und Steuern wiederum hängen vom jeweiligen Broker, dem gehandelten Vermögenswert und dem auf den Investor anzuwendenden Steuerrecht ab. In ihren Grundzügen werden diese beiden Komponenten in KAPITEL 10 skizziert.

Die genannten Gebühren fallen natürlich auch für alle anderen Fondskategorien an, weshalb der Kostenaspekt an dieser Stelle ausführlich thematisiert wurde. Ebenfalls verdient es eine ganz spezielle und zudem landestypische Variante offener Investmentfonds, am Ende dieses Abschnitts zumindest kurz angesprochen zu werden, da diese ein spezielles Risiko dieser Fondskategorie drastisch vor Augen führt. Die Rede ist vom offenen Immobilienfonds (OIF).

Ursprünglich eine Schweizer Finanzinnovation – der erste OIF wurde im Jahr 1938 in der Eidgenossenschaft aufgelegt – verbreiteten sie sich ab 1959 in der Bundesrepublik Deutschland. Ziemlich genau ein halbes Jahrhundert lang erfreuten sich die in Spitzenzeiten über 30 dieser Fonds hoher Beliebtheit; ganz im Gegensatz zu den in Wertpapieren anlegenden Vertretern der Gattung.

Neben der sprichwörtlichen Greifbarkeit und Solidität von Immobilien, die nicht umsonst umgangssprachlich als Betongold bezeichnet werden, bestachen die OIFs durch extrem stabile Kursverläufe und regelmäßige solide Ausschüttungen bei täglicher Handelbarkeit über die ausgebende Fondsgesellschaft. Tatsächlich wurden diese Wertpapiere von vielen Anlegern als Immobilien-Tagesgeld genutzt. Und genau das war die Schwachstelle der Fondskonstruktion.

Denn im Grunde genommen hatten deren Macher damit das magische Viereck der Geldanlage: Rendite, Sicherheit und Liquidität in einem einzigen Wertpapier mit steuerlichen Vorteilen als Sahnehäubchen. Das konnte nur deshalb funktionieren, weil offene Investmentfonds ausschließlich einmal täglich über den Emittenten gehandelt werden können und dieser folglich Kauf- und Verkaufskurs auf Grundlage des Fondsvermögens vorgibt.

Das ist bei Fonds, die in börsennotierte Wertpapiere investieren, vergleichsweise einfach zu handhaben, da hier die Preise direkt der

Kurstafel entnommen werden können. Bei Immobilien ist dies jedoch mangels Börsennotiz schlichtweg nicht möglich, weshalb deren Gegenwert regelmäßig von Gutachtern ermittelt wurde und nach wie vor wird. Der so ermittelte Gegenwert des Immobilienportfolios zuzüglich liquider Mittel und abzüglich etwaiger Verbindlichkeiten dient seit jeher zur Ermittlung der laufenden Ausgabe- und Rücknahmepreise je Fondsanteil.

Zwei Umstände brachen mehr als der Hälfte der OIFs schließlich das Genick. Zum einen wurden die Wertgutachten vom Emittenten selbst in Auftrag gegeben, was einen nicht von der Hand zu weisenden Interessenkonflikt nach sich zog. Zum Zweiten galt es, die dem Fonds zur Verfügung gestellten Mittel in kurzfristig nicht liquidierbare, relativ hochpreisige Immobilien zu investieren, gleichzeitig jedoch jeden kurzfristigen Rückzahlungswunsch zu bedienen. Letzteres ist bei Aktienfonds kein Thema, da hier anteilige Verkäufe unmittelbar realisiert werden können. Bei Immobilienkomplexen kann sich eine Veräußerung hingegen über Monate hinziehen.

Genau das wurde der Fondsgattung in der Weltfinanzkrise 2007 bis 2009 zum Verhängnis, als zu viele Anleger gleichzeitig ihr Immobilien-Tagesgeld ausgezahlt bekommen wollten. Hierzu beigetragen hat sicherlich auch, dass die Krise ihren Ausgangspunkt im US-amerikanischen Immobiliensektor genommen hat. Nachdem die Liquiditätsreserven zahlreicher OIFs aufgebraucht waren, machten sie von ihrem Recht auf Schließung des Fonds Gebrauch, das heißt, es wurden keine Anteile mehr zurückgenommen. Um den nach wie vor bestehenden Auszahlungswünschen entsprechen zu können, mussten Objekte im ohnehin ungünstigen Marktumfeld losgeschlagen werden, was den Preisdruck weiter erhöhte.

Insgesamt 17 Fonds schlossen ihre Pforten und wickelten sich bei der Gelegenheit gleich komplett ab, ein Prozess, der sich teilweise über viele Jahre hinzog und in Summe den Anlegern einen kumulierten Verlust von über 8 Milliarden Euro bescherte. Dem Konstruktionsmangel dieser Anlageklasse wurde zwischenzeitig ein regulatorischer Riegel vorgeschoben. So können deren Anteile nicht mehr tagtäglich, sondern nur unter Einhaltung einer Frist von zwölf Monaten zurückgegeben werden. Und dies auch erst nach einer Mindesthaltefrist von zwei Jahren. Ob diese Regelungen dazu beitragen, die Fondskategorie gegen kommende Finanzstürme zu wappnen, sei einmal dahingestellt.

2.5 Exchange Traded Funds (ETFs)

Wie bereits im ersten Kapitel ausgeführt, handelt es sich bei ETFs um eine vergleichsweise junge Fondskategorie mit rasanten Wachstumsraten. Nach Angaben von Statista waren im Jahr 2005, also 30 Jahre nach Auflage des ersten Indexfonds und 16 Jahre nach Emission des ersten Vertreters seiner Art, weltweit gerade einmal 453 ETFs notiert. Nur fünf Jahre später und beschleunigt durch die Weltfinanzkrise 2007 bis 2009 hatte sich deren Anzahl auf 2500 mehr als verfünffacht. Ende 2020 buhlten über 7600 ETFs um die Gunst der Anleger.

Obgleich der Name ins Deutsche übersetzt »börsennotierter Fonds« bedeutet, handelt es sich um eine von zwei Grundformen börsennotierter Fonds. Nichtsdestotrotz wird weltweit unter einem ETF faktisch ein börsengehandelter und passiv verwalteter Fonds verstanden, welcher möglichst exakt den Index einer Anlageklasse nachbildet. Ein ETF wird nach Auflage durch den Emittenten mit einer Wertpapierkennung versehen und an einer oder mehreren Börsen notiert, Anteile können fortan einzig und allein über die entsprechenden Handelsplätze und im Gegensatz zu Investmentfonds nicht über die Fondsgesellschaft geordert werden.

Der Vollständigkeit halber sei erwähnt, dass nach wie vor selbstverständlich auch eine Vielzahl nicht börsennotierter Indexfonds existiert. Diese verfolgen denselben strategischen Ansatz wie ETFs, firmieren jedoch als offene Investmentfonds beziehungsweise Mutual Funds. Anteile sind in dem Fall ausschließlich direkt über den Emittenten zu beziehen. Wie in KAPITEL 1 kurz angerissen ist der nicht börsennotierte Indexfonds mit dem im Jahr 1975 lancierten First Index Trust dem ETF historisch vorausgegangen.

Die Palette der Indizes reicht dabei von gängigen globalen Indizes wie dem MSCI World für die Aktienmärkte der Industrieländer über Länderindizes wie den DAX und Dow Jones Industrial Average für deutsche beziehungsweise US-amerikanische Standardwerte, Branchenindizes für die unterschiedlichsten Wirtschaftssektoren, so zum Beispiel den STOXX Europe 600 Automobiles & Parts auf europäische Automobilhersteller sowie deren Zulieferer oder den Alerian MLP Index auf US-amerikanische Unternehmen im Bereich der Energieinfrastruktur, bis hin zu Spezialindizes wie den Foxberry Tematica Research Sustainable Future of RIZF Index, der sich auf »Unternehmen fokussiert, die den Übergang zu nachhaltigeren Lebensmittelproduktionssystemen und Konsumverhaltensmustern beschleunigen«.

Überhaupt sind Indizes wie übrigens auch Investmentfonds aller Couleur ein Kuriosum des Börsenuniversums – jedenfalls was deren Quantität angeht. Weltweit existierten nach Angaben von Statista Stand 2019 gut 43 000 börsennotierte Aktiengesellschaften, von denen jedoch nur ein knappes Drittel, etwa 15 000 effektiv handelbar waren. Hinzu gesellen sich über alle Bonitätsstufen etwa 200 000 Staats- und Unternehmensanleihen mit Börsennotiz.

Diesen knapp 250 000 Einzeltiteln stehen, ebenfalls Statista folgend, über 126 000 Investmentfonds gegenüber. Von diesen sind 44 000 Aktienfonds, womit rein rechnerisch auf jede an einer Börse notierte Aktie etwa ein Fonds kommt. Des Weiteren sind die bis hierher noch nicht berücksichtigten ETFs hinzuzuaddieren. Deren Bestand belief sich im Jahr 2020 auf vergleichsweise bescheidene 7600 Emissionen. Ferner existieren noch einige hundert rein vermögensverwaltende Holdinggesellschaften, deren bekannteste zweifelsfrei Berkshire Hathaway aus Omaha, Nebraska, unter ihrem legendären Vorsitzenden Warren Buffett sein dürfte.

Getoppt wird diese skurril anmutende Quote jedoch von der schieren Anzahl kursierender Indizes. Auf sage und schreibe gut 3 Millionen taxiert das *Manager Magazin* unter Berufung auf die *Financial Times* deren Anzahl. Allerdings dienen die wenigsten von ihnen Anlagezwecken. Die allermeisten sind das Resultat zeitgenössischer

Rechnerleistung, die es nun mal ohne hohe Kosten erlaubt, nahezu jede beliebige Kombination von Wertpapieren zu indexieren. Zahlreiche der so ermittelten Indizes dienen zudem dem reinen Benchmarking, werden also extra im Auftrag von Fondsgesellschaften berechnet, um ihnen einen Vergleichsmaßstab für die Entwicklung ihrer Emissionen an die Hand zu geben.

Auch hier sind Interessenkonflikte offensichtlich. Anleger sind daher bei hauseigenen Gegenüberstellungen von Emittenten oder den Fonds selbst gut beraten, besagte Benchmark auf ihre repräsentative Eignung zu überprüfen. Wird, um ein plakatives Beispiel zu wählen, der DAX als Leistungsmaßstab herangezogen, dann sollte der entsprechende Fonds auch ausschließlich in Unternehmen aus dem DAX investieren.

Enthält er jedoch auch sogenannte Nebenwerte, also relativ niedrig kapitalisierte Aktien mit höheren Renditechancen, aber auch höheren Kursrisiken, wie sie beispielsweise im SDAX enthalten sind, hält die Gegenüberstellung kaum stand. Hier werden Äpfel mit Birnen verglichen, zumal es auf lange Sicht sehr wahrscheinlich ist, dass ein gemischtes Portfolio aus deutschen Standard- und Nebenwerten eine reine Anlage in DAX-Titel outperformen wird und sich der Fonds im unverdienten Licht sonnen kann.

Zurück zum ETF. Gemeinhin wird dieser Sonderform börsennotierter Fonds eine passive Verwaltung in Abgrenzung zum aktiven Management offener Investmentfonds und CEFs unterstellt. Dies ist insofern irreführend, da der Duden »passiv« als »von sich aus nicht die Initiative ergreifend« beziehungsweise »nicht selbst in einer Sache tätig« definiert. Dem ist freilich nicht so, da ETFs den jeweils zugrunde liegenden Index laufend so gut und eng wie möglich zu replizieren versuchen. Dies zieht zwangsläufig laufende Aktivitäten nach sich, da auch Indizes regelmäßig, zum Beispiel in der Zusammensetzung und Gewichtung, angepasst werden. Der DAX ist hierfür ein gutes Beispiel. So wurde der deutsche Leitindex im Jahr 2021 von 30 auf 40 Titel aufgebohrt, was alle auf ihn lautenden ETFs zu entsprechenden Dispositionen zwang.

Treffender ist es in diesem Zusammenhang daher, die Verwaltung von ETFs als prognosefrei oder eben indexiert zu klassifizieren. Und genau der Umstand zieht als ganz entscheidenden Vorteil vergleichsweise niedrige Gebühren und laufende Kosten nach sich. Durch die Indexorientierung können nicht nur die Aufwendungen für das Management minimiert werden, welches heutzutage nahezu vollständig rechnergestützt und automatisiert abläuft.

Auch die Ausgaben für die Herstellung und Aufrechterhaltung des operativen Betriebs sinken durch den nun möglichen Verzicht auf Büros, Ausstattung, Hardware, Software sowie Informationsdienste gravierend. Im Gegenzug fallen die Lizenzgebühren, die ein ETF-Emittent dem jeweiligen Index-Anbieter zahlen muss, kaum ins Gewicht. Zu den vermutlich bekanntesten Indexanbietern dürften die US-amerikanische Morgan Stanley Capital International (MSCI) sowie die britische Financial Times Stock Exchange (FTSE) zählen, wobei allein der Marktführer MSCI nach Auskunft des Finanzinformationsdienstes über 160 000 Indizes im Angebot hat.

Eine Herausforderung des ETFs bei der Replizierung des Index ist im Gegensatz zum nicht börsennotierten Indexfonds dessen jederzeitige Handelbarkeit. Während der Indexfonds Mittelzu- und Mittelabflüsse entsprechend disponieren kann, erfolgt die Kursbildung des ETFs nach dessen Börsengang allein durch Angebot und Nachfrage. Hierbei könnte es zu Schieflagen kommen, wenn beispielsweise viele Anleger gleichzeitig in einen bestimmten (Mode-)Index via ETF investieren wollen. In dem Fall trifft eine feste Anzahl umlaufender ETF-Anteile auf eine steigende Nachfrage, was theoretisch den Preis je Anteil nach oben treiben müsste, obgleich sich dieser am zugrunde liegenden Index orientieren müsste.

Um eine solche Fehlbepreisung zu verhindern und sicherzustellen, dass der NAV des ETFs einerseits im richtigen Verhältnis den Index abbildet und andererseits dem Börsenwert entspricht, arbeiten die ETF-Anbieter mit sogenannten Market Makern zusammen. Hierbei handelt es sich um institutionelle Investoren wie Banken und Broker, die auf eigene Rechnung laufend Geld- und Briefkurs stellen und dadurch einen liquiden Handel gewährleisten. Market Maker nehmen also bei fehlendem Angebot oder fehlender Nachfrage die Gegenpartei ein. Als Kompensation verdienen sie am Spread, sprich, sie platzieren ihre Orders so, dass ihnen ein kleiner Gewinn aus der Geld-Brief-Spanne bleibt, der sich jedoch durch die Vielzahl der Transaktionen dennoch lohnt. Dabei gilt: Je mehr Market Maker für einen ETF aktiv sind, desto höher ist auch die Liquidität und desto niedriger der Spread.

Eine weitere wichtige Rolle im ETF-Handel nehmen die sogenannten Authorized Participants (AP) ein. Hierbei handelt es sich ebenfalls um institutionelle Investoren, die mit den Market Makern deckungsgleich sein können, aber nicht müssen. Die APs haben die Aufgabe, neue ETF-Anteile zu schaffen oder zu vernichten, wenn Angebot oder Nachfrage den tatsächlichen Bestand deutlich übersteigen oder unterschreiten. Dieser Creation/Redemption-Prozess ist notwendig, da der Emittent im Gegensatz zu nicht börsengehandelten Fonds keine Möglichkeit hat, Anteile direkt auszugeben oder zurückzunehmen. Diese Lücke können die Market Maker auch nur bis zu einem gewissen Grad füllen, beispielsweise können sie ETF-Anteile nur in dem Maß verkaufen, wie sie diese im Bestand haben oder leihen können. Zudem besteht in so einer Konstellation die Gefahr, dass sich der Preis je Anteil zu weit vom NAV und Index entfernt.

Im Fall einer Creation erwirbt der AP die Positionen eines ETFs respektive Indizes in der entsprechenden Gewichtung, überträgt diese an den ETF-Emittenten und erhält dafür im Gegenzug entsprechend viele neue ETF-Anteile, mit denen die Nachfrage dann gestillt werden kann. Genau umgekehrt verläuft die Redemption. Auch die APs refinanzieren sich über Arbitrage sowohl bei der Creation als auch bei der Redemption. Gleichwohl sind ETFs in der Handhabung deutlich anspruchsvoller als Indexfonds, was wiederum die zeitliche Reihenfolge erklären dürfte, in der sie in Erscheinung getreten sind. Zudem sind ETFs kaum ohne moderne Informations- und Kommunikationstechnologie effizient zu managen. Der enorme Wettbewerbsdruck tut sein Übriges.

Trotz dieser Maßnahmen weichen der Preis je ETF-Anteil und der Kurs des jeweiligen Index meist leicht voneinander ab. Da der Index selbst weder Kosten noch Steuern einpreist, hinken die ETFs in aller Regel ihrer Benchmark hinterher, auch wenn durch Wertpapierleihgeschäfte oder Swaps, eine etablierte Form des Tausches von Renditen zwischen zwei (institutionellen) Vertragsparteien, ein Teil der Aufwendungen kompensiert werden kann. Diese Drift wird in Prozent auf Jahresbasis angegeben und als Tracking Difference oder Tracking Error bezeichnet.

Lohnt dieser vergleichsweise hohe technische Aufwand? ETFs kombinieren den Vorteil der jederzeitigen Handelbarkeit mit der Sicherheit eines segregierten und überwachten Sondervermögens – schließlich fallen auch sie unter die Fondsgesetzgebung. Das ist übrigens auch der Grund, weshalb sich in den Namen zahlreicher europäischer ETFs das weiter oben besprochene Kürzel SICAV wiederfindet. Weiterhin können sich Anleger weitestgehend darauf verlassen, dass der Börsenwert und der NAV nicht signifikant voneinander abweichen; sie können also die Entwicklung ihrer Anlage gewissermaßen am Index nachverfolgen.

Dieses Gesamtpaket gibt es zudem zu niedrigen Anschaffungskosten und Gebühren, im Schnitt beläuft sich die TER deutscher ETFs auf 0,35 bis 0,50 Prozent mit fallender Tendenz. Hinzu kommen die Anschaffungskosten in Höhe der Börsenspesen, bei Wahl des richtigen Brokers eine zu vernachlässigende Größe und meist deutlich günstiger als die Beschaffung offener Investmentfonds über den Emittenten.

Im Gegenzug sehen sich ETF-Anleger mit einem Indexrisiko konfrontiert, zumindest jenseits der gängigen Brot-und-Butter-Produkte. ETFs sind letztlich eine Verpackung, deren Inhalt sich allein auf Basis des zugrunde liegenden Index zusammensetzt. Vor diesem Hintergrund gibt es auch keine per se »guten« oder »schlechten« ETFs. Wohl können diese handwerklich schlecht verwaltet werden, die Kurs- und gegebenenfalls Ausschüttungsentwicklung bemisst sich jedoch allein an der Berechnung und Zusammensetzung des Index. Diese erfolgt fast ausnahmslos automatisiert nach einem vorab definierten Regelwerk und kann bei exotischen Märkten und Wertpapiersegmenten oder aber einer kennzahlenorientierten Auswahl zu negativen Verzerrungen führen.

Ein bekanntes Beispiel für ein handfestes Indexrisiko sind auf bestimmten Referenzwerten basierende Dividenden-ETFs. Hierbei werden sämtliche Aktien einer bestimmten Branche oder Region vorrangig nach der Dividendenrendite gefiltert beziehungsweise sortiert. Die Dividendenrendite wiederum errechnet sich aus der Dividende einer vergangenen Periode, in der Regel ein Jahr, geteilt durch den aktuellen Kurs. Fällt der Kurs aufgrund einer absehbar nachteiligen Unternehmensentwicklung, steigt mathematisch zwingend die Dividendenrendite. Auf die daraus resultierende Abfolge aus Umsatz-, Gewinn- und Ausschüttungsrückgang reagiert die Kennzahl daher mit mehrmonatigem Zeitverzug. Genau dieses Trägheitsmoment führt oft zu dem Phänomen, dass im Niedergang befindliche Unternehmen exakt nach Eintritt der Umbruchphase ihre höchsten Dividendenrenditen ausweisen.

Neben diesem Umbruch-Trägheitseffekt kann die Orientierung allein an der aktuellen Dividendenrendite zur Clusterbildung beitragen. Das ist beispielsweise dann der Fall, wenn Gesellschaften in bestimmten Ländern oder Subbranchen traditionell relativ hohe Ausschüttungen vornehmen und dann in Indizes wie ETF überrepräsentiert sind. So weisen Dividenden-ETFs mit Investitionsschwerpunkt auf den asiatisch-pazifischen Großraum in der Regel einen überproportional hohen Anteil australischer Papiere aus, was freilich auch das Chance-Risiko-Profil in Richtung dieses Währungs- und Wirtschaftsraums verschiebt. Im Gegenzug sind Beteiligungen aus zahlreichen anderen, zum Teil deutlich größeren Volkswirtschaften untergewichtet. Im Extremfall eines Flaggschiff-Anbieters machten die Papiere aus Down Under in einem entsprechenden ETF circa 60 Prozent aus, faktisch handelte es sich bei der Emission um einen ETF auf australische Dividendenaktien mit asiatisch-pazifischer Beimischung.

Derartige Verzerrungen lassen sich durch die Hinzunahme zumindest eines weiteren Parameters oder qualitativen Faktors, beispielsweise einer Schwankungs- oder Volatilitätskennzahl, abmildern beziehungsweise verhindern. Neuere (Dividenden-)Indizes der sogenannten zweiten und dritten Generation nutzen daher qualitative Faktoren, um Einmaleffekte wie beispielsweise eine üppige Sonderdividende oder aber hohe Dividendenrenditen in Folge gefallener Kurse auszublenden.

Zumindest bei den großen und bekannten (Leit-)Indizes bestehen diese Fallstricke aufgrund der ohnehin breiten Repräsentanz nicht. Doch was bringt eine wenn auch kostengünstige Orientierung am Mittelmaß – für nichts anderes stehen Indizes schließlich?

Langfristig und im Durchschnitt kann sich die Abbildung des Durchschnitts paradoxerweise zu erheblichen Vorteilen aufsummieren. Und das liegt zunächst einmal in der schlichten Arithmetik des Börsenhandels begründet. Demnach ist es unweigerlich so, um aus Bogles Investmenthandbuch zu zitieren, »dass die Erträge aller börsennotierten Unternehmen, die den Aktienmarkt bilden, notwendigerweise so groß sind wie der Bruttogesamtertrag aller Investoren, die in diesen Markt investieren« (Bogle, S. 51). Ebenso unwiderlegbar ist die Tatsache, dass die Verteilung des Bruttoertrags auf die Investoren insgesamt ein Nullsummenspiel ist. Was der eine an Mehrertrag über dem Durchschnitt erzielt, muss ein anderer zwangsläufig an Minderertrag verbuchen. Oder um mit Charlie Munger zu sprechen, den Bogle in genannten Buch als Kronzeugen hinzuzieht: »Und es ist unausweichlich so, dass exakt die Hälfte der Anleger nach Abzug des Croupier-Anteils ein schlechteres als das mediane Ergebnis erzielt […].« (Ebd., S. 159)

Der »Croupiers-Anteil«, das sind die Kosten des Handels, um die die Bruttoerträge zu vermindern sind. Tatsächlich sind die Nettoerträge notwendigerweise um die Transaktions- oder Vermittlungskosten geringer. Anders gesagt: Der Bruttoertrag des Aktienmarktes abzüglich der Vermittlungskosten ist gleich dem Nettoertrag der Investoren. Das heißt, der Vergleichsindex, in den ja wie beschrieben keine Transaktionskosten einfließen, schlägt immer den Nettoertrag, den die Investoren als Gruppe erzielen. Die Aktieninvestoren als Gruppe machen unter dem Strich also einen Verlust in Höhe der Transaktionskosten. Das wiederum bedeutet nichts anderes, als dass ein kostenminimal am Index orientierter Anleger Jahr für Jahr das Gros der anderen Investoren schlägt. Die Orientierung am Mittelmaß führt mit mathematischer Gewissheit zu überdurchschnittlichen Ergebnissen!

Dieser Umstand ist mittlerweile auch empirisch mit einer Fülle von Material dokumentiert. Anhand zweier Aspekte sei an dieser Stelle kurz demonstriert, wie unwahrscheinlich es für einen Anleger ohne Insiderinformationen ist, systematisch den Markt in Form eines Index zu schlagen, nämlich am Nadel-im-Heuhaufen-Prinzip und dem Gute-Tage-schlechte-Tage-Phänomen.

Das Nadel-im-Heuhaufen-Prinzip beruht auf der statistischen Verteilung der Gewinneraktien innerhalb eines Marktes. Regelmäßig sind es wenige, allerdings ebenso regelmäßig wechselnde Papiere, die die Kurse treiben. Bereits ohne die 10 Prozent der am besten rentierenden Aktien sinkt der erzielte Ertrag auf etwa ein Drittel der Marktrendite, wie eine Langfristauswertung des S&P 500 ergab. Ohne die besten 25 Prozent dreht dieser übrigens deutlich ins Minus. Statt die Nadel im Heuhaufen zu suchen legt die Finanzmarktstatistik nah, gleich den ganzen Heuhaufen zu kaufen.

Analog dazu gilt das Gute-Tage-schlechte-Tage-Phänomen für den Faktor Zeit. Ebenso regelmäßig sind es nur wenige Tage des Börsenjahres, die für die Gesamtrendite ausschlaggebend sind. Auch dazu existiert ein eindrucksvolles Beispiel: Demnach wäre ein einziger im Jahr 1926 veranlagter US-Dollar bis 2011 zu einem Gesamtvermögen von 3045 US-Dollar angewachsen. Bei Auslassung allein der 40 besten von insgesamt über 1000 Börsenmonaten hätte Letzteres hingegen lediglich 21 US-Dollar betragen.

Die Verteilung der Marktrendite über Titel und Zeit unterliegt also einer starken Pareto- beziehungsweise Heavy-tailed-Verteilung. Und die Moral aus der Geschichte: Die beiden Grundstrategien, um Märkte in ihrer Breite zu schlagen, nämlich entweder durch Auswahl überlegener Titel (Stock Picking) oder Ein- und Ausstiegspunkte (Market Timing) sind langfristig zum Scheitern verdammt. Hinzu kommt, dass zahlreiche, vor allem volumenstarke offene Investmentfonds beziehungsweise Mutual Funds ohnehin verkappte Index-Hugger sind, sich also mit ihrer Anlagestrategie aus vielerlei nachvollziehbaren Gründen eng an ihren Vergleichsindex anschmiegen. Vor allem bei den gängigen und klar abgegrenzten Benchmarks wie dem DAX oder Dow Jones Industrial Average mit gerade einmal 40 respektive 30 Werten ist die Spielwiese auch arg begrenzt.

Der Charakter eines Nullsummenspiels gilt indes nur für die relative Verteilung der Rendite innerhalb der Anlegergemeinde. Absolut betrachtet betrug die Marktrendite über die letzten 200 Jahre durchschnittlich 0,036 Prozent pro Börsenhandelstag, freilich unter Inkaufnahme starker Schwankungen. Spieltheoretisch entspricht das einer Lotterie mit positivem Erwartungswert – sofern hinreichend breit gestreut wird.

Abschließend sei darauf hingewiesen, dass auch im Universum der ETFs keine Regel ohne Ausnahme existiert. So gibt es zum einen durchaus vereinzelte aktiv gemanagte ETFs, die also keinen Index replizieren. Ein bekanntes zeitgenössisches Beispiel dafür sind die 2020 in Mode gekommenen ETFs von ARK Investment, deren Gründerin und Geschäftsführerin Cathie Wood von Medien bisweilen als weiblicher Warren Buffett gehandelt wurde.

Zweitens existieren auch vereinzelt aktiv gemanagte Indizes. Diese konzentrieren sich ausnahmslos auf enge Nischen. Ein Beispiel hierfür ist der KBW Nasdaq Premium Yield Equity REIT Index, der die Subbranche der kleinen und mittleren Immobilienunternehmen mit Börsennotiz in den Vereinigten Staaten abbildet. Hier entscheidet letztlich ein Gremium über die finale Zusammensetzung beziehungsweise Änderung des Index, übrigens genau aus dem Grund, in diesem doch recht speziellen Umfeld einer Klumpenbildung entgegenzuwirken.

Drittens und letztens weisen ETFs im Durchschnitt die niedrigsten Anschaffungs- und Verwaltungskosten der Fondsbranche aus, gleichwohl existieren bisweilen auch aktiv gemanagte Fonds, welche die Kosten eines vergleichbaren ETFs zum Teil deutlich unterbieten können. Dies trifft allerdings auf wenig frequentierte Marktsegmente zu, nicht auf die großen globalen Leitindizes.

2.6 Closed-end Funds (CEFs)

Die ausführliche Besprechung der Geschwisterfondstypen in den vorangegangenen Abschnitten ermöglicht eine rasche Einordnung der CEFs. Hierbei handelt es sich im Grunde genommen um eine Plain-Vanilla-Kombination aus klassischem Investmentfonds und ETF. CEFs verbinden dabei die Einfachheit und das aktive Management Ersterer mit der Börsennotiz und der laufenden Handelbarkeit Letzterer. Das minimiert den administrativen Aufwand für Management und Verwaltung bei maximaler Transparenz und Liquidierbarkeit für die Anleger.

Auch CEFs werden in aller Regel durch eine KVG beziehungsweise Investmentgesellschaft aufgelegt und emittiert. Im Gegensatz zum offenen Investmentfonds ist jedoch ein direkter Handel mit täglicher Kursfeststellung nicht vorgesehen. Und anders als beim ETF wird auf eine Kooperation mit Market Makern als auch APs und damit ein Index-Tracking sowie den Creation/Redemption-Prozess verzichtet.

Wie kommt ein CEF dann an ein hinreichend großes Fondsvolumen? Hierzu wirbt die Investmentgesellschaft während einer Zeichnungsphase Anlegergelder ein, danach wird der Fonds beziehungsweise Trust »closed-end«, also sprichwörtlich »geschlossen« und als eigenständige juristische Person in Form einer vermögensverwaltenden Gesellschaft an die Börse gebracht. Selbstverständlich können im Starterpool auch eigene Wertpapierbestände oder diejenigen assoziierter oder verbundener Dritter, so zum Beispiel von Banken, Vermögensverwaltungen oder anderen institutionellen Anlegern, eingebracht werden.

Nach dem Börsengang bemisst sich der Anteilspreis analog zu einer Aktie allein nach Angebot und Nachfrage. Eine Rückgabe an den Emittenten ist normalerweise nicht möglich, Transaktionen erfolgen allein über Käufe und Verkäufe an der Börse. Frische beziehungsweise zusätzliche Liquidität kann sich ein CEF analog zu einer Aktiengesellschaft allein durch eine Kapitalerhöhung – also die Ausgabe neuer Anteile gemäß Beschluss der aus den Anteilseignern zusammengesetzten Hauptversammlung – beschaffen. Genau dieser einen zentralen

Eigenschaft, die er mit dem geschlossenen Fonds deutschen Typs teilt, verdankt er seinen vorderen Namensbestandteil.

Bei CEFs handelt es sich analog zu den zuvor besprochenen Fondsgattungen um ein segregiertes und reguliertes Sondervermögen. Die diesbezüglich bedeutendsten Parameter sind Gegenstand von KAPITEL 3. Da der Kurs von CEFs unbeeinflusst von Market Makern und APs frei fluktuieren kann, können aber anders als bei ETFs der Börsenwert sowie der NAV nennenswert voneinander abweichen. Das ist sogar weniger die Ausnahme denn die Regel.

Ein CEF, der zu einem Kurs unterhalb des NAV je Anteil notiert, wird mit einem Abschlag oder Disagio gehandelt, ein CEF hingegen, der zu einem Kurs oberhalb des NAV je Anteil notiert, wird mit einem Aufschlag oder Agio gehandelt. Gerade für einkommensorientierte Investoren bieten Titel, die mit Disagio gehandelt werden, eine risikofreie Zusatzrendite; nicht zu verwechseln mit einem sogenannten Free Lunch. Hier wirkt ein Kurs unterhalb des NAV wie ein Hebel auf die Dividende. Umgekehrt dämpft ein zu zahlendes Agio die potenzielle Auszahlungsrendite und sollte daher tendenziell vermieden werden.

Beispiel: Der Börsenwert des ABC-CEFs beläuft sich auf 300 Millionen US-Dollar, der NAV auf 330 Millionen US-Dollar. Der CEF notiert folglich mit einem Disagio von rund 9,1 Prozent. Der Anleger bezahlt also für einen Anteil an einem Beteiligungsportfolio im Gegenwert von 16,50 US-Dollar lediglich 15,00 US-Dollar. Schüttet der ABC-CEF nun im Jahr 1 US-Dollar Dividende pro Anteil oder 20 Millionen US-Dollar insgesamt aus, entspricht das einer Rendite von knapp 6,1 Prozent auf das investierte Kapital in Höhe von 330 Millionen US-Dollar. Anleger, die den Titel jedoch mit Disagio erwerben und nur 15,00 US-Dollar bezahlt haben, erzielen eine Rendite von knapp 6,7 Prozent. In diesem Fall »verteilen« sich die ausgeschütteten 20 Millionen US-Dollar nicht auf den NAV, sondern den Börsenwert in Höhe von 300 Millionen US-Dollar. Die Zusatzrendite beträgt aufgrund des Disagios von 9,1 Prozent also stattliche 0,6 Prozentpunkte.

Die Möglichkeit, Anteile eines CEFs mit Disagio erwerben zu können, ist gleichzeitig einer der Hauptgründe, weshalb diese Fondsgattung trotz einer in der Regel (aber nicht immer) höheren TER eine interessante Alternative zu ETFs darstellen kann. Auf diesen Punkt sowie die weiteren Vor- und Nachteile von CEFs wird in KAPITEL 7 und 8 detailliert eingegangen.

Als rein börsengehandelte Instrumente verursacht der Handel mit CEFs die üblichen Transaktionskosten, die sich aus den Gebühren und Spesen des Handelsplatzes und Brokers sowie gegebenenfalls Steuern zusammensetzen. Stichwort Broker: Klassische CEFs sind Kinder der angelsächsischen Börsen- und Finanzwelt, wie in den KAPITELN 3 und 5 dargelegt werden wird. Als damit gänzlich im Ausland beheimatete Anlageklasse sind entsprechende Papiere daher nicht bei jeder kontinentaleuropäischen Depotbank erhältlich.

Und falls doch, können die Orderkosten gerade für kleinere beziehungsweise exotischere Handelsplätze üppig sein. Ferner haben manche deutsche Broker bisweilen mit der Ertragsbesteuerung von CEFs, konkret der ausländischen Quellensteuer und ihrer Anrechenbarkeit, so ihre Schwierigkeiten. Vorabhinweis: Die Quellensteuer ist eine prozentuale Steuer auf Kapitalerträge wie Dividenden oder Zinsen, die der Quellenstaat auf Zahlungen an ausländische Investoren direkt einbehält. Ausführliche Details zu dem Themenkomplex folgen in KAPITEL 10.

Ein wesentlicher Unterschied von CEFs zur InvAG sowie SICAV besteht im rechtlichen Status. So gelten Anteile von CEFs grundsätzlich als Aktie und sind in der Regel mit einem Stimmrecht ausgestattet. Hierauf weist die ebenfalls gebräuchliche Namensvariante »closed-ended investment company« hin. Zudem greifen aufgrund dieses Status die oben besprochenen regulatorischen Handelshemmnisse, denen beispielsweise Anleger mit Wohnsitz in der EU unterliegen, bei CEFs nicht, siehe dazu ebenfalls KAPITEL 10.1. Aufgrund des geschlossenen Charakters entfällt nicht nur der bei ETFs zwingend erforderliche Creation/Redemption-Prozess, auch das bei OIFs latente Risiko aus der Liquidierung von Vermögenswerten besteht nicht.

Sollte es im Fall eines CEFs tatsächlich zu einem Angebotsüberhang kommen, wird dieser allein über den Kurs aufgelöst. Auf die

Dispositionen des Fondsmanagements hat dies wiederum mangels Liquiditätsbeschaffungsdruck keinerlei Auswirkungen. Gegebenenfalls führt dies zum oben skizzierten Szenario eines Disagios, bei dem schließlich der Preis niedriger als der NAV je Anteil notiert.

Zum Abschluss dieses Kapitels darf der Verweis auf zwei weitere Formen weit verbreiteter Sammelanlagen nicht fehlen, nämlich zum einen die (Finanz-)Holding sowie zum anderen Versicherungsanlageprodukte. Bei einer (Finanz-)Holding handelt es sich analog zu einer InvAG um eine rein vermögensverwaltende Kapitalgesellschaft, also eine eigenständige juristische Person, ohne operative Geschäftstätigkeit. Sie kann wie ein CEF börsennotiert sein oder wie ein offener Investmentfonds ohne Börsennotiz auskommen. In jedem Fall verzichtet die Holding auf eine Registrierung nach der jeweils zuständigen Fondsgesetzgebung und damit auch auf die Vor- und Nachteile einer regulierten Kapitalsammelstelle.

Mangels regulatorischer Vorgaben und Überwachung einschließlich der für Fonds weltweit typischen Merkmale wie der Erstellung und Billigung von Prospekten, der Einhaltung und Überwachung von Anlagerichtlinien sowie der treuhänderischen Vermögensverwaltung ist die Holding frei in ihren Investitionsentscheidungen, was eine mögliche Verschuldung miteinschließt. Sie handelt ausschließlich im eigenen Namen und auf eigene Rechnung und auch ihr Management unterliegt keiner über die für Kapitalgesellschaften allgemein gültigen Vorschriften hinausgehenden Auflagen.

Diese gestalterische Freiheit erlaubt dann natürlich auch Anlagestrategien, die klassischen Fonds nicht möglich sind. Hinzu gesellen sich aus Anlegersicht je nach Jurisdiktion steuerrechtliche Vorteile. So fallen etwa bei einer vermögensverwaltenden Gesellschaft mit beschränkter Haftung (GmbH) deutschen Rechts im Fall der Veräußerung einer Beteiligung lediglich 1,5 Prozent Körperschaftssteuer auf realisierte Kursgewinne an, die Gewerbesteuer entfällt komplett.

Im Gegenzug können Holdings freilich nicht mit dem verlässlichen regulatorischen Rahmen und dem Sondervermögensstatut werben, den Publikumsfonds für sich beanspruchen können. Diese werbeträchtige Signalwirkung ist jedoch meist auch nicht nötig, da Holdings in aller Regel zu speziellen Zwecken gegründet werden oder in so eine Rolle hineinwachsen. So verwalten zahlreiche börsennotierte Holdings einen Teil des Vermögens wohlhabender Familiendynastien, die an den jeweiligen Aktiengesellschaften meist einen bedeutenden Anteil halten. Darüber hinaus besetzen Familienmitglieder oft wichtigste Schlüsselpositionen.

Beispiele hierfür sind die Investor AB der Familie Wallenberg (Stockholm: INVE A und INVE B), die Pargesa Holding SA des belgischen Stahlbarons Albert Frère oder die Sofina Societe Anonyme der belgischen Familie Böel (Brüssel: SOF). In ihrem eigenen Interesse verfolgen diese Familienholdings meist eine sehr langfristige, generationsübergreifende Anlagestrategie. Weitere bekannte Beispiele börsennotierter Holdings sind CK Hutchison Holdings (SEHK: 0001), Icahn Enterprises L. P. (NASDAQ: IEP), Power Corporation of Canada (TSE: POW), die SoftBank Group (TYO: 9984) und selbstverständlich auch die legendäre Berkshire Hathaway (NYSE: BRK.A und BRK.B) unter ihrem nicht minder berühmten Frontmann Warren Buffett.

Und selbst in Deutschland finden sich überraschend viele börsennotierte Holdinggesellschaften mit zum Teil weitreichender Unternehmenshistorie. Diese reicht beispielsweise bei der Lewag Holding AG und der Deutsche Effecten- und Wechsel-Beteiligungsgesellschaft AG weit über 100 Jahre, bei der WCM Beteiligungs- und Grundbesitz-Aktiengesellschaft sogar mehr als 250 Jahre zurück, wenngleich mit wechselnden Geschäftsmodellen.

Damit bleibt noch der kurze Blick auf die Versicherungsanlageprodukte. Wie in KAPITEL 2.2 kurz angerissen, fallen auch kapitalbildende Versicherungen unter die PRIIP und gelten damit als verpacktes Anlageprodukt, sofern der dem Anleger zurückzuzahlende und von der Versicherung verwaltete Betrag Schwankungen unterliegt, die sich aus der Entwicklung der Vermögenswerte ergeben oder deren Fälligkeits- oder Rückkaufwert teilweise oder vollständig direkt oder indirekt Marktschwankungen unterliegt.

Das betrifft vor allem sogenannte Fondspolicen, also Versicherungslösungen, die selbst wiederum in Investmentfonds investiert sind. Zumindest in Deutschland beschränkt sich das Fondsspektrum auf offene Investmentfonds und ETFs, auf deren Auswahl die Kunden nur bedingt Einfluss haben. Jenseits der Grenzen existieren zum Teil deutlich flexiblere Lösungen mit hohem Gestaltungsspielraum für den Versicherungsnehmer, die auch die Integration von CEFs erlauben. Bekannt für diesen Ansatz sind beispielsweise Liechtensteiner Lebensversicherungen.

Allen Lösungen gemein ist die Funktion der Police als Versicherungsmantel um eine Vermögensmasse. Der Hauptvorteil einer solchen Konstruktion ist in der Regel steuerrechtlicher Natur, auch der Vermögensschutz kann gerade bei ausländischen Policen eine gewisse Rolle spielen, ebenso die kreative Gestaltung des Nachlasses. Im Gegenzug fallen allerdings weitere Kosten an, zudem müssen Investoren damit leben können, dass zumindest in deutsche Versicherungsmäntel eingebrachte Vermögenswerte – anders übrigens als bei Liechtensteiner Policen – in das Eigentum der Versicherungsgesellschaft übergehen. Dem Versicherungskunden bleibt letztlich nur der vertraglich vereinbarte Auszahlungsanspruch gegenüber der Assekuranz.

3

Zielgruppe und Rechtsstruktur

3.1 Aufstieg und Fall der Niederlande

Dass Investmentfonds im Allgemeinen und CEFs im Speziellen über den angelsächsischen Raum schließlich weltweite Verbreitung gefunden haben und in der Wahrnehmung der meisten Anleger als anglo-amerikanische Erfindung gelten, ist ein weiteres Mal auf geopolitische Verwerfungen zurückzuführen. Als Abraham van Ketwich im Jahr 1774 den ersten Publikumsfonds der Welt auflegte, war der Status der Niederlande als europäische Großmacht bereits deutlich im Schwinden begriffen und die Dominanz des Landes zur See gebrochen. Auch das einst pulsierende Weltfinanzzentrum Amsterdam stand bereits vor der Staffelübergabe an die Hauptstadtbörse jenes Königreichs, welches bis zum Ersten Weltkrieg die genannten Rollen übernehmen und ausbauen sollte: England.

Allemal bemerkenswert ist der fulminante Aufstieg der einstigen Republik der Sieben Vereinigten Provinzen zur größten globalen Handels- und Wirtschaftsmacht des 17. Jahrhunderts, jenem Goldenen Zeitalter der Niederlande, welches bis zur Lebenszeit van Ketwichs ausstrahlen sollte. Auch dieses wurzelt mit dem Achtzigjährigen Krieg in einem blutig ausgetragenen militärischen Konflikt, in dem besagte Provinzen – im Wesentlichen das Gebiet der heutigen Niederlande – die spanisch-habsburgische Herrschaft abschütteln konnten. Damit einher ging der Übergang von einer dirigistischen Feudal- zu einer kapitalistischen Bürgergesellschaft, in der die breite Bevölkerung – Bauern, Handwerker und Händler – zu frei verfügbarem Eigentum kamen.

Erstmals in der neuzeitlichen Geschichte Europas bildet sich auf breiter Basis ein Mittelstand heraus. Durch diesen, so die Wirtschaftswissenschaftler Gunnar Heinsohn und Otto Steiger in *Eigentumsökonomik*, ihrer letzten gemeinsamen Publikation, »wird ein viel höherer Prozentsatz des in der Nation vorhandenen Gesamtvolumens an Eigentum fürs Wirtschaften aktiviert als irgendwo sonst auf der Welt. [...] Typische Eigentümer der holländischen fluyts [flötenförmige Frachter] werden Holzhändler, Schiffsbauer, Segelmacher, Brauer, Müller und so weiter [...]« (Heinsohn/Steiger, S.127). Während die stetig wachsende Handelsflotte sich anschickt, die Weltmeere zu besegeln, exportiert der niederländische Agrarsektor die Überschüsse der bis heute bedeutsamen Butter-, Käse- und später auch Tulpenproduktion, für die das Land nach wie vor international bekannt ist; noch heute stammen über 80 Prozent aller kultivierten Tulpen aus den Niederlanden.

Der enorme Aufschwung der Realwirtschaft geht mit der Entfaltung einer ausdifferenzierten Finanzwirtschaft einher, aus der schließlich die Börse von Amsterdam als innovativster und bedeutendster Kapitalmarkt der Welt hervorging. Dieser war wiederum kriegsentscheidend, wie der israelische Historiker Yuval Noah Harari in seinem ersten populärwissenschaftlichen Bestseller *Eine kurze Geschichte der Menschheit* ausführt: »Während der König von Spanien seine Kriege finanzierte, indem er seiner murrenden Bevölkerung immer neue Steuern aufbürdete, finanzierten die Niederländer ihre Eroberungen mit Krediten und Anteilsscheinen, mit denen Käufer am Gewinn beteiligt wurden. Vorsichtige Anleger, die ihre Gelder unter keinen Umständen dem spanischen König anvertraut hätten und es sich dreimal überlegt hätten, ehe sie der niederländischen Regierung vertrauten, investierten ihr Vermögen mit Kusshand in niederländische Aktiengesellschaften, die tragende Säule des neuen Imperiums.« (Harari, S. 392)

Inmitten dieses Krieges gab auch die erste moderne Aktiengesellschaft der Welt ihr Börsendebut. Der IPO (Initial Public Offering) der

Niederländischen Ostindien-Kompanie, niederländisch Vereenigde Oostindische Compagnie oder kurz VOC erfolgte 1602. Die mit Monopol- und Souveränitätsrechten für den asiatischen Raum ausgestattete Handels- und Söldnergesellschaft würde es heutzutage zwar in keinen Nachhaltigkeitsindex schaffen, legte jedoch den Grundstein für das niederländische Kolonialreich. Die erste Kolonie, Niederländisch-Indien mit der Hauptstadt Batavia, errang übrigens als letztes niederländisches Überseegebiet erst im Jahr 1949 die Unabhängigkeit. Vorausgegangen war der Gründung der Republik Indonesien mit der in Jakarta umbenannten Hauptstadt ein mehrjähriger Sezessionskrieg sowie politischer Druck von Seiten der Vereinigten Staaten auf die ehemaligen Kolonialherren.

Einige Jahre nach dem Börsengang der VOC folgte im Jahr 1621 die Notiz der Niederländischen Westindien-Kompanie, niederländisch Geoctroyeerde West-Indische Compagnie respektive WIC, welche nach dem asienzentrierten Vorbild die Kolonialisierung Afrikas und Amerikas vorantreiben sollte. Eine Dependance der Gesellschaft wurde auf dem Boden des heutigen Manhattans unter dem Namen Nieuw Amsterdam, zu Deutsch Neu-Amsterdam, gegründet.

Über ihre Geschichte hinweg hatten allein diese beiden Gesellschaften mehrere tausend Schiffe unter Segel, in Summe stellten die Niederlande während des Goldenen Zeitalters geschätzt die Hälfte der weltweiten Schifffahrtskapazitäten. Auch dieser Umstand ist, wie Heinsohn schreibt, auf »neue Verfahren der Finanzierung für Schiffbau und Reederei« zurückzuführen, die keineswegs zufällig Anfang des 17. Jahrhunderts von der Bank von Amsterdam entwickelt wurden. Diese Verfahren, eine Art frühneuzeitliches Crowdinvesting, machten schließlich die Kapitalreserven des wohlstandsgeschwängerten Mittelstands der Seeschifffahrt dienstbar, was anderenorts ausschließlich dem Adel vorbehalten war.

Während niederländische Unternehmen auf der ganzen damals bekannten Welt Handelsposten errichteten, den internationalen Gewürzhandel dominierten und das Land Künstler wie Wissenschaftler vom Rang eines Rembrandts, Vermeers und Spinozas hervorbrachte, erwuchsen der jungen Republik mit Frankreich zu Lande und vor allem England zur See sowie am Finanzmarkt zwei erbitterte Feinde.

3.2 Von London über das ganze Empire

Tatsächlich ist Englands Aufstieg in den Reigen der europäischen Kolonialmächte bis hin zum unangefochtenen Welthegemon ebenfalls eng mit der Entstehung einer breiten Bürgerschicht sowie eines effizienten und fortschrittlichen Kapitalmarktes verbunden. Ein außerordentlich hohes Bevölkerungswachstum und Ressourcenknappheit sollten den Aufstieg mit Beginn der Industriellen Revolution beschleunigen.

Während die feudalen Fesseln in England im Rahmen (teil-)erfolgreicher Bauernaufstände bereits im 14. Jahrhundert – und damit bedeutend früher als bei den kontinentaleuropäischen Wettbewerbern – zunächst gelockert und schließlich abgeschafft wurden, bedurfte es zur Etablierung der City of London als internationales Finanzzentrum zerrütteter Staatsfinanzen und eines pfiffigen Beraters. Erstere waren eine Konstante in der Regierungszeit von Elisabeth I. (1533 bis 1603) und unter anderem der Preis für das Brechen der bis dato spanisch-habsburgischen Dominanz zur See.

Die Kreditwürdigkeit der Krone wiederherzustellen, oblag mit Thomas Gresham (1519 bis 1579) dem Spross einer bekannten Händlerdynastie, die vor allem durch ihr Wappentier bekannt werden sollte: die Heuschrecke. Neben seiner Tätigkeit als Berater und Finanzagent von König Eduard VI. und seiner Elisabeth war er federführend bei der Gründung der Royal Exchange im Jahr 1565.

Exkurs: Bei Thomas Gresham handelt es sich um einen der Entdecker des nach ihm benannten Grundsatzes, mit welchem alle Studenten ökonomischer Fachrichtungen in aller Regel frühzeitig konfrontiert werden. Das Greshamsche Gesetz besagt, dass ein qualitativ minderwertiges Geld ein qualitativ höherwertiges Geld aus dem

Umlauf verdrängt, sofern ein behördlich festgesetzter Umtauschkurs zu einer Überbewertung des minderwertigen gegenüber dem höherwertigen Geld führt. Oder in den Worten Greshams: »Wenn eine Regierung eine Geldsorte gegenüber einer anderen Geldsorte gesetzlich unterbewertet, wird die unterbewertete Geldsorte das Land verlassen oder durch Hortung aus dem Umlauf verschwinden; die überbewertete Geldsorte hingegen wird den Geldumlauf dominieren.« Zum besseren Verständnis sei hinzugefügt, dass zu Greshams Lebzeiten die Wertigkeit einer Geldmünze durch die Art und den Gehalt an Edelmetall bestimmt wurde.

Diese (Handels-)Börse zeichnete sich durch zwei Besonderheiten aus. Zum einen die Übernahme des Greshamschen Wappentiers, zum anderen die Integrität der Institution, wie das Journalistenduo Dirk Maxeiner und Michael Miersch in einem Artikel für die *WELT* ausführt: »Es war Gresham, der 1565 die Royal Exchange, die Londoner Börse, gründete, um einen Ort zu schaffen, an dem englische Kaufleute ihre Waren feilbieten konnten. Weil die Heuschrecke das Wappentier seiner Familie war, benutzte er sie als Markenzeichen für einen offenen Markt. Mit Erfolg, denn sein Umfeld übernahm das Symbol. Überall, wo das Zeichen der Heuschrecke angebracht war, konnte man im Empire davon ausgehen, dass Waren zu einem fairen Preis gehandelt wurden. Gresham beschaffte der englischen Krone Liquidität, indem er bei deutschen Großinvestoren wie den Familien Fugger aus Augsburg und Tucher aus Nürnberg Kredite aufnahm. Da er dafür sorgte, dass die Schulden pünktlich zurückgezahlt wurden, stärkte seine Finanzpolitik die internationale Kreditwürdigkeit Englands. Die Heuschrecke war das Symbol eines seriösen und fairen Finanzgebarens.« (Welt.de, 13.11.2008)

Selbstverständlich schickte sich auch England bereits frühzeitig an, seinen Teil vom internationalen Handelskuchen zu beanspruchen. Tatsächlich wurde die im Zuge der Erfindung des ersten Investmentfonds eine gewichtige Rolle einnehmende BEIC – siehe KAPITEL 1.3 – bereits im Jahr 1600 und damit zwei Jahre vor dem niederländischen Pendant gegründet. Allerdings firmierten die Briten nicht als Aktiengesellschaft. Der vergleichsweise reibungslose Aufstieg der Niederlande dürfte auch damit zusammenhängen, dass England nach dem Tod der kinderlosen Elisabeth im Jahr 1603 circa ein Jahrhundert lang durch massive innenpolitische Wirren ausgebremst wurde. Erst nach einem blutigen Bürgerkrieg, der Glorious Revolution sowie der Wiederherstellung der Stuartmonarchie und deren Ablösung durch das bis zum Tod Königin Viktorias im Jahr 1901 regierende Haus Hannover richtete sich der Fokus wieder von der Innen- auf die Außenpolitik.

An der Schwelle zum 18. Jahrhundert, konkret im Jahr 1698, kam es dann auch zur Gründung der mittlerweile altehrwürdigen London Stock Exchange (LSE), die alsbald von einem Kolonialisierungs- und Technologieboom erfasst werden sollte. Die Einrichtung der Börse selbst entsprang interessanterweise aus der Not heraus, gegründet wurde sie von Aktienhändlern, die aufgrund ungebührlichen Verhaltens aus der bis dato den Handel dominierenden Royal Exchange ausgeschlossen wurden und nunmehr einer neuen Plattform für ihr Tun bedurften.

Nur 22 Jahre später platzte dort mit dem Südseeschwindel die erste Spekulationsblase der neuzeitlichen Börsengeschichte, die England in eine Rezession stürzte. In dem Zusammenhang formulierte das Universalgenie Sir Isaac Newton nach einer kapitalen Fehlspekulation, die ihn 20 000 Pfund kosten sollte – nach heutigen Maßstäben ein Millionenvermögen – eine bis heute gültige Erkenntnis: »Ich kann zwar die Bewegungen der Himmelskörper berechnen, aber nicht die Verrücktheit der Menschen.«

Exkurs: Bekanntlich ist der Spinat, genauer gesagt sein Eisengehalt, Opfer einer falschen Berechnung geworden. Infolgedessen wurden Generationen von Kindern mit dem grünen Gemüse und dem Seemann Popeye traktiert – geschadet hat es zumindest nicht. Ein ähnliches Schicksal könnte der höchst populären Mutter aller Blasen, der niederländischen Tulpenmanie von 1636 und 1637 widerfahren. Die englische Historikerin Anne Goldgar hat sich des Themas angenommen und anhand einer Vielzahl von Originalquellen analysiert. Demnach gehen die wenigen einschlägigen Quellen, die bis in die Gegenwart immer wieder kolportiert werden, auf überzogene Darstellungen und bewusst abschreckende Narrative zurück. Tatsächlich soll sich die Manie in sehr bescheidenen Ausmaßen in einem recht kleinen Zirkel wohlhabender Kaufleute und Handwerker abgespielt und keine negativen volkswirtschaftlichen Konsequenzen nach sich gezogen haben.

Dem Südseeschwindel zum Trotz erschloss die LSE der britischen Seefahrt neue Finanzierungsmöglichkeiten. Und nicht nur ihr. Gewissermaßen als Inkubator der disruptiven Technologie des 18. Jahrhunderts überhaupt erwies sie sich als Steigbügelhalter des (Dampf-)Maschinenzeitalters und damit der Industriellen Revolution. Dass dieses seinen Anfang in England nahm, ist dabei auch die Folge des Raubbaus an der Natur. Die seinerzeit weitgehend entwaldete Insel stand in jener Zeit vor einem Energieversorgungsengpass, sprich einem Mangel an Brennmaterialien, da zunehmend auch die mit einfachen mechanischen Vorrichtungen abbaubaren Kohlereserven schwanden.

Die erste funktionsfähige Dampfmaschine wurde von dem Engländer Thomas Newcomen entwickelt und kam umgehend im Steinkohlebergbau zur Wasserhaltung, also der Entwässerung der Stollen, zum Einsatz. Diese erfolgte bis dato durch Wasserräder oder sogar Träger, sogenannte Wasserknechte, die das Wasser manuell abschöpften und deren Anzahl die der eigentlichen Bergleute übersteigen konnte. Auf dieser technologischen Basis war allerdings nur eine Entwässerung bis etwa 30 Meter Stollentiefe möglich.

Der Einsatz von Maschinenkraft zog deutliche Produktivitätssteigerungen nach sich, die massive Ausweitung des Kohleangebots verbilligte die Energie und erlaubte den Ausbau der Maschineninfrastruktur. Die laufende technische Verbesserung der Dampfmaschinentechnologie ermöglichte immer mehr Einsatzmöglichkeiten, so zunächst in der Textilindustrie. England stieg dadurch zum führenden Stoffproduzenten der Welt auf.

Der enorme Bedarf an Wolle konnte alsbald nicht mehr durch heimische Schafe gedeckt werden, weshalb Baumwollimporte aus den US-Südstaaten zum wichtigen Rohstoff wurden. Dem berühmten James Watt gelangen schließlich jene entscheidenden Verbesserungen, die nötig waren, um die Dampfmaschine dem Transportwesen dienstbar zu machen. Dieser Durchbruch gilt gemeinhin als die Geburt des ersten Kondratieff-Zyklus.

Exkurs: Die langen Wellen der Konjunktur sind nach dem russischen Statistiker Nikolai Kondratieff (1892 bis 1938) benannt. Anfang der 1920er-Jahre war ihm der zyklische Charakter wesentlicher volkswirtschaftlicher Kennzahlen von England, Frankreich und den USA aufgefallen, die jeweils im Zusammenhang mit einer Basisinnovation standen. Auf diese folgten stets sozioökonomische Quantensprünge, welche dann innerhalb der Zyklen ihre graduelle Verfeinerung erfuhren. Solche Innovationen waren zu Beginn der Industrialisierung vor allem die Dampfmaschine und der mechanische Webstuhl, Mitte des 19. Jahrhunderts die Eisenbahn sowie am Ende desselben die elektrische Energie und zu Beginn des 20. Jahrhunderts die chemische Industrie und schließlich die Massenmotorisierung. Für Kontratieff war die Kommerzialisierung dieser Innovationen keineswegs zufällig, sondern eine Folge der Überwindung der die jeweilige Periode limitierenden Faktoren. Seine Theorie der langen Konjunkturwellen, welche die kapitalistische Wirtschaft kaskadenartig auf immer höhere Wohlstandsniveaus katapultieren sollten, verstieß allerdings in eklatanter Weise gegen das marxistisch-leninistische Credo seiner Zeit. Die konterrevolutionäre Laufbahn dieses vielversprechenden Wissenschaftlers endete 1930 in einem sowjetischen Gulag, wo Kontratieff 1938 hingerichtet wurde.

Die Kombination aus Kapital plus Technologie reichte zuzüglich eines üppigen demografischen Überschusses – die Bevölkerung Englands stieg aller Verluste durch Auswanderung und Kriege zum Trotz zwischen 1450 und 1850 von 3,5 auf 16 Millionen Einwohner –, um die imperiale Expansion in Ost und West voranzutreiben.

In Nordamerika wurde Frankreich aus dem Feld geschlagen, auf den Weltmeeren, vor allem in Fernost, die Niederlande in vier Seekriegen niedergerungen. Zu Lande versetzte dann der Einmarsch französischer Revolutionstruppen im Jahr 1795 der Republik der Sieben Vereinigten Provinzen den Todesstoß. Die Niederlande hörten endgültig auf, als Großmacht zu existieren. Symptomatisch dafür wurde die VOC im Jahr 1799 für Bankrott erklärt.

Und auch wenn die Amsterdamer Börse ein bedeutender Handelsplatz bleiben sollte, musste sie den Staffelstab des weltweit führenden Finanzplatzes an den Konkurrenten jenseits des Ärmelkanals abtreten. Vom Glanz vergangener Zeiten zeugt bis in die Gegenwart der Umstand, dass das niederländische Wort »beurse«, welches selbst wiederum auf den Namen einer alten Kaufmannsfamilie zurückgeht, im deutschen Sprachraum begriffsbestimmend für einen Wertpapierhandelsplatz, eben die Börse, wurde.

Die neue Weltleitbörse trug nicht nur maßgeblich zur Finanzierung des internationalen Handels bei, sondern etablierte sich aufgrund der nunmehr zu stemmenden Volumina bis dato gewissermaßen als Hausbank des Maschinen- und Konzernzeitalters sowie der damit einhergehenden Gründerzeit in England.

Und so reichen denn auch die Wurzeln einer Vielzahl traditionsreicher britischer Aktiengesellschaften beziehungsweise ihrer Vorgängerorganisationen bis in das frühe 19. Jahrhundert zurück. Beispiele hierfür sind Barclays, British Telecommunications, Diageo, GlaxoSmithKline, Hongkong & Shanghai Banking Corporation Holdings (HSBC), Legal & General, Prudential, Reckitt Benckiser Group und Rio Tinto. Umgekehrt erlaubte der steigende Wohlstand einer zunehmend breiter werdenden Mittelschicht, überschüssige Liquidität anzulegen.

Die Idee, privaten Kleinanlegern einen breit diversifizierten Zugang zum Kapitalmarkt zu ermöglichen, machten sich findige Emittenten rasch zu eigen. Bereits 1836, also noch zu einer Zeit, da van Ketwichs Zweitemission umlief, wurde sein Konzept adaptiert und mit der heute nicht mehr existenten West Cornwall Mines Investment Company verwirklicht.

Vom klassischen Investmentfonds zum weltersten CEF bedurfte es dann lediglich noch eines Nachfrageüberhangs in Folge boomender Börsen. Im Jahr 1868 war es dann so weit, als mit dem nach wie vor handelbaren Foreign & Colonial Government Investment Trust (LSE: FCIT) der erste CEF emittiert wurde. Ursprünglich als geschlossener Fonds mit einer einmaligen Ausgabe von Anteilen konzipiert, suchten die Macher eine praktische Möglichkeit, an den Erstemissionserfolg anzuknüpfen und die Kaufangebote zu befriedigen. Dies wurde durch die Notierung an der Londoner Börse bewerkstelligt, was einen ersten gut 20 Jahre währenden CEF-Boom auslöste.

Ein weiterer, ebenfalls noch heute handelbarer CEF aus der frühen Ära der Produktgattung ist der 1873 aufgelegte Scottish American Investment Trust (LSE: SAIN). Wie schon der Foreign & Colonial Government Trust, welcher seinen Anlagefokus im Namen trägt, investierte auch der Scottish American Investment Trust schwerpunktmäßig im Schwellenland Nummer eins jener Zeit, den USA. Daran hat sich in beiden Fällen übrigens bis heute nichts geändert.

Gebrochen wurde der Siegeszug der neuen Anlageklasse, die mittlerweile ganz im Sinne van Ketwichs ein breit diversifiziertes Investitionsspektrum bot, gut zwei Dekaden später im Jahr 1890 – drei Jahre vor der Liquidierung von »Voorderig En Vorsiglig«. Ursächlich hierfür war ein weiteres Mal eine Finanzkrise im Herzen von London, die auch als Große Panik oder in Anlehnung an den Namen des auslösenden Kreditinstituts als Baringkrise bekannt ist.

Die Ursprünge der Barings Bank reichten bis in das Jahr 1717 und damit an den Beginn der kommerziellen Nutzung der ersten Dampfmaschine zurück. Nach dem Aufstieg zu einer der führenden Londoner Banken finanzierte sie unter anderem den Kauf von Louisiana durch die noch jungen Vereinigten Staaten sowie den Krieg Großbritanniens gegen das napoleonische Frankreich, der dem Land neben der Einkommensteuer auch den Non-Dom-Status bescherte (siehe KAPITEL 10.4).

In den 1880er-Jahren war die Barings Bank stark in südamerikanischen Staatsanleihen disponiert. Die Vermögensposition implodierte, als Argentinien im Jahr 1890 ein einseitiges Schuldenmoratorium verkündete – perfekt analog zum Zahlungsstopp, den Adolfo Rodríguez Saá als eine der ersten Amtshandlungen seiner siebentägigen Präsidentschaft über den zweitgrößten Staat des Subkontinents 111 Jahre später verkündete.

Die Barings Bank ging daraufhin wegen Überschuldung in Konkurs. Und obwohl ein Konsortium von mehr als 100 Kreditinstituten unter Führung der Bank of England die Gläubiger des untergegangenen Bankhauses befriedigen und damit eine tiefgreifende Banken- und Finanzkrise verhindern konnte, war eine ausgeprägte Baisse an den Finanzmärkten nicht mehr aufzuhalten. Zudem trockneten in Folge der Ereignisse die Investitionen wie Kreditvergaben an Übersee aus, was in den USA zur Panik von 1893, einem ausgeprägten Börsencrash sowie einer vier Jahre währenden Depression führte, an deren Ende die Erstnotiz des Dow-Jones-Index erfolgte.

Es sollte allerdings die letzte große Demütigung werden, die Großbritannien seiner einstigen Kolonie zuteilwerden ließ. Nur eine Generation später endete mit dem Ersten Weltkrieg auch die Vorherrschaft des in jeglicher Hinsicht erschöpften britischen Empires, dessen Abstieg sich nach dem Zweiten Weltkrieg beschleunigen und in den 1970er-Jahren seinen vorläufigen Tiefpunkt erreichen sollte.

Aus der Asche des britischen Weltreichs stiegen die USA zur globalen Hegemonialmacht auf. Auch dieser Aufstieg ging in der Anfangsphase mit einer spektakulären Manie an den Finanzmärkten und der schwersten Zäsur der neuzeitlichen Wirtschaftsgeschichte einher. Im Zuge der Großen Depression sollten CEFs ihren regulatorischen Feinschliff erhalten, bevor sie sich den bis heute größten Kapitalmarkt der Welt eroberten. Gleichwohl verzeichnet das Geburtsland der Produktgattung die weltweit höchste Marktkapitalisierung von CEFs.

Exkurs: Die Barings Bank wurde aus der Konkursmasse heraus neu gegründet und machte noch einmal im Jahr 1995 Furore – erneut durch ihren spektakulären und diesmal endgültigen Konkurs. Diesmal reichte sogar ein einziger Mitarbeiter, Nick Leeson, der durch riskante Termingeschäfte die Bank in den Abgrund riss. Ironie der Geschichte: Für den symbolischen Preis von 1 Pfund wurde das britische Traditionshaus von der holländischen ING Groep mit Sitz in Amsterdam erworben.

3.3 Die Fondsschmiede Vereinigte Staaten

Im Jahr 1600 verfügte England über keine einzige Kolonie, 1920 beherrschte das britische Empire mit 40 Millionen Quadratkilometern rund 27 Prozent der Landmasse, welche etwa ein Viertel der Menschheit bevölkerte. Da waren die bedeutendsten Überseegebiete auf dem amerikanischen Kontinent bereits lange ausgeschert.

Der Amerikanische Bürgerkrieg (1775 bis 1783) entzündete sich dabei vor allem auch an der Stempelsteuer (siehe KAPITEL 1.3), was sich wiederum im bekannten Revolutionsmotto »no taxation without representation« niederschlug. Finanziert wurden die 13 Kolonien Britisch-Amerikas übrigens auch von den Niederlanden, denen Großbritannien einst selbst im Zuge des zweiten englisch-niederländischen Seekrieges ihre Ostküsten-Besitzungen (Nieuw Nederland) inklusive Nieuw Amsterdam abluchsen konnte.

Nach der gewonnenen Unabhängigkeit deutete nichts darauf hin, dass die jungen Vereinigten Staaten von Amerika dereinst ihre verstoßene Mutter auf der Weltbühne entthronen würden – weder wirtschaftlich noch finanziell. Ganz im Gegenteil blieben die USA bis Ende des 19. Jahrhunderts im Wesentlichen ein Schwellenland mit einer international kaum wettbewerbsfähigen Industrie, welche über Bundesgesetze wie den Tariff Act protegiert wurde.

Die öffentliche Hand finanzierte sich seinerzeit überwiegend über Zölle auf Einfuhren sowie vor allem auf die Ausfuhr von Agrarprodukten, die nicht umsonst umgangssprachlich als »cash crops« bezeichnet wurden. Ein wichtiger Rohstoff war jene Baumwolle, die in Großbritannien industriell zu Tuch gesponnen wurde. An dieser Wirtschafts- und Steuerstruktur sollte sich schließlich auch der Amerikanische Bürgerkrieg entzünden.

Bis dato war die US-amerikanische Bankenlandschaft durch die Ära der sogenannten Broken Bank Notes gekennzeichnet. Jeder Person stand es offen, eine Bank zu gründen und Geld zu emittieren. Diese Noten repräsentierten in der Regel einen Edelmetallbetrag, der beim emittierenden Institut eingelöst werden konnte – sofern dieses solvent war. Daneben existierten auch Warengeldsysteme, so war beispielsweise Tabak über 150 Jahre lang gesetzliches Zahlungsmittel in Virginia.

Die Annahme von Broken Bank Notes hält also durchaus dem Vergleich mit heutigen Beteiligungen am grauen Kapitalmarkt stand. Besonders spekulativer Charakter haftete dabei den Emissionen der berüchtigten Wildcat Banks an. Hierbei handelte es sich um schwach kapitalisierte Institute, die oftmals in der Peripherie ihren Sitz hatten. Eben dort, wo sonst nur Wildkatzen lebten.

Auf den bisher einzigen Krieg auf US-amerikanischem Territorium folgte – ebenso wie seinerzeit im Deutschen Reich oder in den letzten Jahrzehnten in China – ein durch Kapital- und Technikimport befeuerter Boom, der die USA schließlich in die Riege der Industrienationen befördern sollte.

Auch dieser Aufstieg erfolgte im Wechselspiel mit den Märkten für Eigen- und Fremdkapitalbeteiligungen. Noch während des Bürgerkrieges wurden zudem die wegen ihrer Farbe »Greenback« genannten US-Dollar-Noten emittiert. Der kurz vor Kriegsende erlassene National Bank Act war darüber hinaus der erste Versuch, eine einheitliche Währung zu schaffen. Doch noch Anfang des 20. Jahrhunderts waren europäische Bankiers über den desolaten Zustand des US-amerikanischen Banken- und Währungssystems erstaunt.

Mit der durchaus zwiespältig zu bewertenden Gründung des Fed (Federal Reserve System) kurz vor Weihnachten 1913 wurde endgültig ein einheitlicher Währungsraum mit einem monopolisierten gesetzlichen Zahlungsmittel geschaffen, welches auf der noch während des Zweiten Weltkrieges abgehaltenen Konferenz von Bretton Woods von der überragenden künftigen Siegermacht im Rahmen des bis 1971 aufrecht erhaltenen Gold-Dollar-Standards zur Weltleitwährung erkoren wurde.

Die Rückständigkeit auch des US-amerikanischen Finanzmarktes an der Wende vom 19. zum 20. Jahrhundert wird nicht zuletzt an der wenig innovativen Produktvielfalt deutlich. Diese beschränkte sich vor allem auf die Technologiewerte der damaligen Zeit, wofür die Entwicklung des Dow Jones Industrial Average symbolisch Pate steht.

Als dessen Vorgänger im Jahr 1884 das erste Mal durch Charles Dow berechnet und im *Customers' Afternoon Letter* veröffentlicht wurde, enthielt das Börsenbarometer elf Aktien, darunter neun Eisenbahnwerte, eine Dampfschiffgesellschaft sowie einen Geldtransferspezialisten. Nicht ganz ohne Grund hieß die Erstausgabe des Index daher auch Dow Jones Railroad Average.

Erst über ein Jahrzehnt später erfolgte dessen Umstellung auf einen breiter angelegten Industriewerteindex, der erstmalig im Jahr 1896 in *The Wall Street Journal* publiziert wurde. Die Zeitschrift selbst war sieben Jahre zuvor durch Charles Dow, Edward Davis Jones und Charles Bergstresser gegründet worden.

Inmitten der auf die Panik von 1893 folgende Baisse (siehe auch KAPITEL 3.2) eröffnete der Dow Jones Industrial Average mit 40,94 Punkten. Sein historisches Allzeittief durchlief er mit 28,48 Punkten gerade einmal zweieinhalb Monate später. Noch eine Generation lang begnügte sich das US-amerikanische Publikum ausschließlich mit Einzelaktien. Zum klassischen Investmentfonds beziehungsweise -trust und deren börsennotierter Pendants fand es erst während seines bis dato beispiellosen Börsenbooms, der Euphorie der 1920er-Jahre.

Paradoxerweise konnten sich in jeder Ära Fonds mit der Pervertierung von Ketwichs Konzeption durchsetzen, nämlich der massiven Erhöhung des Risikos durch einen spekulativen Hebel auf die vermeintlichen Chancen des neuen Börsenzeitalters; einmal mehr und nicht zum letzten Mal führte der spekulative Übermut dazu, dass ökonomische Gesetzmäßigkeiten von den Füßen auf den Kopf gestellt wurden.

Tatsächlich kamen Fonds und Trusts an der Wall Street der 1920er-Jahre als echte Finanzinnovation daher, die am ehesten mit intransparenten Hedgefonds in der Gegenwart zu vergleichen sind. Noch 1921 existierten etwa 40 Sammelanlagen. Fünf Jahre später waren es bereits viermal so viele. Am Vorabend des bis heute schwersten Börsenkrachs der westlichen Welt im Oktober 1929 stieg deren Anzahl auf über 750. Allein 265 davon waren innerhalb des Jahres 1929 emittiert worden.

Hierzu beigetragen hatte ausgerechnet der Umstand, dass erst zu Jahresanfang Sammelanlagen regulatorisch die Börsenfähigkeit erlangten. Zuvor konnten sie analog zu klassischen Investmentfonds ausschließlich über die Kapitalanlagegesellschaften gekauft und verkauft werden. Grund hierfür war wie seinerzeit in England der ungebrochene Nachfrageüberhang des Publikums, der via Börsennotierung befriedigt wurde und die Preise für Anteile des neuen Anlageinstruments nach oben trieb.

Exkurs: Der älteste noch heute in den USA, aber auch Deutschland, Österreich und der Schweiz, vertriebene klassische Investmentfonds ist der Pioneer Fund. Er wurde im Februar 1928 in den USA durch John L. Carret gegründet, der zum Zeitpunkt der Emission gerade einmal 21 Jahre alt war. Der 1998 im gesegneten Alter von 101 Jahren verstorbene Harvard-Absolvent sollte 55 Jahre lang als Manager die Geschicke seines Fonds lenken. In dieser Zeit wäre eine Einlage von 10000 US-Dollar auf 8 Millionen US-Dollar gestiegen. Warren Buffett bezeichnete dies als »die beste langfristige Investitionsbilanz, die ich kenne«.

Befeuert wurde die Nachfrage durch die Anbieter selbst, die tatsächlich mit dem Vorteil einer breit diversifizierten Vermögensanlage, welche das Risiko gerade für unerfahrene Anleger auf ein Minimum reduzieren sollte, warben. Diese zweifellos korrekte Aussage wurde allerdings durch die zum Teil massiven Hebel konterkariert beziehungsweise in ihr Gegenteil verkehrt. Ferner wurde der Streueffekt dadurch relativiert, dass sich zahlreiche Fondsmanager im Sog der euphorischen Stimmung auch an betrügerischen oder substanzlosen Neugründungen beteiligten.

Die Bedeutung von Investmentfonds als breitenwirksames Anlagevehikel wird anhand der eingeworbenen Volumina deutlich. So verkauften Fonds im Jahr 1927 Anteile im Wert von 440 Millionen US-Dollar, 1929 sollen es je nach Quelle 3 bis 8 Milliarden US-Dollar und damit nicht weniger als ein Drittel des in jenem Jahr in Umlauf gekommenen Börsenkapitals gewesen sein.

Auch über die Verbreitung der Anlageklasse differiert die Datenlage. Einerseits existieren Berichte, wonach selbst Dienstmädchen und Taxifahrer fleißig Anteile an neu emittierten Fonds und Trusts gezeichnet haben, andererseits sollen lediglich 5 Prozent der Amerikaner im Jahr 1929 Aktien, Fonds- und Trustanteile besessen haben. Gut möglich ist es, dass beide Aspekte urbane Phänomene der West- und vor allem Ostküstenmetropolen waren, wo sich der Zugang zum Börsenhandel seinerzeit für jedermann einfach gestaltete.

Parallelen zur Dotcom-Blase 70 Jahre später sind unverkennbar. Das gilt auch für die Panik, den treuen Nachfolger einer jeden Euphorie. Ihr sollten etwa die Hälfte der Fonds und Trusts zum Opfer fallen, welche den Crash zuzüglich Weltwirtschaftskrise nicht überlebten und durch Auflösungen, Pleiten oder Übernahmen vom Markt verschwanden.

Seinen vorläufigen Höchststand erreichte der Dow Jones Industrial Average am 03. September 1929 mit 381,17 Punkten, den er erst ein Vierteljahrhundert später wieder einstellen sollte. Knapp zwei Monate stagnierte das Börsenbarometer, bevor der Schwarze Donnerstag, der 24. Oktober 1929, den Auftakt eines in dieser Ausprägung nie wieder gesehenen Crashs in einem Industrieland markierte.

Nach gerade einmal zweieinhalb Monaten hatte sich der Index bis zum 13. November mit 198,69 Punkten nahezu halbiert. Es folgte eine Atempause in Form einer Bullenfalle, die bis zum 17. April 1930 und einem Punktestand von 294,07 währte. Es folgte ein kontinuierlicher Niedergang, der am 08. Juli 1932 sein Tief bei 41,22 Punkten fand. Das waren gerade einmal 0,28 Punkte mehr als bei der Erstveröffentlichung des Dow Jones Industrial Average 36 Jahre zuvor.

Exkurs: Nur wenige Wochen nach dem fulminanten 1929er Crash gründete eine Investorengruppe in den Niederlanden das Rotterdamsch Beleggings Consortium sowie den durch dieses verwalteten Robeco Fund. Dieser verlor zwar bis 1932 die Hälfte an Wert, dennoch schaffte es das Management erfolgreich, den Fonds durch die Große Depression sowie den Zweiten Weltkrieg zu manövrieren. Letzteres gelang vor allem durch einen Anlageschwerpunkt in den USA, der späteren Sieger- und Supermacht. Noch heute residiert Robeco in Rotterdam und zählt zu den größten Fondsgesellschaften und Vermögensverwaltungen Europas.

In knapp drei Jahren brach der Leitindex damit um bis heute nicht mehr übertroffene 89,2 Prozent ein. Diesem marktbreiten, über Jahre vollzogenen Einbruch konnten sich selbstverständlich auch nicht die in unternehmerischen Beteiligungen engagierten Fonds und Trusts entziehen. Ganz im Gegenteil schlug ihr Erfolgsrezept, das im Boom überdurchschnittliche Renditen bescherte, nunmehr ins Gegenteil um und beschleunigte deren Auszehrung.

Exkurs: Nur circa drei Jahre nach Erreichen des Tiefpunkts und noch inmitten der Großen Depression wurde mit dem Lexington Corporate Leaders Trust ein klassischer Investmentfonds beziehungsweise Mutual Fund aufgelegt, der auch heute noch Bestand hat. Das

Papier ist ein Kuriosum, handelt es sich doch um die erste und in dieser Form einzige komplett passive Aktienanlage. Passiv ist dabei wortwörtlich zu nehmen, die eingeworbenen Mittel wurden ein einziges Mal gleichmäßig in die nach Marktkapitalisierung 30 größten US-amerikanischen Aktiengesellschaften investiert. Erträge aus Dividenden, Übernahmen und sonstigen Transaktionen wurden ebenfalls stets gleichmäßig über den jeweiligen Restbestand reinvestiert. Ein Management findet also überhaupt nicht statt. Derzeit wird der Fonds unter dem Namen Voya Corporate Leaders Trust Fund Series B von der gleichnamigen Fondsgesellschaft betreut und enthält noch 19 Titel im Depot. Über die Gesellschaft ist er mangels Börsennotiz auch ausschließlich zu beziehen. Ob sich John C. Bogle von diesem Fonds hat inspirieren lassen, ist nicht bekannt.

Insbesondere die zuvor sorglos agierenden Kapitalsammelstellen erlitten durch den Einsatz von bis zu 80 Prozent Fremd- oder Mezzanine-Kapital überproportional hohe Verluste. Bestenfalls mussten sie der Implosion ihrer Bilanzen tatenlos zusehen, schlimmstenfalls den Gang in die Insolvenz antreten. So oder so verloren zahllose Privatanleger einen Großteil ihres Vermögens und gerieten selbst in eine ausweglose Schuldenspirale. Dies nicht zuletzt deshalb, da der US-amerikanische Privatsektor im Vorfeld der Großen Depression einen ebenfalls historisch einmaligen Schuldenberg in Höhe von 260 Prozent des Bruttoinlandprodukts aufgebaut hatte.

Da nutzte es den Investoren wenig, dass sie sich auf den Yale-Professor Irving Fisher, den bekanntesten Ökonomen der damaligen Zeit, berufen konnten. Dieser hatte sich noch am 21. Oktober 1929 in völliger Verkennung der Lage zu folgender Aussage verstiegen: »Die Aktienkurse haben, so sieht es aus, ein permanent hohes Niveau erreicht.« Auch nach dem Crash übte er sich in Beruhigung des Publikums und versicherte ein ums andere Mal, die Kursrückgänge seien temporärer Natur, die Börse würde in Kürze zu alter Stärke zurückfinden.

Zugute ist Fisher dabei zu halten, dass er reichlich »skin in the game« hatte und neben seiner Reputation sein gesamtes Vermögen verlor. Dies wiederum machte den Weg frei für den wohl einflussreichsten Ökonomen des 20. Jahrhunderts, den Briten John Maynard Keynes. Die versprochene Kurserholung sollte Fisher indes nicht mehr erleben. Bereits sieben Jahre bevor der Dow Jones Industrial Average im Jahr 1954 den Stand von 1929 erreichen sollte, starb er im Alter von 80 Jahren in New York.

3.4 Rechtliche und regulatorische Besonderheiten

Spätestens nach großen Krisen beginnt im hinterlassenen Trümmerfeld das Großreinemachen. Da bildete der US-amerikanische Finanzmarkt der 1930er-Jahre keine Ausnahme. Ins Visier genommen wurden auch die Fonds und Trusts, die mit Masse renditelose Risiken produziert hatten. In den USA, und nur hier, mündeten die Erkenntnisse in ein bis heute gültiges Bundesgesetz, welches seither alle in den Vereinigten Staaten aufgelegten und verwalteten Kapitalsammelanlagen reguliert.

Verabschiedet wurde der Investment Company Act of 1940 durch den Kongress am 22. August des namensgebenden Jahres. Das Gesetz beseitigte die potenziellen Schwachpunkte des Sektors, die trotz des im Kern zweckmäßigen Diversifikationsgedankens zu der Vielzahl von Pleiten geführt hatten. Den Kern bilden dabei fünf zentrale Sicherheitsvorgaben:

- erhebliche Restriktionen bezüglich der Investition in nicht börsennotierte Kapitalanlagen,
- Vorgaben für sogenannte qualifizierte Vermögenswerte und deren Kategorisierung,
- Auflagen für die treuhänderische Vermögensverwaltung, wie beispielsweise vom Emittenten und Verwalter getrennte Konten und Depots,
- verbindliche Deckungsquoten für Mezzanine-Kapital und Fremdkapital,

- eine laufende Überwachung durch die United States Securities and Exchange Commission (SEC).

Bei der SEC handelt es sich um die vergleichsweise schlagkräftige Börsenaufsicht der USA mit umfangreichen Befugnissen für den Fall, dass ein Fonds oder Trust diesen (und weiteren) Vorgaben nicht Folge leisten sollte.

Die Mindestdeckung, englisch Asset Coverage, für Fremdkapital beläuft sich seit Einführung des Investment Act of 1940 auf 300 Prozent und bedeutet de facto eine Verschuldungsobergrenze von einem Drittel bezogen auf die verwalteten Vermögenswerte, die Mindestdeckung für Mezzanine-Kapital wie beispielsweise Preferred Shares beträgt 200 Prozent, was eine Deckelung des Emissionsvolumens auf die Hälfte der Vermögenswerte nach sich zieht.

Exkurs: Mezzanine-Kapital leitet sich aus dem italienischen Begriff »mezzanine« ab, der in der Architektur das Zwischengeschoss zwischen zwei Stockwerken bezeichnet. Analog dazu nimmt Mezzanine-Kapital eine Sandwichposition zwischen Eigen- und Fremdkapital ein und wird je nach rechtlicher Ausgestaltung einer der beiden Größen zugeschlagen. Preferred Shares wiederum sind eine in Nordamerika beliebte Variante von Mezzanine-Kapital und am ehesten als börsennotierte Genussscheine zu klassifizieren. Sie gelten bilanziell als Eigenkapital des Emittenten und sind in aller Regel mit einer Fixdividende ausgestattet, die bevorzugt zu zahlen ist, woher auch der Name der Anlageklasse resultiert. Obwohl Preferred Shares meist über keine feste Laufzeit verfügen, hat der Emittent ab einem bestimmten Datum, dem sogenannten Call Date, das Recht, aber nicht die Pflicht, das Papier zurückzukaufen, was in Kombination den Zwittercharakter zwischen Aktie und Anleihe widerspiegelt.

Der Investment Company Act of 1940 gilt uneingeschränkt für ETFs, Mutual Funds, Unit Trusts und natürlich auch CEFs. Damit sind CEFs weltweit in den USA am restriktivsten reguliert. Ursächlich für den hohen Regulierungsgrad sind freilich die Exzesse der seinerzeitigen Finanzinnovation. In Großbritannien hingegen waren offene Investmentfonds bei Ausbruch der Großen Depression seit knapp 100 Jahren, CEFs seit über 60 Jahren etablierte Finanzprodukte.

Selbstverständlich unterliegen auch britische CEFs einem regulatorischen Rahmen, dieser beschränkt sich allerdings auf administrative und organisatorische Belange, hinsichtlich des Investitionsansatzes hat das Management nahezu freie Hand. Während also Investoren jenseits des Atlantiks auf die eben genannten Rahmenparameter weitestgehend vertrauen können – es existieren einige US-CEFs, die über legale Umwege die Deckungsquoten senken können – gilt es jenseits des Ärmelkanals aufmerksam den jeweiligen CEF-Prospekt zu lesen.

Hier nämlich sind die für den Anleger relevanten, dem Management auferlegten Befugnisse und Vorgaben zu finden. Offenbar hat die etablierte CEF-Kultur in Kombination mit der Kapitalmarktreife ausgereicht, um Exzesse zu verhindern, weshalb auf der Insel auch nie eine weitergehende Regulierung um sich gegriffen hat.

Ähnliches gilt letztlich auch für die beiden anderen angelsächsischen CEF-Märkte, nämlich Australien und Kanada. Zwar schwappte auch hier die CEF-Welle in den 1920er-Jahren herüber, allerdings deutlich später als in den USA, sodass australische und kanadische CEFs während der Großen Depression unter dem Radar geblieben sein dürften. Einen Schub erlebte die Produktgattung dort im weltweiten Börsenboom nach dem Zweiten Weltkrieg, als die Flut (fast) alle Boote hob.

Bezeichnenderweise sind in beiden Ländern die jeweils ersten CEFs nach wie vor handelbar. Vier Jahre Vorsprung kann dabei trotz der abgelegeneren Lage Australien für sich beanspruchen. Die Whitefield Limited (ASX: WHF) wurde im Jahr 1923 emittiert und investiert seither in börsennotierte australische Aktien. Die Gesellschaft firmiert als

Listed Investment Company (LIC), neben dem Listed Investment Trust (LIT) eine spezifische Rechtsform australischer CEFs.

Bis 1927 mussten hingegen die Kanadier warten, um mit dem Economic Investment Trust (TSE: EVT) erstmals einen heimischen CEF ordern zu können. Drei Jahre später und damit zum denkbar ungünstigsten Emissionszeitpunkt folgte mit dem Canadian General Investments (TSE: CGI) ein weiterer CEF, der ebenfalls bis heute handelbar ist. Beide CEFs investieren nach wie vor überwiegend in börsennotierte kanadische Aktien, darüber hinaus können ausländische Titel beigemischt werden. Zwischen 1970 und 2020 konnte das Fondsmanagement des Canadian General Investments dabei glatte 12 Prozent pro Jahr an Gesamtperformance erzielen, 2,7 Prozent mehr als der marktbreite kanadische Leitindex, der S&P/TSX Composite Index im gleichen Zeitraum.

Erstaunlicherweise haben auch in den Vereinigten Staaten mehrere CEFs den Boom der 1920er-Jahre sowie den Bust der 1930er-Jahre überstanden und erfreuen sich nach wie vor einer Börsennotiz. Bereits im Jahr 1927 ging die General American Investors Company (NYSE: GAM) an die Börse, die marktbreit in US-amerikanische Börsenschwergewichte investiert. Neben den Stammaktien oder Common Shares refinanziert sich der CEF traditionell auch über Preferred Shares, arbeitet also mit einem (geringen) Hebel.

Zwei Jahre später erblickten der Adams Diversified Equity Fund (NYSE: ADX) sowie die Tri-Continental Corporation (NYSE: TY) das Licht der Börsenwelt. Wie schon ihr Vorgänger investieren auch diese beiden CEFs breit in den US-amerikanischen Aktienmarkt, wobei sich Tri-Continental ebenfalls zum Teil durch Preferred Shares refinanziert. Insbesondere der Adams Diversified Equity Fund weist eine interessante Vorgeschichte als Briefzustellfirma und später Eisenbahnunternehmen auf, deren Wurzeln bis ins Jahr 1840 zurückreichen. Bemerkenswert ist ferner, dass sich der CEF über weite Strecken besser als der S&P 500, der bedeutendste US-amerikanische Aktienindex, entwickelt hat, was ihm den Beinamen »ETF Slayer« einbrachte.

Besonders interessant an den hier vorgestellten CEFs ist der Umstand, dass diese über weite Phasen hinweg mit deutlichem Abschlag zum NAV gehandelt werden können, was wiederum zu den berichteten deutlichen Performance-Vorteilen beigetragen haben könnte (siehe hierzu auch KAPITEL 2.6 und 6.7).

Eine besondere regulatorische Gemeinsamkeit weisen Großbritannien und die Vereinigten Staaten dann doch auf, nämlich Private-Equity- beziehungsweise Venture-Capital-Gesellschaften im CEF-Mantel. Im Fall Großbritanniens handelt es sich dabei um den Venture Capital Trust (VCT), im Fall der USA um die Business Development Company (BDC).

Private Equity und Venture Capital werden gemeinhin synonym verwendet. Tatsächlich handelt es sich in beiden Fällen um Eigen- und Fremdkapitalfinanzierungen, welche nicht börsennotierten Unternehmen durch spezialisierte Beteiligungsgesellschaften zur Verfügung gestellt werden. Neben der Finanzspritze wird als weitere Leistung oft auch fachliche Hilfestellung in Form von Beratungsleistungen erbracht. Das zur Verfügung gestellte Beteiligungskapital wird zudem nicht auf Dauer, sondern für einen bestimmten Zeitraum oder zu einem bestimmten Zweck überlassen.

Während Private Equity im wörtlichen Sinne eher auf den außerbörslichen Charakter der Beteiligung abzielt, betont Venture Capital den Risikoaspekt der Investition. Tendenziell beteiligen sich Private-Equity-Unternehmen vorzugsweise an reiferen Firmen, die bereits über einen stabilen Zahlungsstrom verfügen, während sich Venture-Capital-Gesellschaften eher auf Wachstumsunternehmen in frühen Investitionsphasen konzentrieren. Vor diesem Hintergrund sind BDCs schwerpunktmäßig als Private-Equity-Unternehmen, VCTs dem Namen folgend als Venture-Capital-Gesellschaften positioniert.

Sowohl bei der BDC als auch dem VCT handelt es sich um eine CEF-reglementierte Form börsennotierter Beteiligungs- und Sanierungsgesellschaften. Beide investieren sowohl Eigen- als auch Fremdkapital in kleine und mittlere Unternehmen, optional ergänzt um eine aktive Förderung und Unterstützung ihrer operativen Aktivitäten. Während auch in diesem speziellen Anlagesegment die britischen VCTs recht freie Hand haben, sind die BDCs in ein starreres Korsett geschnürt.

Auch das ist wiederum historisch bedingt. Denn wie oben dargelegt ist es Publikumsfonds aufgrund der negativen Erfahrungen gemäß des Investment Act of 1940 nur unter sehr restriktiven Bedingungen möglich, außerbörsliche Investitionen zu tätigen. De facto waren alle Kapitalsammelstellen mit breiter Publikumsbeteiligung von jeglicher Beteiligungsmöglichkeit in Private Equity beziehungsweise Venture Capital abgeschnitten und die Finanzierung nicht börsennotierter Unternehmen über klassische (Bank-)Kredite oder institutionelle Anleger beziehungsweise Kleingruppen vermögender Privatinvestoren unumgänglich.

In den 1970er-Jahren – es war die Zeit der Stagflation, also einer wirtschaftlichen Rezession bei gleichzeitig steigenden Inflationsraten und damit eine Phase des Anlagenotstandes – wurden Mitglieder des US-Kongresses auf die mangelnden Beteiligungsmöglichkeiten an kleinen und mittleren Unternehmen ohne Börsennotierung respektive deren einseitige Abhängigkeit von wenigen großen Kapitalgebern aufmerksam beziehungsweise aufmerksam gemacht.

In der Folge erließ der Kongress im Jahr 1980 mit dem sogenannten Small Business Investment Incentive Act die rechtliche Basis für die Gründung und den Betrieb von BDCs als Sonderform eines CEFs. Damit wurde das Potenzial privaten Beteiligungskapitals auf eine breite Basis gestellt. Das ergänzende Gesetz eröffnete Privatanlegern die Möglichkeit, in ein transparentes und reguliertes Instrument bei gleichzeitiger Streuung der Risiken zu investieren, und machten das Segment, welches zuvor nur institutionellen oder sehr vermögenden Geldgebern offenstand, jedermann zugänglich.

Das regulatorische Risikomanagement erfolgt dabei analog zu klassischen CEFs im Wesentlichen über zwei Stellschrauben. Zum einen ist eine BDC verpflichtet, über eine Vielzahl von Beteiligungen innerhalb eines fest definierten Anlagespektrums zu streuen. So darf eine einzelne Beteiligungstranche höchstens 5 Prozent des Vermögens einer BDC ausmachen. Für den Fall, dass sich die BDC mit mehreren

Tranchen Eigen- oder Fremdkapital an einem Einzelunternehmen beteiligen möchte, ist die Quote bei 25 Prozent des Vermögens gedeckelt.

Hinzu gesellen sich weitere Detailvorgaben. Um diese auch überwachen zu können, müssen BDCs mindestens quartalsweise ihre nicht börsennotierten Beteiligungen bewerten. Ebenfalls zum Schutz der Anleger enthält der Investment Company Act of 1940 Verbote und Restriktionen bezüglich etwaiger Transaktionen zwischen einem CEF beziehungsweise einer BDC und ihrem oftmals externen Management sowie involvierten Banken.

Exkurs: BDCs können ebenso wie klassische CEFs entweder von einem internen Angestelltenteam oder aber einem externen Dienstleister gemanagt werden. Beide Varianten ziehen unterschiedliche Vergütungsmodelle und Anreizstrukturen nach sich. Ob aus Anlegersicht nun eher ein externes oder internes Management vorzuziehen ist, muss einstweilen mit einem Fragezeichen versehen werden. Hinsichtlich der realisierten Renditen scheint es keinen signifikant überlegenen Ansatz zu geben. In der Vergangenheit haben sowohl interne wie externe Manager überdurchschnittlich positive wie negative Ergebnisse erzielt. In jedem Fall gilt es zu beachten, dass sich das BDC-Management überwiegend aus Private-Equity- beziehungsweise Venture-Capital-Spezialisten und nicht aus typischen Fondsmanagern zusammensetzt. Im Gegensatz zu einem traditionellen CEF betreibt eine BDC ein sehr aufwendiges Investitionsgeschäft, was, auch durch Beratungsleistungen, eine völlig andere Kostenstruktur nach sich zieht (siehe hierzu KAPITEL 5.5).

Zum definierten Anlagespektrum zählen sogenannte Qualifying Assets, also gesetzlich zugelassene Vermögenswerte, die mindestens 70 Prozent des Anlagevolumens einer BDC ausmachen müssen. Neben liquiden Mitteln zählen hierzu in erster Linie Beteiligungen an »qualified portfolio companies«, also »geeigneten Portfoliounternehmen«.

Diese umfassen US-amerikanische Unternehmen ohne Börsennotiz sowie an einer US-Börse notierte Aktiengesellschaften mit einer Marktkapitalisierung von höchstens 250 Millionen US-Dollar.

Einen regulatorischen Vorteil gegenüber klassischen CEFs können BDCs seit März 2018 für sich beanspruchen. Seinerzeit trat mit dem Consolidated Appropriations Act of 2018 ein ganzes Bündel neuer Gesetze in Kraft, welches unter anderem den Small Business Credit Availability Act (SBCA) enthielt. Dieser wiederum senkte die Mindestdeckungsquote für Verbindlichkeiten von BDCs auf 150 Prozent, erhöhte also deren Finanzierungsspielraum. Dies führte über die gesamte Anlageklasse hinweg zu höheren Hebeln und damit zu einer mäßigen Erhöhung sowohl der Rendite als auch des Risikos. Näheres zum Hebelrisiko findet sich in den KAPITELN 6.8 und 7.5.

Beispiel für eine BDC: Die 2004 aufgelegte Ares Capital Corporation (NASDAQ: ARCC) ist Stand Ende 2021 die nach Marktkapitalisierung größte und vermutlich auch bekannteste BDC. Das Portfolio umfasst mehrere hundert unterschiedliche Beteiligungen, wobei mehrheitlich Fremdkapital in Form von Anleihen und Krediten zur Verfügung gestellt wird. Gut drei Viertel der Fremdkapitalfinanzierungen sind dabei durch Vermögenswerte besichert. Als eine von wenigen BDCs verfügt die Ares Capital Corporation über ein Rating der drei führenden Agenturen. Dieses liegt sowohl bei Moody's mit Baa3, S&P mit BBB sowie Fitch mit BBB durchweg im Investment-Grade-Bereich. Fitch attestierte der BDC im Februar 2019, über die stärkste Bilanz des Sektors zu verfügen: »[We] believe that Ares has the strongest capital structure in the BDC space« Ausgeschüttet wird quartalsweise nahezu der gesamte Überschuss nach Investitionen, was den branchentypischen Gepflogenheiten entspricht. Übrigens konnte die Ares Capital Corporation selbst im Zuge des Shutdown-Crashs die Ausschüttungen stabil halten, und das, obwohl der Kurs der Gesellschaft in der Spitze um 57 Prozent eingebrochen ist.

Letzteres weist auf die überproportional ausgeprägte Volatilität hin, der sowohl BDCs als auch VCTs aufgrund ihres Geschäftsmodells beziehungsweise Anlageschwerpunkts unterliegen. Etablierte börsennotierte Konzerne, in die klassische CEFs schwerpunktmäßig investieren, sind nun einmal im Durchschnitt wesentlich konjunkturrobuster als nicht börsennotierte Mittelstandsunternehmen.

Bei Letzteren kann in Crashszenarien und Krisenzeiten die Liquidität sogar komplett versiegen, entsprechende Beteiligungen sind dann gegebenenfalls gar nicht mehr veräußerbar und entziehen sich somit einer Marktbewertung, was dann natürlich mit Kursabschlägen bei der Beteiligungsgesellschaft einhergeht. Zumindest bei großen börsennotierten Aktiengesellschaften ist dieses Liquiditätsrisiko vernachlässigbar.

Obwohl sich die Autoren in diesem Buch auf die großen CEF-Märkte und Börsen konzentrieren, soll nicht unerwähnt bleiben, dass diese Produktgattung auch an anderen Ländern nicht spurlos vorbeigegangen ist. Gleichwohl fristen sie vielerorts ein Nischendasein. So existieren beispielsweise in den Rechtsformen der Exempted Company auf Bermuda, der Protected Cell Company auf Jersey sowie der Variable Capital Company in Singapur lokale Ausprägungen von CEFs. Auch Jurisdiktionen wie Irland, Japan, Neuseeland und Südkorea werden ebenso wie die Britischen Jungferninseln, Guernsey, die Isle of Man und die Kaimaninseln vereinzelt als Domizil für CEFs genutzt.

Und selbst in Kontinentaleuropa wächst und gedeiht der eine oder andere CEF. Einer der auch unter deutschen Anlegern bekanntesten Titel dürfte die 1993 aufgelegte und CEF-reglementierte BB Biotech AG (SWX: BION) sein. Luxemburg ist hingegen Domizil der BBGI Global Infrastructure S. A. (LSE: BBGI), eine als CEF strukturierte Gesellschaft, die, genau wie BB Biotech, ihren Anlageschwerpunkt im Namen trägt.

Und auch in Deutschland finden sich zumindest zahlreiche Zwitter aus klassischem Investmentfonds und CEF. So fahren zahlreiche Fondsgesellschaften zweigleisig, indem sie zumindest einen Teil ihrer Palette an klassischen Investmentfonds parallel mit einer Börsennotiz versehen und an einem Handelsplatz notiert haben. Das gilt selbst für die konservativen Platzhirsche der Branche, namentlich Deka Investments (Sparkassen) und Union Investment (Volks- und Raiffeisenbanken). Anleger, die einen deutschen Investmentfonds zu erwerben planen, sollten daher immer parallel die Alternative eines Bezugs über die Börse statt über den Emittenten prüfen – Ersteres spart in der Regel Kosten.

3.5 Der Fokus auf das Income Investing

Kontinentaleuropäischen Anlegern, die sich erstmals mit den Kennzahlen von CEFs beschäftigen, werden nach kurzer Zeit zwei Dinge ins Auge springen: Zum einen die vergleichsweise hohen Barrenditen, zum anderen die Ausschüttungspolitik, die selten ein halbjährliches, meist ein quartalsweises beziehungsweise monatliches Zahlungsregime vorsieht, und gerade für einkommensorientierte Anleger den Reiz dieses Finanzinstruments ausmacht.

Tatsächlich richtet sich das Gros der CEFs – vereinzelte Ausnahmen bestätigen die Regel – an einkommensorientierte Anleger, Investoren also, die sogenanntes Income Investing betreiben. Das Income Investing bezeichnet eine Anlagestrategie, bei welcher der Fokus des Anlegers auf dem erzielbaren Einkommen aus einem Portfolio liegt, ohne den Wertpapierbestand selbst zu veräußern. Das Einkommen selbst speist sich, wie im nächsten Kapitel ausführlich dargelegt werden wird, aus Dividenden, Optionsprämien, realisierten Kursgewinnen, Zinsen sowie sonstigen Erträgen aus beispielsweise Konzessionen, Lizenzen und Patenten, sogenannten Royalties. Im Fall eines CEFs werden diese auf Fondsebene vereinnahmt und in regelmäßigen Abständen an die Anteilseigner ausgeschüttet.

Um ein plakatives Bild beziehungsweise eine Stamm-Früchte-Analogie zu bemühen: Einkommensinvestoren kultivieren ein Portfolio (Stamm), welches regelmäßig Ausschüttungen (Früchte) generiert. Während die Früchte für den Verzehr oder die Wiederaussaat (Thesaurierung) vorgesehen sind, bleiben die Stämme unangetastet und fallen gegebenenfalls der nachfolgenden Generation zu.

Das Income Investing ist keineswegs eine temporäre Mode, wie die alle Jahre wieder entfachte Diskussion um alte und neue

Dividendenstrategien nahelegen könnte, sondern eine historische Konstante. So stattete bereits van Ketwich seine Investmentfonds mit üppigen Kupons aus. »Eendragt maakt Magt« zahlte, wie in KAPITEL 1 erläutert, eine Fixdividende von 4 Prozent pro Jahr zuzüglich einer Gewinnbeteiligung, »Voorderig En Vorsiglig« schüttete gar 6 Prozent pro Jahr aus.

Letzteres entspricht dabei exakt der Vorgabe, die sich das Management des Adams Diversified Equity Funds selbst auferlegt hat. »Commitment to an annual distribution rate of at least 6 %« lautet das Versprechen den Anlegern gegenüber, also mindestens 6 Prozent Dividendenrendite pro Jahr. Dieser Selbstverpflichtung ist das Fondsmanagement bisher stets nachgekommen, zumindest lässt sich dies anhand des entsprechenden Zahlenmaterials bis ins Jahr 1990 zurückverfolgen.

Ein Wermutstropfen: Abraham vom Ketwichs Emissionen zahlten die Dividende in Edelmetallgulden bei einem aufgrund des technischen Fortschritts mäßig fallenden Preisniveau, der Adams Diversified Equity Fund hingegen schüttet zumindest seit 1971 in materiell entkernten US-Dollar bei laufender Geldentwertung aus.

Von spekulativen Exzessen abgesehen hatte die historische Konzentration auf Barausschüttungen statt auf Kursgewinne zwei gute Gründe. Zum einen waren (und sind) regelmäßige Zahlungen die einzige objektive Finanzkennzahl. Eine gewisse Zahlungshistorie und -konstanz sorgte in Zeiten der Informationsasymmetrie ohne testierte Jahresabschlüsse für das notwendige Anlegervertrauen. Ausschüttungen belegten noch am ehesten die Tragfähigkeit eines Geschäftsmodells und stellten zumindest ansatzweise sicher, dass die Geschäftsführung im Namen der Eigentümer handelt.

Der zweite Punkt ist hingegen wesentlich profaner. Unternehmerische Beteiligungen stellten vor dem Aufkommen der Sozialversicherung einen gangbaren Weg zum arbeitsunabhängigen Einkommen dar. Das galt insbesondere für das neu entstandene Bürgertum, welches ein Wohlstandsniveau zu verteidigen hatte. Noch heute zeugen Bonmots aus der Börsenwelt wie etwa die »Witwen- und Waisenpapiere« vom

Versorgungscharakter insbesondere robuster Geschäftsmodelle mit gut kalkulierbaren Erträgen und soliden Ausschüttungsrenditen.

Dieser Befund lässt sich auf den breiten US-amerikanischen Aktienmarkt ausweiten. Nach einer Erhebung des Ökonomen Robert J. Shiller, wie schon Irving Fisher mit einer Yale-Professur bedacht, betrug dessen durchschnittliche Dividendenrendite zwischen den 1880er- und 1980er-Jahren über 4,7 Prozent. Mit dem dann folgenden Einsetzen des Megabullenmarktes sank der Wert aus verschiedenen Gründen bis Ende der 2010er-Jahre auf gut 2,3 Prozent und damit weniger als die Hälfte.

CEFs haben hingegen diese Tradition nie abgelegt und vermutlich ist es auch kein Zufall, dass sie sich in der angelsächsischen Welt verbreitet und gehalten haben, in der nach wie vor die Sozialversicherung und hier namentlich die gesetzliche Rente dürftig ausgebaut ist und Alterseinkommen zu einem guten Teil über die Kapitalmärkte generiert wird. In jedem Fall ist es eine interessante Koinzidenz, dass der Aufschwung der CEFs in England parallel zum Aufbau der Sozialversicherungen in Kontinentaleuropa erfolgte. Und noch heute spiegelt sich die Zielgruppenansprache in der Altersverteilung der CEF-Investoren wider, die in KAPITEL 5.7 aufgegriffen wird.

Dem Wunsch nach einem laufenden Einkommen wird zudem durch zwei weitere Maßnahmen Rechnung getragen. Zum einen erfolgen Auszahlungen unterjährig, in aller Regel quartals- oder sogar monatsweise. Zum anderen bedient sich die Masse der CEFs einer Managed Distribution Policy (MDP), einer durch das Management verabschiedeten Ausschüttungsrichtlinie, welche die Höhe und Termine der Auszahlungen über die nächsten zwölf Monate festlegt.

Hierbei handelt es sich gleichwohl nicht um eine Garantie, bei abrupten Lageänderungen wie beispielweise im Frühjahr 2020 werden die Richtlinien auch schon einmal kassiert. Das hängt allerdings auch wesentlich vom Investitionsschwerpunkt ab. In jedem Fall gibt die MDP den Investoren einen Richtwert an die Hand, der eine passabel verlässliche Einkommenskalkulation erlaubt. Dieser Punkt wird noch einmal in KAPITEL 6.3 aufgegriffen.

Im Zusammenhang mit der Ausschüttung gilt es ebenfalls, einige Besonderheiten der angelsächsischen Börsenwelt zu beachten. In Deutschland erwirbt der rechtliche Eigentümer einer Aktie grundsätzlich am Tag der Hauptversammlung der jeweiligen Gesellschaft den Dividendenanspruch. Ab dem darauffolgenden Handelstag wird der Titel dann ex Dividende, also ohne Dividendenanspruch gehandelt. Ausgezahlt wird die Dividende dann in der Regel am dritten auf die Hauptversammlung folgenden Bankarbeitstag, manchmal erfolgt die Auszahlung auch zu einem späteren Zeitpunkt.

CEF-Anleger müssen hingegen drei beziehungsweise vier relevante Termine beachten: Den Deklarationstermin (»declaration date« oder »announcement date«), den Ex-Dividenden-Termin (»ex-dividend date«), den Stichtagstermin (»record date«) sowie den Zahlungstermin (»payment date«).

Am Deklarationstermin gibt das Management die Höhe der nächsten Dividende sowie den Zahlungstermin und den Ex-Dividenden-Termin bekannt. Investoren, die einen CEF vor beziehungsweise am Ex-Dividenden-Termin im Bestand halten, sind dividendenberechtigt. Ab dem Ex-Dividenden-Termin wird der CEF hingegen ohne Dividendenberechtigung gehandelt und kann beispielsweise durch den Eigentümer verkauft werden, ohne dass dieser seinen Anspruch auf die fällige Dividendenzahlung verliert.

Der Ex-Dividenden-Termin liegt zumeist einen Bankarbeitstag vor dem Stichtagstermin. Am Stichtagstermin wird verbindlich festgelegt, welche Anleger dividendenberechtigt sind. Hierfür ist nämlich nicht das Kaufdatum des CEFs, sondern der Eigentumsübertrag entscheidend. Gemäß der T+2-Abwicklungsregel, wonach der Übertrag spätestens zwei Bankarbeitstage nach der Transaktion zu verbuchen ist, muss ein Anleger den entsprechenden CEF also spätestens am Handelstag vor dem Ex-Dividenden-Termin kaufen, damit er sich rechtzeitig zum Stichtagstermin im Bestand wiederfindet und dividendenberechtigt ist.

Der Zahlungstermin selbst kann durchaus mehrere Wochen nach dem Stichtagstermin liegen. Der Zahlungseingang auf dem Depotkonto erfolgt je nach Wertpapier, Clearingstelle und Bankverbindung einige Tage später. Ferner schlüsseln zumindest kanadische und US-amerikanische CEFs ihre Ausschüttungen in ihre jeweiligen Quellen auf:

- Dividend Income,
- Other Income,
- Capital Gain,
- Return of Capital.

Dividend Income bezeichnet dabei Dividendenerträge, die der CEF erzielt hat, unter Other Income werden Zugänge aus sonstigen Einkünften wie zum Beispiel Zinsen zusammengefasst, realisierte Kursgewinne firmieren unter Capital Gain, der Return of Capital schließlich bezeichnet, sofern vorhanden, den Kapitalrückzahlungsanteil an den Ausschüttungen. Diese Aufschlüsselung wird in einem jährlichen Report über die Seite des jeweiligen CEFs zur Verfügung gestellt. Die Angaben sind in erster Linie für die Besteuerung von in Kanada und den USA veranlagten Investoren erforderlich, da das Steuerrecht beider Länder für die genannten Komponenten unterschiedliche Steuersätze veranschlagt. Gleichwohl können die Angaben auch für ausländische Anleger von Interesse sein, entsprechende Ausführungen dazu finden sich in KAPITEL 10.4.

Zum Abschluss dieses Kapitels sei noch ein Wort zur leidenschaftlich diskutierten Frage verloren, ob nun eine einkommensorientierte Anlagestrategie gegenüber der Vielzahl möglicher Alternativen vorteilhaft oder nachteilig sei. Die juristisch wie ökonomisch korrekte, aber im Endeffekt nutzlose Antwort auf die Frage nach der richtigen Strategie lautet: Es kommt darauf an. Letztlich ist die Entscheidung für einen bestimmten Weg der Geldanlage ein Werturteil, welches sich an den persönlichen Präferenzen, der individuellen Risikotoleranz und Risikotragfähigkeit sowie dem ureigenen Wohlbefinden ausrichten sollte.

Income Investing ist lediglich einer von zig möglichen Anlagestilen. CEFs sind wieder eine Ausprägung dieser Stilrichtung. Diese dem geneigten Publikum praxisorientiert näherzubringen, ist Gegenstand der folgenden Kapitel.

4

Strategische Ansätze

4.1 Die sechs Grundstrategien

CEFs sind eine (Wertpapier-)Hülle, in der viele Anlagen gebündelt werden können. Aufgrund des großen Universums potenzieller Portfoliozusammensetzungen existieren keine allgemeingültigen Kategorien für CEFs. Da ein überwiegender Teil dieser Fonds allerdings regelmäßig Zahlungen leistet, ist die Einteilung nach dem Ansatz beziehungsweise der Quelle der Ausschüttungen eine Möglichkeit der Kategorisierung.

Quellen für Zahlungen sind beispielsweise realisierte Kursgewinne, Dividenden und Zinsen. Zwar nutzen viele CEFs verschiedene Ertragsquellen gleichzeitig, in der Regel ist aber eine Fokussierung auf einen bestimmten Schwerpunkt erkennbar. Nachfolgend werden die sechs relevantesten Einkommensstrategien von CEFs erklärt.

Für alle in dem Zusammenhang exemplarisch genannten CEFs sind sowohl die jährliche Kostenquote als auch die Renditespanne beigefügt. Dabei ist zu beachten, dass es sich im Falle der ausgewiesenen Kostenquote um eine bereinigte Kennzahl handelt, die der klassischen TER sehr ähnlich ist (siehe KAPITEL 2.4). Zur besseren Vergleichbarkeit wurden, wie bei der TER von ETFs, Transaktionskosten, Steuern auf Fondsebene, aber auch Hebelaufwendungen von den offiziell ausgewiesenen Gesamtkosten abgezogen. Die angegebene Renditespanne ergibt sich aus den historisch minimal und maximal erzielbaren Ausschüttungsrenditen.

Das obere Ende der Renditespanne war dabei häufig Spiegel gefallener Kurse, beispielsweise in der Weltfinanzkrise von 2007 bis 2009. Das untere Ende der Renditespanne von 0 Prozent wurde bei Fonds angegeben, die über einen Zeitraum von mindestens 52 Wochen keine Zahlungen geleistet haben. Die historische Renditespanne hat keine Aussagekraft für die Gesamtrendite bestehend aus Zahlungen und Kurs- beziehungsweise NAV-Entwicklung. Sie ist daher eine vor allem für einkommensorientierte Anleger relevante Kenngröße.

4.2 Dividendenstrategie

Dividenden sind seit jeher eine Möglichkeit für Anleger, sich ein von der eigenen Arbeitsleistung unabhängiges Einkommen aufzubauen. Klassischerweise werden bei der Dividendenstrategie Aktien von Unternehmen ausgewählt, die attraktive Ausschüttungsrenditen bieten. Bei der Dividendenstrategie handelt es sich demnach um einen Ansatz, bei dem gezielt in nachrangige Eigenkapitalbeteiligungen von Unternehmen investiert wird. Die erzielten Renditen sind gewinnabhängig und entsprechen einem Unternehmerlohn. Da es mit Einzelaktien aufwendig werden kann, ein über Länder, Sektoren, Branchen und Währungen diversifiziertes Portfolio aufzubauen, bietet es sich für einkommensorientierte Anleger an, auf CEFs mit dieser Strategie zu setzen.

CEFs, die eine Dividendenstrategie verfolgen, erhalten Gewinnausschüttungen der im Fonds befindlichen Unternehmen und können diese an die Anleger weiterleiten. In den Portfolios dieser Fonds können sich sowohl börsennotierte als auch außerbörsliche Eigenkapitalbeteiligungen befinden. Besonders dividendenstark sind historisch betrachtet Unternehmen mit einem reifen Geschäftsmodell, welches keine hohen Neuinvestitionen voraussetzt und welches dementsprechend viele freie Geldmittel respektive Cashflow abwirft.

Die Vorteile eines CEFs mit dieser Einkommensstrategie sind vielfältig. So ist die Dividendenstrategie eine der bekanntesten Möglichkeiten, regelmäßige Einnahmen über die Börse zu generieren. Somit ist auch die Funktionsweise eines Fonds mit diesem Ansatz leicht verständlich. Zudem sind Gewinnausschüttungen von Unternehmen erfahrungsgemäß weniger schwankungsreich als Kursrenditen. Das ermöglicht es Dividendenstrategie-CEFs, auch in Krisenzeiten Ausschüttungen zu tätigen und gegebenenfalls stabil zu halten. Zusätzlich sind Unternehmen bestrebt, die eigenen Produktpreise regelmäßig anzuheben, was sich in steigenden Kursen und Dividenden niederschlagen kann. Somit bieten CEFs mit Dividendenstrategie einen potenziellen Inflationsschutz.

Ein wesentlicher Nachteil dieses Ansatzes ist die gewinnabhängige Vergütung sowie die nachrangige Bedienung im Insolvenzfall. Diese Umstände haben zur Folge, dass nachrangige Eigenkapitalbeteiligungen (und CEFs, die in solche Anlagen investieren) deutlichen Wertschwankungen unterliegen. Zudem sind Dividenden stets eine freiwillige Gewinnausschüttung, die zumindest theoretisch jederzeit ausgesetzt werden kann.

CEFs mit Dividendenstrategie verfolgen demnach einen bewährten Ansatz zur Generierung von Ausschüttungen. Die Risiken entsprechen hierbei denen, die mit einem Engagement am Aktienmarkt einhergehen.

Beispiel:
Merchants Trust PLC (LSE: MRCH)
Eckdaten:

- Domizil: Vereinigtes Königreich
- Auflagejahr: 1889
- Zahlungsfrequenz: Quartalsweise
- Managementkosten: 0,35 Prozent pro Jahr
- Renditespanne: 3,67 bis 9,78 Prozent

Fondsprofil:
Der Merchants Trust wurde im Jahr 1889 kurz vor einem einschneidenden Crash (siehe KAPITEL 3.2) an der Londoner Börse aufgelegt. Ursprüngliches Ziel war es, den Anlegern nachhaltige Ausschüttungsrenditen von 5 bis 6 Prozent pro Jahr bei gleichzeitigem Potenzial auf Kursgewinne zu ermöglichen. Die eingeworbenen Mittel wurden zunächst überwiegend in die nordamerikanische Eisenbahninfrastruktur investiert, da seinerzeit für die Vernetzung des Kontinents große Mengen an Kapital benötigt wurden.

Die Ziele des Fonds sind heutzutage nach wie vor hohe und steigende Ausschüttungen sowie Wertsteigerungen in Form von Kursgewinnen. Gleichzeitig strebt der Fonds eine Überrendite im Vergleich zu ähnlich konzipierten CEFs an. Um diese Ziele zu erreichen, investiert der Fonds mittlerweile überwiegend in britische Aktiengesellschaften mit hoher Marktkapitalisierung. Der Fokus liegt dabei auf dividendenstarken und global tätigen Unternehmen. Einzelne Gesellschaften sollen im Fonds eine Gewichtung von 15 Prozent nicht überschreiten. Gleichzeitig sollen Unternehmen aus mindestens fünf Sektoren im Fonds vertreten sein, bei einer maximalen Gewichtung einzelner Sektoren von 35 Prozent.

Um die quartalsweisen Ausschüttungen zu glätten, bildet der Fonds Gewinnrücklagen. Diese Rücklagen können in schlechten Jahren zur Deckung der Zahlungen angezapft werden. Durch dieses Vorgehen konnte der Merchants Trust die Ausschüttungen zwischen 1982 und 2021 jedes Jahr anheben. Mit dieser Kontinuität entspricht der CEF also der Definition eines klassischen Dividenden-Aristokraten, mit mindestens 25 Jahren an gesteigerten Zahlungen. Aufgrund des frühen Auflagedatums kann für den Merchants Trust keine vollständige Spanne der Ausschüttungsrenditen angegeben werden.

Im Zeitraum vom Jahr 2000 bis 2021 lagen die erzielbaren Einstandsrenditen zwischen 3,67 und 9,78 Prozent. Zur potenziellen Steigerung der langfristigen Gewinne nutzt der Fonds einen Kredithebel. Die Verschuldungsquote soll dabei zwischen 10 und 25 Prozent liegen.

4.3 Kursgewinnstrategie

Wenn Börseneinsteiger an den Kapitalmärkten Geld verdienen wollen, versuchen sie das in der Regel durch das Eingehen von Differenzgeschäften. Sie kaufen also Vermögenswerte in der Hoffnung, diese zu einem höheren Preis später wieder verkaufen zu können. Da beispielsweise Aktien im langfristigen Trend über die letzten 400 Jahre global und im Durchschnitt gestiegen sind, konnten mit diesem Ansatz in vielen Fällen gute Renditen erzielt werden.

Wer durch Differenzgeschäfte regelmäßig, vielleicht sogar monatlich Barerträge generieren möchte, sollte allerdings nicht nur darauf hoffen, dass Kurse steigen. Kursgewinne über alle Phasen des Konjunkturzyklus hinweg zu erzielen, erfordert ein zeitintensives und aktives Handelssystem, welches dennoch häufig genug zum Scheitern verurteilt ist. Wer nicht täglich Wertpapierkurse und Börsennachrichten studieren und dennoch regelmäßige Einkünfte aus Kursgewinnen erzielen möchte, kann hingegen auch in Betracht ziehen, einen CEF mit Kursgewinnstrategie zu erwerben.

Fonds, die diesen Ansatz verfolgen, handeln in der Regel Wertpapiere, die selbst nur geringe Ausschüttungsrenditen zahlen. Dafür weisen eben solche Beteiligungen, gerade in Phasen eines allgemeinen Marktaufschwungs, häufig besonders hohe Kursgewinne aus. Diese Gewinne kann das Management eines CEFs mit Kursgewinnstrategie realisieren und an die Anleger ausschütten. Bei solchen CEFs machen meist Aktien und börsennotierte Wandelanleihen das Gros des Portfolios aus. In bestimmten Fällen, so beispielsweise bei BDCs, setzt es sich aber auch aus außerbörslichen Direktbeteiligungen in Form von Wagniskapital zusammen.

Der wesentliche Vorteil von CEFs mit Kursgewinnstrategie ist aus Anlegersicht der passive Ansatz, sobald ein solcher Fonds erst einmal erworben wurde. Über diese CEFs können auch Einkommensinvestoren an Kursgewinnen beziehungsweise aktiven Differenzgeschäften ganz einfach partizipieren. Manuelle Verkäufe von Anteilen können somit komplett vermieden werden. Da Unternehmen in der Regel bestrebt sind, dass die Preise ihrer Güter mindestens mit der Inflationsrate Schritt halten, bietet die Kursgewinnstrategie mit CEFs ebenfalls einen potenziellen Inflationsschutz.

Ein wesentlicher Nachteil dieses Ansatzes ist die starke Abhängigkeit von der Wertentwicklung der gehaltenen Beteiligungen. Während die Zahlungen von Anleihen und Dividendenaktien zumindest relativ gesehen besser kalkulierbar sind, ist die Wertentwicklung kurzfristig stark vom Zufall geprägt. So steigen und fallen die Bewertungen häufig aufgrund von Externalitäten, selbst wenn diese keinen direkten Einfluss auf das Geschäftsmodell der jeweiligen Gesellschaft haben. Bei Fonds mit diesem Ansatz werden die Zahlungen deshalb in Krisen häufig reduziert.

CEFs mit Kursgewinnstrategie verfolgen demnach einen preisspekulativen Ansatz, Renditen am Kapitalmarkt zu erzielen, und bieten die Möglichkeit, Erträge ohne manuelle Anteilsverkäufe zu erzielen. Dieses Konzept geht mit den am Aktienmarkt üblichen Risiken und Schwankungen einher.

Beispiel:
Liberty All-Star Growth Fund Inc. (NYSE: ASG)
Eckdaten:

- Domizil: Vereinigte Staaten
- Auflagejahr: 1986
- Zahlungsfrequenz: Quartalsweise
- Managementkosten: 0,80 Prozent pro Jahr
- Renditespanne: 2,99 bis 20,22 Prozent

Fondsprofil:
Der Liberty All-Star Growth Fund strebt langfristig hohe Gesamtrenditen an. Dieses Ziel soll durch den Aufbau eines diversifizierten Portfolios US-amerikanischer Wachstumsaktien erreicht werden. Das Fondskapital wird dabei von verschiedenen Managern gleichzeitig verwaltet. Diese Manager decken jeweils ein anderes Marktsegment ab. So sind ein Drittel des Fondskapitals in Small Caps, ein Drittel in Mid Caps

und ein Drittel in Large Caps mit Fokus auf Wachstumstiteln investiert. Gleichzeitig ist das gesamte Portfolio über eine Vielzahl von Sektoren breit gestreut.

Der Ausschüttungsplan des Fonds sieht vor, dass pro Quartal eine Zahlung in Höhe von 2 Prozent des NAVs vorgenommen wird. Das entspricht einer annualisierten NAV-Ausschüttungsrendite von 8 Prozent. Bedingt durch diesen Ausschüttungsplan weist die Zahlungshistorie eine hohe Korrelation mit der Kursentwicklung der enthaltenen Wertpapiere auf.

Im Rahmen des Dotcom-Crashs wurden die Ausschüttungen temporär um 57,2 Prozent gesenkt, in der Weltfinanzkrise um 60,7 Prozent. Im Shutdown-Crash konnten die Zahlungen allerdings um 37 Prozent gesteigert werden. Historisch lagen die erzielbaren Ausschüttungsrenditen auf den Einstandskurs beim Liberty All-Star Growth Fund zwischen 2,99 und 20,22 Prozent. Es handelt sich hierbei um einen CEF, der ohne Kapitalhebel operiert.

4.4 Fixed-Income-Strategie

Sowohl die Dividendenstrategie als auch die Kursgewinnstrategie gehen mit der für den Aktienmarkt üblichen Volatilität einher. Zudem ist bei diesen Ansätzen nicht prognostizierbar, wie Ausschüttungen und Gesamtrenditen in der Zukunft ausfallen werden. Ein Ansatz, der die Schwankungsbreite bei einer gleichzeitig besser kalkulierbaren Einnahmenbasis reduzieren kann, ist die sogenannte Fixed-Income-Strategie.

Diese Strategie zeichnet sich durch den Kauf von Anlagen aus, die über einen Nominalwert mit einer festgelegten Verzinsung verfügen. Der Nominalwert von Fixed-Income-Anlagen oder Rentenpapieren wird dabei stets in einer bestimmten Währung ausgedrückt respektive denominiert und ergibt sich durch den Preis, zu dem entsprechende Beteiligungen entweder freiwillig zurückgekauft oder getilgt werden müssen. Die festgelegte Verzinsung ist der Kupon einer Beteiligung in Form von regulären Zinsen oder Fixdividenden. Das weltweite

Volumen gehandelter Renten übersteigt dabei deutlich dasjenige von Aktien. Dennoch bieten viele Broker nur einen eingeschränkten Zugang zu entsprechenden Beteiligungen an. Aus diesem Grund sind CEFs ein adäquates Instrument, um sich in diesem Segment breit aufzustellen.

CEFs, die eine Fixed-Income-Strategie verfolgen, investieren üblicherweise in klassische Unternehmens-, Kommunal- und Staatsanleihen. Zur Fixed-Income-Strategie gehören zudem Nachranganleihen, Hybridanleihen, bedingte Pflichtwandelanleihen, Nullkuponanleihen, außerbörsliche Darlehen und Beteiligungen, die mit Kreditpools besichert sind. Ebenfalls der Fixed-Income-Strategie zuzurechnen sind Preferred Shares, die nicht über eine Wandeloption verfügen. Bei Preferred Shares handelt es sich zwar bilanziell um Eigenkapital, entsprechende Papiere verfügen allerdings über einen Nominalwert und einen festgelegten Kupon (siehe auch KAPITEL 3.4). Generell gilt bei Fixed-Income-Anlagen: Je höher der Kupon, desto höher ist das zu erwartende Risiko.

Die Vorteile dieses Ansatzes sind vielfältig. So sind die maximal zu erwartenden Einkünfte durch festgelegte Kupons bekannt, und die Volatilität ist durch den Nominalwert erfahrungsgemäß niedriger als am Aktienmarkt. Totalverluste sind ebenfalls unwahrscheinlicher als bei Aktien derselben Emittenten, denn grundsätzlich werden Fixed-Income-Anleger im Insolvenzfall vor den im letzten Rang stehenden Eigenkapitalgebern bedient. Für Einkommensinvestoren besonders wichtig: Aufgrund der festgelegten Kupons sind bei CEFs mit dieser Strategie komplette Zahlungsaussetzungen sehr unwahrscheinlich.

Dieser Ansatz ist allerdings auch mit nennenswerten Nachteilen verbunden. Zwar haben Fixed-Income-Anlagen häufig niedrigere nominale Wert- und Zahlungsschwankungen als Investitionen am Markt für Eigenkapital, dafür sind die maximal erzielbaren Renditen begrenzt, insofern Titel bis zur Fälligkeit gehalten und nicht laufend aktiv gehandelt werden. Begrenzt heißt in diesem Zusammenhang, dass Anleger maximal den Nominalwert zuzüglich Kupon zurückerhalten. Insbesondere in wirtschaftlich guten Zeiten können Fixed-Income-Anlagen eine deutliche Minderrendite im Vergleich zu einem marktbreiten Aktienportfolio ausweisen.

Zur begrenzten Rendite kommt das Risiko einer Entwertung hinzu, denn Fixed-Income-Anlagen sind in den meisten Fällen nicht vor sprunghaften Geldentwertungsraten geschützt. Eine Ausnahme hiervon bilden beispielsweise inflationsindexierte Anleihen sowie variabel verzinste Renten und Preferred Shares. Während Aktiengesellschaften oft ihre Produktpreise und somit auch ihre Dividenden der Inflation anpassen können, erhalten fest verzinste Titel stets die via Kupon vereinbarte (Nominal-)Vergütung. Im Fall einer anziehenden Inflation nimmt demnach der reale Wert des Zinsertrags sowie die Kaufkraft der Nominalwerte ab. Zudem sind Fixed-Income-Anlagen unmittelbar dem Zinsänderungsrisiko ausgesetzt, was zu temporären Buchverlusten führen kann.

CEFs mit Fixed-Income-Strategie verfolgen einen kreditären Ansatz der Einkommenserzielung, der mit den Chancen und Risiken von Rentenpapieren einhergeht und sich deutlich von demjenigen der zuvor besprochenen Aktieninvestitionen unterscheidet.

Beispiel:
Invesco Bond Income Plus Ltd. (LSE: BIPS)
Eckdaten:

- Domizil: Jersey
- Auflagejahr: 1991
- Zahlungsfrequenz: Quartalsweise
- Managementkosten: 0,65 Prozent pro Jahr
- Renditespanne: 4,99 bis 14,81 Prozent

Fondsprofil:
Vor dem Zusammenschluss mit einem Schwesterfonds, aus dem Hause Invesco, hieß dieser CEF noch City Merchants High Yield Trust. Aufgelegt wurde der Fonds bereits 1991, und das mit dem erklärten Ziel, seinen Anlegern relativ zum jeweiligen Zinsumfeld hohe Ausschüttungen zu bieten. Gleichzeitig werden langfristig Wertzuwächse angestrebt.

Um diese Ziele zu erreichen, investiert der Fonds in ein über zahlreiche Sektoren diversifiziertes Portfolio globaler Rentenpapiere. Darunter befinden sich überwiegend verschiedene Formen hoch verzinster Unternehmensanleihen. Titel, die der Fixed-Income-Strategie zuzurechnen sind, kann das Management mit bis zu 100 Prozent gewichten. Aktien dürfen als Beimischung bis zu 20 Prozent des Portfolios ausmachen. Der Charakter der Fixed-Income-Strategie äußert sich bei diesem CEF besonders in Krisenzeiten. In diesen Phasen mussten die Ausschüttungen des Fonds bisher nur geringfügig adjustiert werden.

So wurden die Zahlungen im Rahmen des Dotcom-Crashs um lediglich 7,7 Prozent reduziert, in der Weltfinanzkrise um 16,7 Prozent. Im Shutdown-Crash konnten die Zahlungen hingegen sogar stabil gehalten werden. Die Ausschüttungsrendite lag in der historischen Spanne zwischen 4,99 und 14,81 Prozent. Die Verschuldungsquote soll bei diesem Fonds zwischen 0 und maximal 30 Prozent liegen.

4.5 Optionsstrategie

Neben verzinsten Anlagen wie Anleihen und Eigenkapitalbeteiligungen wie Aktien sind auch Derivate respektive die hierunter fallenden Optionen – nicht zu verwechseln mit Optionsscheinen – ein verbreitetes börsengehandeltes Instrument. Insbesondere für aktive Anleger, die den zusätzlichen Zeiteinsatz, den der Derivatehandel mit sich bringt, nicht scheuen, kann es interessant sein, durch Optionsgeschäfte zusätzliche Einnahmen zu generieren.

Laufende Einkünfte lassen sich insbesondere als Optionsverkäufer, auch Stillhalter genannt, erzielen. Als Stillhalter gewährt der Verkäufer einer Option dem Käufer derselben das Recht, einen Referenz- oder Vermögenswert an beziehungsweise bis zu einem festgelegten Datum zu einem festgelegten Preis entweder kaufen oder verkaufen zu können. Durch dieses Geschäft kommt der Stillhalter einem Versicherer gleich, der für die garantierte Annahme oder Abgabe von Beteiligungen zu einem vorab vereinbarten Preis eine Prämie erhält.

Werden die Risiken dieses Versicherungsgeschäfts gut gemanagt, können Stillhalter weitgehend unabhängig von der Entwicklung an den Wertpapiermärkten einen kontinuierlichen Einnahmestrom erzielen. Die Steuerung von Risiken ist für aktive Optionshändler mit regelmäßigen Kontrollen der eigenen Positionen verbunden. Manche Anleger scheuen den Aufwand, den die Einarbeitung in die Materie sowie die laufenden Handelsaktivitäten verursachen und bevorzugen ein passives Vehikel zur Einkommensgenerierung. In solchen Fällen bieten sich CEFs mit Optionsstrategie als Alternative an.

CEFs mit Optionsstrategie verfolgen in der Regel einen Covered-Call-Ansatz, welcher eine Variante der Stillhaltergeschäfte darstellt. Voraussetzung hierfür ist, dass ein mit börsennotierten Wertpapieren bestücktes Fondsportfolio besteht. Diesen Bestand nutzt das Management dann, um gedeckte Kaufoptionen (Covered Calls) zu verkaufen (schreiben). Die gedeckten Kaufoptionen gewähren dem Käufer der Option das Recht, dem Fonds die Wertpapiere an oder bis zu einem festgelegten Datum, dem sogenannten Verfallstag, zu einem festgelegten Preis, dem Strike oder Ausübungspreis, sprich dem Basispreis, abkaufen zu können (aber nicht zu müssen).

Steht der Kurs eines Wertpapiers zum Stichtag über dem vereinbarten Basispreis, wird die Option in der Regel ausgeübt, da der Käufer der Option dadurch direkt einen Kursgewinn erzielen kann. Sollte der Kurs unter dem Strike liegen, verfällt die Option wertlos und die Beteiligungen bleiben im Bestand des Fonds. Dieses Prozedere kann beliebig wiederholt werden. Unabhängig vom Ausgang dieses Geschäfts erhält der CEF immer den Verkaufserlös der Option, wodurch laufend Einnahmen erzielt werden. Diese Barrenditen kann der Fonds anschließend direkt an die Anleger ausschütten.

Besonders lukrativ sind CEFs mit Covered-Call-Strategie in Phasen leicht steigender, stagnierender oder sinkender Wertpapierkurse. Wenn ein Portfolio ohne Veroptionierung beispielsweise über einen gewissen Zeitraum wertstabil bleibt, kann ein Covered-Call-CEF in diesen Phasen zusätzlich Optionsprämien einnehmen. Im Vergleich zu einem nicht veroptionierten Portfolio erzielt der CEF eine Überrendite.

Weniger lukrativ ist dieser Ansatz, wenn die Kurse der Basiswerte sehr schnell steigen. In diesen Fällen erhält der Fonds seine Prämie, allerdings werden ihm die Basiswerte zum vorher festgelegten Preis ausgebucht. Dadurch kann er nicht voll von der Aufwärtsbewegung profitieren. Der Fonds begrenzt demnach seine kurzfristig erzielbaren Renditen zugunsten laufender Einnahmen.

Dieser Umstand kann problematisch werden, wenn die Kurse der Beteiligungen im Zuge eines Börsencrashs erst stark fallen und anschließend Covered Calls geschrieben werden. Sollten die Kurse bis zur Fälligkeit der Option wieder deutlich steigen, kann es vorkommen, dass der Fonds sich durch die Begrenzung der kurzfristigen Renditen nicht so schnell von den Verlusten erholt wie ein Portfolio ohne Veroptionierung. CEFs mit dieser Strategie sind also nicht mit einem Free Lunch gleichzusetzen. Auch dieser Ansatz hat somit seine eigenen Chancen und Risiken.

Neben diesen Besonderheiten des Covered-Call-Ansatzes bieten Optionsstrategie-CEFs weitere Vorteile. So ermöglichen diese Fonds regelmäßige Ausschüttungen bei Wertpapieren, die normalerweise keine oder nur niedrige Dividenden zahlen. Des Weiteren bieten diese CEFs einen potenziellen Inflationsschutz sowie eine nur mäßige Korrelation der Optionseinnahmen mit den Kursrenditen am Aktienmarkt. Optionsprämien sinken und steigen in der Regel im Gleichklang mit der Volatilität des jeweiligen Basiswertes.

Bei CEFs mit Optionsstrategie handelt es sich somit um Fonds, die einen sehr speziellen Ansatz der Einkommenserzielung verfolgen. CEFs dieser Kategorie eignen sich als Ergänzung breit gestreuter Portfolios. Insbesondere bieten sie sich dafür an, die Anlageklasse der Wachstumsaktien mit niedriger Dividende im Rahmen einer einkommensorientierten Anlagestrategie abzudecken.

Beispiel:
Eaton Vance Enhanced Equity Income Fund II Inc. (NYSE: EOS)
Eckdaten:

- Domizil: Vereinigte Staaten
- Auflagejahr: 2005

- Zahlungsfrequenz: Monatlich
- Managementkosten: 1,00 Prozent pro Jahr
- Renditespanne: 4,99 bis 22,77 Prozent

Fondsprofil:

Dieser Fonds wurde als Ergänzung zum bereits bestehenden Eaton Vance Enhanced Equity Income Fund (NYSE: EOI) aufgelegt. Das primäre Ziel, welches auch mit dem zweiten Fonds dieser Art erreicht werden soll, besteht in der Erzielung hoher Ausschüttungen. Falls dies mit dem primären Ziel vereinbar ist, will das Management für die Anleger darüber hinaus Wertzuwächse in Form von Kursgewinnen erzielen.

Das Fondsportfolio dominieren Aktien von mittleren und großen Unternehmen, die ein hohes Wachstum aufweisen. In normalen Marktphasen soll mindestens 80 Prozent des Anlagevermögens in Aktien solcher Unternehmen investiert sein. Geografisch liegt der Beteiligungsschwerpunkt in den Vereinigten Staaten. Um die für Ausschüttungen notwendigen Einnahmen zu generieren, schreibt das Management laufend auf einen Teil des Wertpapierbestands gedeckte Kaufoptionen.

Im Rahmen der Weltfinanzkrise mussten die Zahlungen dieses CEFs um 39,2 Prozent abgesenkt werden. Der Shutdown-Crash hatte hingegen keinen Einfluss auf die Ausschüttungshöhe. Die Renditespanne lag historisch zwischen 4,99 und 22,77 Prozent. Eine Investition in diesen Fonds birgt keine zusätzlichen Hebelrisiken, da nicht mit fremdem Kapital gearbeitet wird.

4.6 Mischstrategie

Für einkommensorientierte Investoren ist Diversifikation ein entscheidender Anlageparameter. Klumpenrisiken können zu starken Zahlungsschwankungen führen, was bei Anlegern, die auf laufende Einnahmen angewiesen sind, verheerende Auswirkungen auf die Lebensplanung haben kann. Aus diesem Grund sollten Einkommensportfolios über Währungen, Länder, Sektoren, Branchen und Beteiligungsinstrumente breit gestreut sein. Da für einkommensorientierte Anleger die Barmittel zählen, die auf dem Verrechnungskonto eingehen, sollten sich entsprechende Depots also auch auf verschiedene Einnahmearten stützen. Schließlich kann niemand vorhersagen, welche der vier genannten Einkommensstrategien sich zukünftig am besten bewährt.

Mit Einzelwerten können Anleger sowohl über Dividenden, Kursgewinne und Zinsen als auch durch Optionsprämien regelmäßige Einnahmen erzielen. So ein gemischter Ansatz der Erträge bietet prinzipiell auch in Einzelwertdepots eine Diversifikation über verschiedene Einkommensarten. Allerdings ist eine manuelle Umsetzung verschiedener Einkommensstrategien vergleichsweise zeitaufwendig. Einige Ansätze lassen sich gar nicht ohne tiefgehende Vorkenntnisse bewerkstelligen (siehe die zuvor besprochene Optionsstrategie). Eine Möglichkeit der kompakten Erschließung verschiedener Einkommensarten ist der Kauf eines CEFs mit Mischstrategie.

Bei CEFs mit Mischstrategie handelt es sich um Fonds, die nicht nur eine der vier genannten Strategien verfolgen. Solche CEFs nutzen demnach mindestens zwei Ansätze gleichzeitig zur Erzielung von Erträgen. Dabei sind die verschiedenen Einnahmearten annähernd gleich wichtig im Gesamtkonzept. Viele CEFs nutzen mehrere Einkommensstrategien parallel, da nicht jeder Ansatz zu jeder Zeit der Erreichung bestimmter Ziele dient. So weiß eine große Zahl von Managern den oft schwankungsarmen Charakter der Fixed-Income-Anlagen zu schätzen, um Ausschüttungen bei reduzierter Volatilität zu glätten. Damit solche Fonds dennoch einen angemessenen Inflationsschutz bieten, kann sich eine Kombination von Fixed-Income-Anlagen mit Aktien anbieten.

Neben solchen Varianten der Mischstrategie ergänzen viele CEF-Manager die Dividendenstrategie um die laufende Realisierung von Kursgewinnen, was höhere Ausschüttungen zur Folge haben kann. Verbreitet ist auch die Kombination aus einer Kursgewinnstrategie mit einer Optionsstrategie, in dem auf ein bestehendes Portfolio aus Aktien zusätzlich Covered Calls geschrieben werden.

CEFs mit Mischstrategie bieten die einzigartige Möglichkeit, in verschiedene Einnahmearten über nur ein Vehikel zu investieren.

Dadurch können nicht nur die Erträge diversifiziert, sondern gleichzeitig auch Risiken über verschiedene Strategien gestreut werden. Dass Fonds mit Mischstrategie ihre Zahlungen gänzlich aussetzen müssen, ist zwar möglich, aber doch sehr unwahrscheinlich. Gleichzeitig sind die verschiedenen Einkommensquellen für den Anleger gänzlich passiv, da die Fondsmanager beispielsweise das Schreiben von Optionen oder die Realisierung von Kursgewinnen übernehmen.

Insgesamt bieten Fonds mit Mischstrategie eines der höchsten Ausschüttungspotentiale in der CEF-Welt. Wenn beispielsweise neben Dividenden auch Kursgewinne ausgeschüttet werden, generiert ein aktienlastiger CEF mit Mischstrategie schnell Barrenditen von 5 bis 10 Prozent im Jahr.

Allerdings birgt diese Strategie auch einige Nachteile. So sind bei der Vermischung verschiedener Ansätze die Ertragsarten der Fonds vergleichsweise intransparent. Demnach sind auch die Chancen und Risiken von CEFs mit Mischstrategie schwerer abschätzbar. Das gilt insbesondere dann, wenn Aktien mit Anleihen und weiteren Anlageklassen kombiniert werden. Fonds mit Mischstrategie erschweren zudem eine punktgenaue Portfoliosteuerung.

In Summe können CEFs mit Mischstrategie durch ihre diversifizierten Ertragsarten gute Basiswerte für einkommensorientierte Portfolios bilden. Anleger müssen allerdings einen höheren Aufwand betreiben, um diese Fonds zu analysieren und einordnen zu können.

Beispiel:
BlackRock Utilities, Infrastructure & Power Opportunities Trust Inc. (NYSE: BUI)
Eckdaten:

- Domizil: Vereinigte Staaten
- Auflagejahr: 2011
- Zahlungsfrequenz: Monatlich
- Managementkosten: 1,00 Prozent pro Jahr
- Renditespanne: 5,34 bis 10,63 Prozent

Fondsprofil:
Der BlackRock Utilities, Infrastructure & Power Opportunities Trust wurde mit dem Ziel aufgelegt, den Investoren möglichst hohe Gesamtrenditen zu bieten. Diese Renditen sollen sich aus laufenden Ausschüttungen und Wertsteigerungen ergeben.

Um regelmäßige Zahlungen und Wertsteigerungen zu erzielen, investiert der Fonds weltweit in Aktiengesellschaften aus dem Versorgungs- und Energiesektor. Dazu gehören unter anderem Strom-, Gas- und Wasserversorger, aber auch Unternehmen, die im Bereich der erneuerbaren Energien tätig sind. Pipeline-Unternehmen wie Master-Limited-Partnerships (MLPs) dürfen im Fonds eine Gewichtung von 25 Prozent nicht übersteigen. Auf 30 bis 40 Prozent des Aktienportfolios schreibt das Management zusätzlich Covered Calls.

Neben den eingenommenen Dividenden nutzt der Fonds die Optionsprämien, um das Ausschüttungsvolumen zu erhöhen. Darüber hinaus werden je nach Marktsituation Kursgewinne realisiert und ebenfalls ausgekehrt. Während des Shutdown-Crashs konnte der Fonds die Zahlungen stabil halten. Die Ausschüttungsrendite lag historisch zwischen 5,34 und 10,63 Prozent. Dieser BlackRock-CEF nutzt keinen Kapitalhebel.

4.7 Dachfondsstrategie

Erst einmal erworben, sind CEFs sehr passive Anlagevehikel, auch wenn die Fonds selbst in der Regel aktiv verwaltet werden. Doch bei der Auswahl und beim Kauf von CEFs sollten stets einige Punkte geprüft werden (siehe hierzu KAPITEL 8). Die Erstellung eines kompletten CEF-Weltportfolios ist in jedem Fall mit einem zeitlichen Aufwand verbunden. Wer diesen Prozess des Bewertens und Kaufens vieler CEFs scheut, kann sich alternativ auch für einen CEF-Dachfonds entscheiden. Dieser Ansatz ermöglicht die Streuung über eine Vielzahl von Fonds in nur einem Wertpapier.

Namensgebend für die sogenannte Dachfondsstrategie ist ihre Funktionsweise. Fonds mit dieser Strategie investieren nicht direkt in Einzelwerte wie Aktien oder Anleihen, sondern beteiligen sich indirekt an solchen Titeln über den Kauf anderer Fonds. Sie fungieren demnach als Dachgesellschaft, unter der sich verschiedene Fonds gleichzeitig befinden. So können sich die Portfolios von CEFs mit Dachfondsstrategie beispielsweise aus klassischen Investmentfonds, geschlossenen Fonds, Private-Equity-Fonds, Hedgefonds und ETFs zusammensetzen. Gängig sind vor allem aber Beteiligungen an anderen CEFs. Ein CEF mit Dachfondsstrategie speist seine Dividendenzahlungen aus den selbst vereinnahmten Fondsausschüttungen, aber auch über mögliche Veräußerungsgewinne, sollten die Portfoliofonds zum Zeitpunkt des Verkaufs im Wert gestiegen sein.

Ein offensichtlicher Vorteil der Dachfondsstrategie ist die breite Diversifikation über nur einen einzigen Titel. Mit einem solchen CEF können Anleger demnach Risiken streuen, ohne ein umfangreiches Portfolio aufzubauen. Des Weiteren lässt sich über einen solchen Dachfonds gegebenenfalls zu doppelten Abschlägen investieren, was Chancen auf risikofreie Zusatzrenditen eröffnet. Das wäre dann der Fall, wenn ein Dachfonds-CEF zu Abschlägen notiert und dieser Fonds selbst wiederum in CEFs investiert, die mit Disagio gehandelt werden (siehe auch KAPITEL 2.6).

Beispiel: Angenommen, der ABC-Dachfonds investiert im US-Dollarraum in ein Portfolio unterbewerteter CEFs. Dabei soll der gewichtete Abschlag der Portfoliofonds 15 Prozent betragen. Wenn nun der ABC-Dachfonds selbst wiederum mit 10 Prozent Discount notiert, können Anleger 100 US-Dollar Eigenkapital, die von den Portfoliofonds verwaltet werden, für 76,50 US-Dollar über den Dachfonds erwerben. Bei einer Ausschüttungsrendite der Portfoliofonds von 5 Prozent pro Jahr in Bezug auf den NAV könnten Anleger des Dachfonds vor Kosten eine effektive Ausschüttungsrendite von 6,54 Prozent pro Jahr erzielen. Das entspricht einer Steigerung der Barerträge um 30,8 Prozent.

Den Chancen dieses Ansatzes stehen kategoriespezifische Nachteile entgegen. So ist es bei einem CEF mit Dachfondsstrategie nur schwer nachvollziehbar, in welche Anlageklasse überhaupt investiert wird, wie sich Ausschüttungen konkret zusammensetzen und wie nachhaltig diese Zahlungen tatsächlich sind. Mögliche Probleme auf Ebene der Portfoliofonds, wie Zahlungen aus der Substanz, sind folglich nur schwer auszuschließen. Ebenfalls ist es schwer nachvollziehbar, wie stark gehebelt eine Anlage in einen solchen Dachfonds-CEF ist. Sollten Portfoliofonds ebenso mit fremdem Kapital operieren wie der Dachfonds selbst, kann das in einem riskanten Gesamthebel kulminieren. Dazu kommen stets doppelte Kostenstrukturen.

CEFs mit Dachfondsstrategie eignen sich für einkommensorientierte Anleger, die mit nur einem Vehikel möglichst breit diversifiziert sein und das Risiko eigener Fehlentscheidungen minimieren möchten. Ebenfalls können solche Fonds für Anleger interessant sein, die bisher noch keine CEFs halten, jedoch ihren eigenen Vermögensmix ohne viel Zeitaufwand mit den Vorteilen dieser börsennotierten Fondsgattung ergänzen möchten. Für Anleger, die hingegen einen wesentlichen Teil ihres Kapitals langfristig in CEFs investieren möchten, ist die Dachfondsstrategie aufgrund der genannten Nachteile nur bedingt geeignet.

Beispiel:
Aberdeen Diversified Income and Growth Trust PLC (LSE: ADIG)
Eckdaten:

- Domizil: Vereinigtes Königreich
- Auflagejahr: 1898
- Zahlungsfrequenz: Quartalsweise
- Managementkosten: 0,45 bis 0,50 Prozent pro Jahr
- Renditespanne: 3,01 bis 8,04 Prozent

Fondsprofil:
Nach dem Erfolg des Foreign & Colonial Goverment Investment Trusts (LSE: FCIT), dem ersten CEF weltweit (siehe KAPITEL 3.2), legte die Managementgesellschaft F&C Investments im Jahr 1898 den British Assets Trust auf. Dieser Fonds investierte schwerpunktmäßig in US-

amerikanische sowie australische Aktiengesellschaften mit Fokus auf Stromversorger, Eisenbahngesellschaften und Banken.

Zwischenzeitlich wurde der CEF mehrfach umbenannt und wird mittlerweile von der Vermögensverwaltung Aberdeen Asset Management betreut. Der Fonds, der aktuell unter dem Namen Aberdeen Diversified Income and Growth Trust notiert, verfolgt als Ziel, den Anteilseignern sowohl Ausschüttungen als auch Kursgewinne zu bieten. Dafür investiert der CEF überwiegend in andere Fonds. Dazu zählen neben CEFs auch Investmentfonds und private Fonds sowie Private-Equity-Gesellschaften. Die Portfoliofonds sind global diversifiziert und das sowohl in Industrie- als auch in Schwellenländern. Um eine gute Risikostreuung zu erreichen, verfügt der Dachfonds über verschiedene Investitionsvorgaben. So dürfen liquide handelbare Portfoliofonds nicht über 15 Prozent und außerbörsliche Beteiligungen nicht über 5 Prozent gewichtet werden.

Die Ausschüttungen des Dachfonds wurden sowohl im Dotcom-Crash als auch in der Weltfinanzkrise stabil gehalten. Aufgrund der zwischenzeitlich schwachen Performance mussten die Zahlungen von 2016 bis 2018 um 19,9 Prozent abgesenkt werden. Im Shutdown-Crash wurden die Zahlungen wieder um 3 Prozent angehoben. Auch für den Aberdeen Diversified Income and Growth Trust ist keine vollständige Renditespanne verfügbar.

Zwischen den Jahren 2000 und 2021 konnten Anleger bei diesem Titel Ausschüttungsrenditen von 3,01 bis 8,04 Prozent erzielen. Um die langfristigen Renditen potenziell zu steigern, setzt dieser Fonds einen Kapitalhebel ein. Dabei soll die Verschuldungsquote zwischen 0 und 20 Prozent liegen.

5

Marktübersicht

5.1 Quantität und Länderschwerpunkte

Eine Möglichkeit der Kategorisierung von CEFs ist die Einteilung nach Strategien, die das Management nutzt, um Ausschüttungen zu generieren. Doch wie setzt sich der weltweite CEF-Markt zusammen? Was sind die wichtigsten CEF-Domizile? Und wie viele dieser Fonds beherbergen sie jeweils?

Weltweit existieren circa 1300 börsennotierte Fonds, die der Definition von CEFs entsprechen. Davon haben die allermeisten ihre Domizile in den USA, Kanada, Australien oder im Vereinigten Königreich. Um einen Überblick zu geben, wird im folgenden Abschnitt die Zusammensetzung der vier wichtigsten CEF-Märkte aufgeschlüsselt. Alle Angaben beziehen sich auf den Stichtag 25. November 2021.

5.2 Australien

Australien ist nach Titelanzahl der drittgrößte CEF-Markt und in Bezug auf das verwaltete Netto-Fondsvermögen ebenfalls auf dem dritten Platz. Zum Stichtag zählte der australische CEF-Markt 97 Titel. Diese Fonds verwalten ein Nettovermögen von 55,5 Milliarden australischen Dollar. Das entspricht einem durchschnittlichen verwalteten

Vermögen von rund 572 Millionen australischen Dollar je CEF. Sowohl das verwaltete Vermögen als auch die Anzahl der australischen CEFs stieg bis zum Stichtag kontinuierlich. Zum 31. Januar 2014 lag die Anzahl bei lediglich 62. Das entspricht einem Anstieg um 56,5 Prozent. Das verwaltete Vermögen stieg im selben Zeitraum um 130,3 Prozent.

Den australischen CEF-Markt dominieren Fonds, die selbst überwiegend in australische Aktien investieren, direkt gefolgt von CEFs mit Fokus auf Aktien globaler Emittenten. Australische CEFs verfolgen überwiegend eine Kursgewinnstrategie, Dividendenstrategie oder eine Mischstrategie aus beiden Ansätzen. Fonds mit Fixed-Income-Strategie verwalten zum Stichtag rund 10 Prozent des gesamten CEF-Volumens. Die Options- und Dachfondsstrategie existiert nur vereinzelt im australischen Markt.

Klassische Aktien machen den Großteil des Vermögens australischer CEFs aus. Außerbörsliche Beteiligungen erfreuen sich ebenfalls einer vergleichsweise hohen Beliebtheit. Darunter fallen Direktanlagen in Unternehmen oder auch Immobilien. Einige Fonds haben sich zudem auf außerbörsliche Unternehmens- und/oder Hypothekenkredite spezialisiert. Zum Stichtag verwalten die LICs rund 90 Prozent des gesamten australischen CEF-Vermögens. Der Markt australischer Closed-end Funds ist nach Anbietern weit ausdifferenziert. Einer der bedeutendsten Manager ist Wilson Asset Management (WAM).

5.3 Kanada

Der kanadische CEF-Markt ist vergleichsweise überschaubar und insgesamt der kleinste unter den vier besprochenen Ländern. Zum Stichtag waren 78 CEFs in Kanada registriert und das bei einem verwalteten Nettovermögen von 30,1 Milliarden kanadischen Dollar. Das entspricht einem durchschnittlichen Volumen von rund 386 Millionen kanadischer Dollar je Fonds. Der kanadische CEF-Markt erfuhr bis zum Stichtag eine Konsolidierung hin zu weniger Fonds, die dafür mehr Kapital verwalten.

Zwischen 2015 und 2021 sank die Zahl der CEFs um 62,5 Prozent, während das gesamte CEF-Volumen um 16,1 Prozent zulegen konnte. Die Mehrheit der kanadischen CEFs legt in Eigenkapitalbeteiligungen mit Schwerpunkt auf klassischen Aktien an. Investitionen im Bereich der Fixed-Income-Anlagen, der physischen Edelmetalle oder der Kryptowährungen nehmen nach Anzahl der Fonds nur eine sehr untergeordnete Rolle ein. Sie machen allerdings rund die Hälfte des verwalteten Volumens aus. Insbesondere kanadische CEFs, die in Edelmetalle wie Gold und Silber investiert sind, erfreuen sich milliardenschwerer Volumina.

Die aktienlastigen CEFs schütten überwiegend sowohl realisierte Kursgewinne als auch Dividenden aus. Daraus ergibt sich, dass eine große Zahl der kanadischen CEFs der Mischstrategie zuzuordnen ist. Die Fixed-Income-Strategie ist ebenfalls noch vergleichsweise signifikant ausgeprägt. Sonstige Einkommensstrategien sind nur in Ansätzen vorhanden.

Eine Besonderheit in Kanada ist die im Verhältnis zum Gesamtmarkt hohe Zahl von CEFs, die durch die Ausgabe von Preferred Shares einen teilweise sehr hohen Hebel erzielt. Aufgrund der durch Mezzanine-Kapital veränderten Bilanzstruktur werden diese Titel auch Split Capital Investment Trusts, kurz Split Trusts, genannt. In Kanada domizilierte Split Trusts haben häufig einen auffällig ähnlichen Managementstil. So investieren einige Split Trusts exakt gleichgewichtet in die sogenannten Big-Six-Banks, also die größten kanadischen Banken, und bringen die Positionen automatisiert in die Zielgewichtung. Diese Fonds verfolgen somit einen indexierten und weitgehend passiven Ansatz, der mit ETFs vergleichbar ist. Einige kanadische Split Trusts investieren zudem nur in Aktien eines einzelnen Unternehmens.

Zum Stichtag verwalteten traditionelle CEFs 79,4 Prozent des Volumens und Split-Trust-CEFs 20,6 Prozent. Die Anbieter Quadravest Capital Management, Brompton Asset Management und Middlefield Group verwalten einen Großteil der kanadischen CEFs.

5.4 Vereinigte Staaten von Amerika

Die Vereinigten Staaten sind nach Fondsanzahl der mit Abstand bedeutendste CEF-Markt. Zum Stichtag waren 511 CEFs in den USA registriert – inklusive BDCs. Das verwaltete Fondsvermögen betrug 399 Milliarden US-Dollar. Das entspricht einem durchschnittlich verwalteten Volumen von 780,8 Millionen US-Dollar. Der Markt für traditionelle CEFs erlebte in den USA bis zum Stichtag bezüglich der Anzahl handelbarer Titel eine deutliche Konsolidierung.

Seit dem Jahr 2010 stieg das insgesamt verwaltete Fondsvermögen um 16,7 Prozent. Im selben Zeitraum nahm die Anzahl traditioneller CEFs allerdings um 21,1 Prozent ab. Diese Entwicklung hin zu weniger Fonds, die dafür mehr Kapital verwalten, ist überwiegend auf Zusammenlegungen (Merger) zurückzuführen, um Kosten zu sparen. Deutlich dynamischer war die Entwicklung hingegen bei den nicht traditionellen US-CEFs. Die insgesamt von BDCs verwalteten Mittel stiegen zwischen den Jahren 2002 und 2021 von knapp 5 Milliarden auf rund 120 Milliarden US-Dollar.

CEFs sind nach verwaltetem Volumen die drittgrößte Fondsart in den Vereinigten Staaten. Zum Stichtag verwalteten offene Investmentfonds (Mutual Funds) 23,9 Billionen und ETFs 5,4 Billionen US-Dollar. Lediglich die sogenannten Unit Investment Trusts verwalteten mit 78 Milliarden US-Dollar noch einmal deutlich weniger Kapital als CEFs.

Den US-amerikanischen CEF-Markt dominiert nach Volumen die Fixed-Income-Strategie. Besonders Kommunalanleihen und außerbörsliche Unternehmenskredite spielen dabei eine maßgebliche Rolle. Fonds mit Fokus auf heimische Aktien verwalten ebenfalls ein beträchtliches Vermögen, gefolgt von CEFs, die in Aktien internationaler Emittenten investieren. Nach Fondsanzahl ergibt sich ein vergleichbares Bild, wonach CEFs mit Fixed-Income-Strategie den US-Markt dominieren.

In Bezug auf die CEF-Kategorien beziehungsweise strategischen Ansätze ist der US-amerikanische CEF-Markt weltweit am breitesten ausdifferenziert. Trotz der Bedeutung von Fixed-Income-Anlagen sind alle weiteren Strategien ebenfalls signifikant ausgeprägt. Insbesondere die Mischstrategie aus Kursgewinnen und Dividenden erfreut sich in den Vereinigten Staaten einer großen Beliebtheit. Aber auch reine Kursgewinn-, Dividenden-, Options- und Dachfondsstrategien sind in diesem Markt häufig anzutreffen. Vom gesamten Vermögen der US-CEFs verwalteten traditionelle CEFs zum Stichtag 69,9 und Business Development Companies 30,1 Prozent. Besonders wichtig sind in den USA die Manager Nuveen Fund Advisors sowie BlackRock Advisors.

Exkurs: Die vordergründig hohe Gesamtkostenquote mancher BDCs macht Anleger bisweilen stutzig. Natürlich frisst diese nicht die komplette Rendite auf, sondern geht auf den besonderen rechtlichen Rahmen zurück, in dem BDCs operieren. So unterliegen sie einerseits denselben Regeln wie Investmentvermögen, beispielsweise Fonds, und müssen daher ihre Kosten in Form einer Gebührenquote ausweisen. Auf der anderen Seite sind BDCs aber gerade keine reinen Vermögensmassen. Als spezielle Beteiligungs- und Beratungsgesellschaften betreibt diese Subkategorie der CEFs ein überdurchschnittlich aufwendiges, aber gleichwohl lohnenswertes Investitionsgeschäft. Und dieser Geschäftsbetrieb verursacht nun einmal Aufwände, die wiederum in die Gesamtkostenquote einfließen. Diesbezüglich können BDCs am ehesten mit Real Estate Investment Trusts (REITs) verglichen werden, nur dass die eben nicht besagten Fondsregulationen unterliegen. Das Vermögen von REITs wird ebenfalls in außerbörsliche (Immobilien-)Beteiligungen angelegt, was in der Umsetzung und Verwaltung Kostenquoten verursacht, die die von Aktienfonds meist weit übersteigen. Übrigens addiert der einzige Exchange Traded Fund (ETF), der ausschließlich in BDCs investiert, zu den eigenen Managementgebühren auch die ausgewiesenen Kosten seiner Portfoliofonds. Diese sogenannten »acquired fund fees and expenses« (AFFE – ja, die heißen wirklich so), katapultieren denn auch die Gesamtkostenquote des VanEck BDC Income ETFs, der genau genommen als Dachfonds anzusehen ist, nach oben. Mit etwa 9 Prozent pro Jahr liegt sie um ein Vielfaches höher als bei

»normalen« ETFs, die keine AFFE einpreisen. Unter dem Strich erwirtschaften die meisten BDCs trotz auffälliger Kostenquoten sehr gute Gesamtrenditen für Investoren, was im folgenden Abschnitt noch zu sehen sein wird. Vor diesem Hintergrund sollten sich interessierte Anleger also nicht von den nackten Zahlen schrecken lassen!

5.5 Vereinigtes Königreich

Mit Ursprung auf den britischen Inseln sind CEFs im Vereinigten Königreich auch heute noch eine sehr bedeutende Fondsart, die sich in ihrer Struktur über die Jahrzehnte kaum verändert hat. Trotz junger Konkurrenten wie ETFs ist der CEF-Markt im Vereinigten Königreich sehr dynamisch. Nicht nur im Vergleich zu anderen Domizilen verzeichnet der britische Markt für CEFs beindruckende Wachstumsraten, sondern auch in Bezug auf sonstige Fondsarten.

So stieg das von CEFs insgesamt verwaltete Volumen von 90,4 Milliarden Pfund im Jahr 2011 auf 274,2 Milliarden Pfund im Jahr 2021. Das entspricht einem jährlichen Wachstum der verwalteten Mittel von 11,74 Prozent. Neben Fonds, die neu aufgelegt werden, führen zahlreiche britische CEFs laufend Kapitalerhöhungen durch und steigern somit die Fondsvermögen. Dadurch ist der britische Markt mittlerweile volumenstärker als die Konkurrenz aus den Vereinigten Staaten. Registriert waren zum Stichtag 324 CEFs (inklusive VCTs).

CEFs mit Domizil im Vereinigten Königreich investieren fast ausschließlich in Eigenkapitalbeteiligungen verschiedener Art. Rund die Hälfte des Kapitals war zum Stichtag in börsennotierte Aktien investiert. Darauf folgen Private-Equity-Beteiligungen, außerbörsliche Infrastrukturprojekte sowie Direktinvestitionen in Immobilien. Daneben gibt es weitere spezialisierte CEFs und Venture-Capital-Fonds. Anleihen und sonstige Fixed-Income-Anlagen spielen mit rund 7 Prozent des verwalteten Volumens keine bedeutende Rolle. Britische CEFs, die letztgenannte Anlagen abdecken, haben sich in der Vergangenheit überwiegend für die Domizile Jersey und Guernsey entschieden.

Nach Strategien ist der Markt im Vereinigten Königreich breit ausdifferenziert, mit Schwerpunkt auf der Dividendenstrategie. Optionsgeschäfte tätigen britische CEFs in der Regel nur im Rahmen einer Mischstrategie. Die reine Kursgewinnstrategie findet sich überwiegend bei VCTs.

Hinweis: Die LSE, Heimatbörse der britischen CEFs, weist historisch bedingt eine Besonderheit auf, die insbesondere Erstnutzer des Handelsplatzes beachten sollten. So erfolgt dort die Notiz der Wertpapiere traditionell in britischen Pence (Great Britain Pence, GBp) und nicht in britischen Pfund (Great Britain Pound, GBP)! Somit beläuft sich der Preis eines an der LSE notierten CEF-Anteils also beispielsweise nicht auf 3000 Pfund (GBP), sondern 3000 Pence (GBp) beziehungsweise 30,00 Pfund.

5.6 Historische Renditen von CEFs

Die meisten CEFs wurden mit dem Hauptziel regelmäßiger Ausschüttungen aufgelegt und kommen demnach den Anforderungen des Income Investing nach. Die Art und Weise, wie diese Ausschüttungen gespeist werden, steht deshalb bei der Kategorisierung von CEFs oft im Mittelpunkt. Trotz der Bedeutung, die einkommensorientierte Anleger den Zahlungen beimessen, sollten darüber hinaus die Gesamtrenditen im Auge behalten werden. Die historische Gesamtrendite von CEFs ergibt sich aus den Wertzuwächsen (oder Wertverlusten) zuzüglich der (hypothetisch) reinvestierten Bruttoausschüttungen.

Zwar ist es auf Basis historischer Daten nicht prognostizierbar, wie diese Gesamtrenditen zukünftig ausfallen werden, dennoch kann ein Blick in die Vergangenheit helfen, um zumindest abschätzen zu können, mit welcher Renditespannbreite Anleger je nach strategischem Ansatz rechnen können. Für diesen Rückblick stehen verschiedene Indizes zur Verfügung, die gezielt die Gesamtrenditen von CEFs erfassen. Alle Angaben verstehen sich nach Kosten der Fondsverwaltung sowie gegebenenfalls Quellensteuern, die der Fonds selbst gezahlt hat. Der maximale Wertverlust ist ebenfalls auf Basis der Gesamtrendite angegeben. Der Stichtag für die Endwerte ist der 25. November 2021.

Index	Datum	Startwert	Endwert	Maximalverlust	Rendite pro Jahr seit Start	Rendite pro Jahr seit zehn Jahren
FTSE All-Share Equity Investment Trust Index	01.10.2002	2.801,29	14.353,69	45,04 %	8,95 %	10,07 %
S-Network US General Equity CEF Index	30.12.2005	1.000,00	4.214,06	63,93 %	9,47 %	15,33 %
S-Network Municipal Bond CEF Index	31.12.2005	1.000,00	3.045,01	42,02 %	7,25 %	6,51 %
First Trust Taxable CEF Index	31.12.2005	1.000,00	2.966,95	52,10 %	7,08 %	7,65 %
S-Network Investment Grade Fixed Income CEF Index	31.12.2005	1.000,00	2.822,95	48,30 %	6,74 %	7,46 %
S-Network Option Income CEF Index	30.12.2005	1.000,00	3.551,99	51,84 %	8,30 %	12,65 %
The Cliffwater BDC Index	30.09.2004	1.000,00	3.709,55	74,33 %	7,94 %	10,23 %

A) FTSE All-Share Equity Investment Trust Index

Der FTSE All-Share Equity Investment Trust Index ist ein kapitalisierungsgewichteter Index, der die Gesamtrenditen britischer CEFs erfassen soll. In den Index werden ausschließlich Fonds aufgenommen, die als Equity Investment Trust klassifiziert werden. Darunter fallen alle an der LSE notierten CEFs, die überwiegend in Eigenkapitalbeteiligungen wie Aktien investiert sind. Auch außerbörsliche Direktinvestitionen fallen darunter.

Da der Index ausschließlich CEFs abdeckt, die an der Londoner Börse notiert sind, ergeben sich nicht nur historische Daten für Fonds mit Domizil im Vereinigten Königreich, sondern auch für in Jersey und Guernsey beheimatete Papiere. Besonders aussagekräftig ist der Index für Fonds mit Dividendenstrategie. Anleger sollten beachten, dass Fonds mit hohem Volumen auf die Indexentwicklung einen verstärkten Einfluss haben.

B) S-Network US General Equity CEF Index

Mit diesem Index bietet Alerian S-Network Global Indexes ein Pendant des FTSE All-Share Equity Investment Trust Index für den US-amerikanischen CEF-Markt an. Auch bei diesem Index werden ausschließlich Fonds abgebildet, die überwiegend im Bereich der Eigenkapitalbeteiligungen engagiert sind, und das mit Fokus auf börsennotierten Aktiengesellschaften jeder Größe. Die enthaltenen CEFs investieren selbst auch überwiegend in Unternehmen mit Hauptsitz in den Vereinigten Staaten.

Dabei dominieren die Kursgewinn-, Dividenden- und Mischstrategie. Anhand dieses Index können Investoren die Renditen US-amerikanischer CEFs mit Schwerpunkt auf kleine, mittlere und große Unternehmen, sogenannte Small, Mid und Large Caps, messen. Besonders volumenstarke Titel haben auch hier eine hohe Gewichtung. Für CEFs, die eine Fixed-Income-, Options- oder Dachfondsstrategie verfolgen, lässt der Index keine Schlüsse zu. Für BDCs liefert dieser Index ebenfalls keine Daten.

C) S-Network Municipal Bond CEF Index

In den Vereinigten Staaten ist eine Anlageklasse besonders häufig in den Portfolios von CEFs vertreten. Die Rede ist von sogenannten Municipal Bonds oder zu Deutsch Kommunalanleihen. Solche Schuldverschreibungen werden überwiegend zur Infrastrukturfinanzierung von der öffentlichen Hand ausgegeben. Um Kommunalanleihen für heimische Investoren attraktiver zu machen, sind Zinserträge aus diesen Papieren in der Regel von allen US-Steuern befreit. Diese Regelung gilt auch für CEF-Ausschüttungen, wenn diese aus Zinsen steuerfreier Kommunalanleihen gespeist werden. Ausländische Investoren werden dadurch selbstverständlich nicht von der jeweiligen Steuerpflicht befreit.

Der S-Network Municipal Bond CEF Index spiegelt die Renditen von CEFs, die überwiegend in solche Anleihen investiert sind. Somit deckt der Index ausschließlich Fonds mit Fixed-Income-Strategie ab. Durch eine quantitative Vorselektion, die hohe Kosten und Aufschläge ausschließt, bietet der Index ein realistisches Abbild der günstigeren CEFs mit Schwerpunkt auf Kommunalanleihen.

Hinweis: Im Gegensatz zu deutschen Kommunen sind die US-Counties insolvenzfähig, das heißt, die entsprechenden Municipal Bonds unterliegen einem Ausfallrisiko, welches wiederum das durchweg höhere Zinsniveau erklärt, das die Anlageklasse im Gegensatz zum deutschen Pendant bietet. Die vermutlich bekannteste Pleite einer US-Kommune ist der Bankrott von Detroit, der am 18. Juli 2013 erklärt werden musste.

D) First Trust Taxable CEF Index

Im Gegensatz zu den fiskalisch subventionierten Municipal Bonds sind sonstige Zinseinkünfte in den Vereinigten Staaten regulär zu versteuern. Aus diesem Grund werden die Ausschüttungen anderer, klassisch verzinster Papiere auch als »taxable fixed income« bezeichnet. First Trust bietet einen Index an, der die Performance von CEFs erfasst, die überwiegend in zinstragende Anlagen mit regulärer Besteuerung investiert sind.

Der Index deckt Unternehmensanleihen mit niedrigem Rating (Non-Investment-Grade), Unternehmenskredite, globale Anleihen, Schwellenländeranleihen, Staatsanleihen, Wandelanleihen und hypothekarisch besicherte Wertpapiere ab. CEFs, die in Preferred Shares investieren, sind nicht im Index enthalten. Das Barometer liefert zwar Performancedaten für den US-amerikanischen CEF-Markt mit Fokus auf klassisch verzinsten Anlagen, da jedoch auch Fonds im Index enthalten sind, die in Wandelanleihen investieren, ist der Index keine Benchmark für die reine Fixed-Income-Strategie.

E) S-Network Investment Grade Fixed Income CEF Index

Eine weitere Subkategorie der verzinsten Wertpapiere bilden Investment-Grade-Beteiligungen, also Anlagen, die als vergleichsweise ausfallsicher einzustufen sind und daher über ein relativ hohes Rating verfügen. Der Investment Grade drückt also aus, dass ein Wertpapier von einer anerkannten Ratingagentur auf seine Ausfallwahrscheinlichkeit geprüft wurde und diese als vergleichsweise niedrig anzusehen ist.

Die Bewertungsklassen AAA (Triple A) bis BBB, inklusive BBB – (S&P) beziehungsweise Baa3 (Moody's) gelten als Investment Grade. Alle sonstigen Anlagen sind entweder nicht bewertet (not rated) oder dem Non Investment Grade beziehungsweise Speculative Grade zuzuschlagen. Der S-Network Investment Grade Fixed Income CEF Index enthält eine Vielzahl von CEFs, die überwiegend in Investment-Grade-Anlagen investiert sind. Darunter fallen fast ausschließlich Beteiligungen, die der Fixed-Income-Strategie zuzurechnen sind. Unter anderem sind es reguläre Anleihen verschiedener Emittenten, Preferred Shares, Unternehmenskredite und hypothekarisch besicherte Wertpapiere.

Durch eine quantitative Vorselektion, die sehr hohe Kosten und Aufschläge ausschließt, bietet der Index ein realistisches Abbild der günstigeren CEFs mit Schwerpunkt auf verzinsten Papieren mit hohem Rating.

F) S-Network Option Income CEF Index

Der S-Network Option Income CEF Index deckt CEFs mit Schwerpunkt auf der Optionsstrategie ab. Dabei werden ausschließlich Fonds erfasst, die an regulierten US-Börsen notiert sind. Im Index befinden sich überwiegend CEFs, die einen klassischen Covered Call Ansatz verfolgen. Bei den in den Fonds enthaltenen Basiswerten handelt es sich überwiegend um Aktien globaler Emittenten mit Schwerpunkt in den Vereinigten Staaten. Dieser Index ist eine geeignete Benchmark für die Performance US-amerikanischer CEFs mit Optionsstrategie. Auch hier haben besonders volumenstarke Fonds einen hohen Einfluss.

G) The Cliffwater BDC Index

Eine Sonderform der CEFs sind in den Vereinigten Staaten wie erläutert die BDCs (siehe hierzu KAPITEL 3). Diese Gesellschaften investieren überwiegend im heimischen Markt in mittelständische, nicht börsennotierte Unternehmen. Den Markt für BDCs reflektiert der The Cliffwater BDC Index.

Die Zusammensetzung des Index erfolgt kapitalisierungsgewichtet. Dabei werden ausschließlich Titel abgedeckt, die in den letzten 180 Tagen eine Ausschüttung gezahlt haben. Aufgrund der Gewichtung nach Kapitalisierung haben besonders volumenstarke Fonds einen hohen Einfluss auf die Indexentwicklung.

5.7 Merkmale von CEF-Investoren

Zum Verständnis einer Anlageklasse werden in erster Linie die unmittelbaren Eigenschaften, die harten und weichen Kennzahlen sowie die relevanten Märkte und historischen Entwicklungen herangezogen. Da bilden auch CEFs keine Ausnahme. Für Investitionsentscheidungen kann es aber auch relevant sein, die Anlegerstruktur dieser Fondsart (und anderer Instrumente) zu kennen. Aufgrund der dem Börsenhandel innewohnenden Anonymität kennen die Fondsgesellschaften die einzelnen Investoren beziehungsweise Käufer ihrer CEFs nicht.

Dennoch ist durch Studien die Anlegerstruktur von CEFs zumindest in den Vereinigten Staaten gut dokumentiert. So ergab eine Untersuchung des Investment Company Institutes (ICI), eines weltweiten Interessenverbands für regulierte Fonds, aus dem Jahr 2020, dass Käufer von CEFs sich in bestimmten Punkten markant von der sonstigen US-Bevölkerung unterscheiden. Sofern nicht anders angegeben, beziehen sich die folgenden Angaben auf die Person im Haushalt, die überwiegend für finanzielle Entscheidungen verantwortlich ist.

Merkmal	Alle US-Haushalte	Käufer von CEFs	Käufer von Mutual Funds	Käufer von Einzelaktien
Alter (Median)	52	54	50	51
Haushaltseinkommen (Median)	65.000 USD	135.000 USD	105.000 USD	120.000 USD
Haushaltsvermögen (Median)	100.000 USD	500.000 USD	300.000 USD	467.000 USD
Akademikerquote	38 %	56 %	56 %	59 %

Merkmal	Alle US-Haushalte	Käufer von CEFs	Käufer von Mutual Funds	Käufer von Einzelaktien
Erwerbstätig im Angestelltenverhältnis	59 %	56 %	75 %	71 %
Überwiegend im Ruhestand lebend	30 %	48 %	23 %	28 %

Laut der Untersuchungen des ICIs sind Anleger, die in CEFs investieren, statistisch zwei bis vier Jahre älter als diejenigen der Vergleichsgruppen. Gleichzeitig verfügen CEF-Käufer über höhere Einkommen als diese. Der Unterschied ist bezüglich dieses Punkts im Vergleich zu allen US-Haushalten besonders ausgeprägt. Allerdings besteht auch zu den Vergleichsgruppen, die Einzelaktien oder Mutual Funds halten, ein signifikanter Abstand. Ein ähnliches Bild zeigt sich auf der Vermögensseite. Auch hier führen diejenigen Haushalte, die CEFs kaufen, die Vergleichsgruppen an, knapp gefolgt von den Haushalten, die Einzelaktien im Bestand halten.

Beide Gruppen verfügen jeweils über rund das Fünffache dessen, was der US-Median-Haushalt sein Eigen nennt. Die Akademikerquote der CEF-Käufer wiederum ist zwar deutlich höher als bei allen US-Haushalten, allerdings auch um 3 Prozentpunkte niedriger als bei denen, die in Einzelaktien investieren. Mit den Mutual-Fund-Investoren bewegen sich CEF-Käufer in puncto Akademikerquote auf gleicher Höhe. Ein besonders hoher Anteil der Käuferhaushalte von CEFs ist zudem nicht in einem Angestelltenverhältnis erwerbstätig.

CEFs entspringen historisch dem Versorgungsgedanken und sind nach wie vor zur Einkommenserzielung im Ruhestand besonders attraktiv. Dass das auch Haushalte in den Vereinigten Staaten so sehen, lässt sich am Prozentsatz der bereits überwiegend im Ruhestand lebenden Investoren erkennen; sie bilden gewissermaßen die Kehrseite der relativ niedrigen Angestelltenquote. Mit weitem Abstand liegen die Haushalte von CEF-Käufern in diesem Punkt vor sämtlichen Vergleichsgruppen, gefolgt von allen US-Haushalten.

Ob der hohe Anteil von bereits im Ruhestand lebenden CEF-Käufern erst durch CEFs ermöglicht wurde oder ob diese Anleger bereits im Ruhestand waren und anschließend ihr Vermögen in diese Fonds umgeschichtet haben, wurde von der Studie nicht erfasst. Die Untersuchungen des ICIs zeigen im Ergebnis deutlich auf, dass insbesondere Bevölkerungsgruppen, die arbeitsunabhängige Einnahmen erzielen wollen oder müssen, also ältere beziehungsweise im Ruhestand lebende Personen, auf CEFs setzen.

6

Chancen und Vorteile

6.1 Ein lohnender Mehraufwand

CEFs weisen gegenüber den anderen Fondsgattungen einige Besonderheiten auf, die unmittelbar auf bestimmte Charakteristika sowie das Chancen-Risiko-Profil durchschlagen. Gerade beim Handel von CEFs gilt es, wesentliche Parameter im Auge zu behalten, um teure Fehler zu verhindern. Dieser überschaubare Mehraufwand, den der Kauf und Verkauf von CEFs fraglos nach sich zieht, wird allerdings durch diverse Vorteile dieser Fondsart kompensiert. Nachstehend werden die einzelnen Vorteile von CEFs benannt und deren Bedeutung für Anleger erläutert.

6.2 Hohe Flexibilität

CEFs und deren Manager sind in vielerlei Hinsicht an Regeln gebunden. Neben gesetzlichen Mindeststandards verfügen viele Fonds über eigene Vorgaben und Selbstverpflichtungen. Diese Vorgaben können unter anderem den Hebeleinsatz, die Maximalgewichtung einzelner Titel oder die Ausschüttungspolitik betreffen.

Innerhalb dieser Leitplanken haben CEF-Manager allerdings eine sehr hohe Flexibilität, die die von Mutual Funds oder ETFs weit übersteigt. Aufgrund dieser hohen Flexibilität sind CEFs die Fondsart mit dem höchsten Ausschüttungspotenzial. Dieser Umstand rührt daher, dass CEFs verschiedene Einkommensstrategien miteinander verbinden können. Besonders hohe Zahlungen lassen sich beispielsweise durch eine Kombination aus Dividenden- und Kursgewinnstrategie erzielen. Manager von CEFs können zudem im gesetzlich zulässigen Rahmen Rücklagen bilden oder temporär aus der Substanz zahlen, um die Einnahmen für Anleger zu glätten.

CEFs können dadurch nicht nur überdurchschnittlich hohe, sondern auch vergleichsweise stabile Zahlungen leisten. Zusätzlich eröffnen CEFs als einzige Fondsgattung die Möglichkeit, regelmäßige und aus Anlegersicht gänzlich passive Bareträge mit Wertpapieren zu generieren, die selbst gar keine Zahlungen leisten. Durch einen CEF mit Kursgewinn- oder Optionsstrategie wird beispielsweise das Marktsegment der wachstumsstarken Aktiengesellschaften, die keine Dividenden zahlen, für Einkommensinvestoren erschlossen.

Neben den positiven Effekten, den die Flexibilität auf das Ausschüttungsverhalten haben kann, bieten CEFs zudem die Möglichkeit einer sehr breiten Risikostreuung. Viele Manager dürfen die Fondsportfolios nicht nur mit einer einzigen Anlageklasse wie Aktien oder Anleihen bestücken. Stattdessen sind CEFs oft über viele Anlageklassen gleichzeitig diversifiziert, um die Vorteile der jeweiligen Anlagen miteinander zu kombinieren. Die hohe Flexibilität von CEFs kann somit die Totalverlustrisiken senken, die Volatilität reduzieren und auch die Renditen glätten.

Die große Entscheidungsfreiheit erlaubt zudem, dass Manager auf Trends und neue Marktgegebenheiten reagieren können. ETFs, die in Staatsanleihen der bestbeleumundeten Emittenten investieren, erwirtschaften seit der Weltfinanzkrise kaum noch Zinsrenditen. Ende 2021 notieren selbst viele langlaufende Schuldverschreibungen im Euroraum mit einer nominalen Negativverzinsung. Eine passive Nachbildung von Indizes erlaubt keine Reaktion auf diese Marktgegebenheit. Anleger, die auf regelmäßige Einnahmen angewiesen sind, müssten solche ETFs demnach verkaufen und sich nach alternativen Ertragsquellen umsehen.

Ein CEF hingegen verfügt im Rahmen der Gesetze, Vorgaben und Selbstverpflichtungen durchaus über die Möglichkeit, in besser verzinste Anlagen zu investieren; freilich unter Inkaufnahme eines geänderten Risikoprofils. Durch den Verkauf von Staatsanleihen und eine Umschichtung der Mittel, beispielsweise in Unternehmensanleihen oder Kommunalanleihen, könnte der Fonds weiterhin vergleichsweise hohe Zinsrenditen erzielen. Sollten auch diese Anlagen zukünftig keine effektiven Zinsrenditen mehr abwerfen, wäre zudem eine Umschichtung der Mittel in Preferred Shares denkbar.

CEFs und deren Manager können selbstverständlich nicht beeinflussen, wie Trends und Marktgegebenheiten verlaufen. Auch deren prognostische Fertigkeiten dürften der anderer Marktakteure entsprechen. Sie sind allerdings durch die ihnen zugestandene Flexibilität in der Lage, auf Veränderungen zu reagieren, um für Anleger adäquate Ergebnisse zu erzielen.

6.3 Pflicht zur Ausschüttung

Der Aktionär eines Unternehmens genießt verschiedene Rechte. Dazu gehört auch das Recht auf Gewinnbeteiligung. Erzielt eine Gesellschaft ein positives Jahresergebnis, ist dem Aktionär dieser Gewinn anteilig zuzurechnen. Auf die konkrete Gewinnverwendung hat der (Minderheits-)Aktionär jedoch keinen Einfluss. In vielen Fällen werden Gewinne in das eigene Geschäft reinvestiert, wenn dort die erwarteten Renditen auf das eingesetzte Kapital ausreichend hoch sind.

Es besteht somit kein Recht auf eine Barauszahlung der erwirtschafteten Mittel. Aber auch bei Gesellschaften, die bereits viele Jahre verlässlich Dividenden gezahlt haben, kann es zu spontanen Zahlungssenkungen oder gar Aussetzungen kommen. Auch dann, wenn die Betriebsergebnisse eine Ausschüttung erlauben würden. Insbesondere vorbeugende Dividendenkürzungen ohne tatsächlichen Gewinneinbruch vermitteln oft einen Eindruck willkürlichen Gebarens.

Einkommensorientierte Anleger sind allerdings gewillt beziehungsweise sogar darauf angewiesen, dass – nach Rücklagen und Investitionen – ein wesentlicher Teil der Ergebnisse ausgezahlt wird. Diesem Bedürfnis werden die meisten CEFs gerecht. In den meisten Jurisdiktionen sind CEFs dazu verpflichtet, den Großteil ihrer Erträge aus Dividenden, Zinsen und Optionsprämien auszuschütten. Je nach Land und Rechtsform liegen die Mindestausschüttungsquoten zwischen 85 und 100 Prozent. Zusätzlich müssen in einigen Domizilen auch realisierte Kursgewinne ausgeschüttet werden.

Sollten Fonds diesen Vorgaben nicht nachkommen, würden andernfalls auf Fondsebene die regulären Unternehmenssteuern des jeweiligen Landes fällig werden. Diese rechtlichen Grundlagen verhindern, dass CEFs zu viele Gewinne einbehalten, was für Anleger einen Mindeststandard in puncto Ausschüttungen setzt.

Neben dem Mindeststandard verpflichten sich viele CEFs beziehungsweise deren Manager dazu, Ausschüttungen in einem vordefinierten Umfang zu leisten. Ein Beispiel für solche Selbstverpflichtungen sind MDPs (siehe KAPITEL 3.5). MDPs legen für einen in der Zukunft liegenden Zeitraum, oft für ein Jahr, die Ausschüttungshöhe auf Basis einer Vielzahl von Faktoren fest. Dadurch können Investoren zumindest auf absehbare Zeit kalkulieren, welche Barerträge ihnen aus welchem Fonds zufließen werden. Anleger, die auf laufende Einkünfte in Form von Ausschüttungen angewiesen sind, haben somit eine solide Informationsgrundlage und können ihre absehbaren Ausgaben mit den geplanten Einnahmen abgleichen.

Exkurs: Eine Sonderform der MDP sind die sogenannten Level Distribution Policies (LDPs). Diese Art der Selbstverpflichtungen legt ebenfalls die Ausschüttungshöhe für einen zukünftigen Zeitraum fest, allerdings wird diese direkt an die NAV-Entwicklung gekoppelt. Je höher der NAV pro CEF-Anteil, desto höhere Barerträge erhalten die Investoren. Zahlungskürzungen erfolgen ebenfalls automatisiert, wenn der NAV abnehmen sollte. Ziel von LDPs ist es, die Ausschüttungen direkt an die tatsächliche Performance zu koppeln. Auf diese Weise wird in guten Jahren mehr ausgezahlt als in Jahren mit negativer Wertentwicklung. Gängige LDPs sehen beispielsweise eine 2-prozentige Ausschüttungsrendite pro Quartal in Bezug auf den NAV vor. Bei nicht reinvestierten Zahlungen und einem stabilen NAV entspräche das einer annualisierten NAV-Ausschüttungsrendite von 8 Prozent. Neben MDPs und LDPs existieren weitere unverbindliche Bekundungen und Zielausschüttungsrenditen.

Allen Selbstverpflichtungen und Bekundungen zum Trotz kann man die versprochenen Ausschüttungen nicht erzwingen und sie werden, wie bereits erläutert, im Fall der Fälle auch schon mal angepasst. Sollten keinerlei Erträge erwirtschaftet worden sein und sind auch keine Gewinnrücklagen vorhanden, muss das Management die MDP kassieren. Andernfalls müsste der Fonds aus der Substanz ausschütten, was nur über einen vergleichsweise kurzen Zeitraum möglich ist. Dauerhafte Zahlungen oberhalb der tatsächlichen Ertragslage würden eine schleichende Fondsliquidierung zur Folge haben.

6.4 Ausschüttungsfrequenz

Die Ausschüttungspflichten von CEFs bedingen einen weiteren Vorteil dieser Fondsart: die Ausschüttungsfrequenz. Im Gegensatz zur kontinentaleuropäischen Jahresausschüttung ist der CEF-Markt sehr gut an die Bedürfnisse vieler einkommensorientierter Anleger angepasst. Im Wissen um die Bedeutung der Ausschüttungen für die CEF-Anteilseigner tätigen die meisten Fonds mehr als nur eine Zahlung pro Jahr.

Häufig anzutreffen ist ein vierteljährlicher oder gar monatlicher Zahlungsrhythmus, halbjährliche und jährliche Zahlungen sind hingegen eine Ausnahmeerscheinung. Die Kombination von wenigen CEFs, die an unterschiedlichen Regelterminen ausschütten, ermöglicht Anlegern den Aufbau eines monatlichen Geldstroms, sofern die jeweiligen CEFs nicht ohnehin ein entsprechendes Ausschüttungsregime pflegen. Die Einnahmen können dann sowohl reinvestiert als auch zur direkten Finanzierung des Lebensunterhalts genutzt werden. Eine solche Konstellation ist mit Fonds, die nur einmal pro Jahr Zahlungen leisten, deutlich schwerer umsetzbar.

6.5 Notiz an einer regulierten Börse

Möglichkeiten, das eigene Kapital anzulegen, existieren viele. Die ersten Anlaufstellen für Personen ohne Expertise in Sachen Geldanlage sind häufig aus purer Gewohnheit die eigene Hausbank oder Finanzberater. Über diese Kanäle werden regelmäßig neben teuren Investmentfonds und kapitalbildenden Versicherungen auch außerbörsliche Anlagen vertrieben. Neben der Intransparenz und den oft überhöhten Gebühren verursachen solche Produkte für Anleger häufig ein weiteres Problem: die mangelhafte Liquidität.

Per Definition können mangels Erstmarkt viele außerbörsliche Beteiligungen nicht oder nur zu sehr hohen Kosten an den Emittenten zurückgegeben werden. Zweitmärkte sind für Produkte wie geschlossene Fonds, wenn überhaupt vorhanden, nur rudimentär ausgeprägt. Insbesondere beim Abstoßen weniger gut laufender Beteiligungen, ist mit hohen Abschlägen vom inneren Wert zu rechnen. Sicherheit und Zuverlässigkeit können bei schwach regulierten Zweitmärkten ebenfalls nicht vorausgesetzt werden. Es ist also kein Verlass darauf, kurzfristig an außerbörslich investiertes Kapital heranzukommen (siehe KAPITEL 2.3).

Käufer von börsennotierten Anlagen wie CEFs haben es da deutlich einfacher. CEF-Anteile können während der regulären Börsenöffnungszeiten zu den für Aktien gültigen Konditionen gehandelt werden. Je nach Fonds besteht neben der Heimatbörse bisweilen auch eine Zweitnotiz im Ausland, häufig sogar in Deutschland. Dabei variieren die Spreads, ebenfalls analog zu Aktien, bisweilen recht deutlich. Hoch kapitalisierte Fonds mit großem Streubesitz werden tendenziell liquider gehandelt als Fonds mit niedrigem Volumen. In jedem Fall können CEF-Käufer ihre Anteile laufend über transparente und regulierte Börsen kaufen und verkaufen.

6.6 Stabiles Fondsvolumen

CEFs werden in aller Regel durch einen IPO aufgelegt und in den Verkehr gebracht. Der Fonds wird demnach wie eine klassische Aktiengesellschaft emittiert. Zur Erstemission wird ein Fondsprospekt ausgegeben und die Stückelung festlegt, Gleiches gilt für den Ausgabepreis und NAV pro Anteil. Nach der Zeichnungsphase wird der CEF geschlossen, was bedeutet, dass zukünftig keine Anteile mehr über den Emittenten ausgegeben oder zurückgenommen werden. Ab diesem Moment ist das Fondsvolumen sehr stabil.

Eine Neuausgabe von Anteilen ist dann nur noch – wie bei Aktiengesellschaften – über eine Kapitalerhöhung möglich. Die Reduktion des Stammkapitals wiederum kann beispielsweise durch Anteilsrückkäufe am Zweitmarkt erfolgen. In jedem Fall sind Kapitalerhöhungen oder -reduktionen bei CEFs deutlich langwieriger als bei ETFs oder klassischen Investmentfonds. Daraus resultieren verschiedene Vorteile. ETFs und klassische Investmentfonds geben entweder direkt oder indirekt laufend Anteile aus und nehmen diese auch zurück. Wenn die Investorennachfrage nach einem Fonds sinkt und der Fonds infolgedessen Anteile zurücknimmt, müssen die Beteiligungen aus den Portfolios verkauft werden. Wenn im nächsten Moment wieder vermehrt Anleger in diesen Fonds einsteigen wollen, müssen dieselben Wertpapiere wieder gekauft werden.

Bei hochliquiden Anlagen verursacht dieser Vorgang keine Probleme, da kaum Spread-Verluste entstehen. Müssten ETFs und Investmentfonds jedoch mit hohen Spreads kaufen und verkaufen, würde das laufend zu Verlusten führen. Getreu dem bekannten Sprichwort:

Hin und Her macht Taschen leer. Das hat zur Folge, dass zumindest klassische Fonds mit jederzeitiger Anteilsausgabe und -rücknahme entweder in hochliquide Anlagen investieren oder dauerhaft hohe Cash-Bestände halten müssen, um Rücknahmen finanzieren zu können. Letzteres kann sich langfristig deutlich renditemindernd auswirken, insbesondere dann, wenn Fonds ihre Liquidität zu Negativzinsen halten.

Durch das vergleichsweise stabile Fondsvolumen haben CEFs diese Probleme nicht. CEFs müssen weder dauerhaft Liquidität halten, um Anteile zurücknehmen zu können, noch müssen sie sich auf hochliquide Anlagen beschränken. Dadurch werden nicht nur Engagements in Anlagen mit niedriger Liquidität wie beispielweise in Kleinunternehmen, sondern auch außerbörsliche Beteiligungen möglich. Zu außerbörslichen Beteiligungen gehören Anlagen wie Private Equity beziehungsweise Venture Capital, aber auch Immobilien, Darlehen, Lizenzen, Schiffe, Solarparks, Flugzeuge, Wasserrechte oder Privatkredite, um nur einige Beispiele zu nennen.

In Summe können Käufer von CEFs durch das stabile Fondsvolumen ein deutlich größeres Anlageuniversum abdecken als mit klassischen Fonds. Insbesondere die genannten außerbörslichen Beteiligungen sind aus einkommensorientierter Sicht hochinteressant und auf anderen Wegen nur vergleichsweise schwer investierbar.

6.7 Temporäre Unterbewertung

ETFs und klassische Investmentfonds können durch eine Erhöhung oder Reduktion der umlaufenden Anteile auf eine schwankende Investorennachfrage reagieren. Dadurch sind auf dem Zweitmarkt Bewertungsunterschiede zwischen NAV und Preis zwar vorhanden, meist aber nur marginal ausgeprägt. Selbst in volatilen Börsenphasen übersteigen die Bewertungsdifferenzen bei diesen Fonds nur selten einen niedrigen einstelligen Prozentbereich.

Ganz anders sieht es in diesem Punkt bei CEFs aus. Da eine schwankende Investorennachfrage bei CEFs auf ein vergleichsweise stabiles Fondsvolumen trifft, können zwischen dem inneren Wert eines Fonds und dem Preis, zu dem ein Titel an der Börse gehandelt wird, hohe Unterschiede bestehen. Da viele Anleger erfahrungsgemäß nicht auf diese Bewertungsdifferenzen achten, weil sie die Titel beispielsweise im Rahmen von Sparplänen kaufen, können sich kurz-, mittel- und langfristig Preis und NAV sehr weit auseinanderbewegen. Für geduldige Investoren, die nicht sofort jeden Fonds zu jedem Preis kaufen oder verkaufen müssen, ergeben sich dadurch lukrative Chancen.

Beispiel: Angenommen, der ABC-CEF verfügt über ein Eigenkapital beziehungsweise NAV von 100 US-Dollar pro Anteil. Trotz dieses inneren Wertes werden Anteile des CEFs aktuell zu 85 US-Dollar an der Börse gehandelt. Das entspricht einem Abschlag von exakt 15 Prozent. Da der ABC-CEF nicht mit fremdem Kapital arbeitet, können die 100 US-Dollar Eigenmittel beispielsweise in Dividenden zahlende Aktien investiert werden. Wenn diese Anlagen dem ABC-CEF eine gewichtete Dividendenrendite von 5 Prozent pro Jahr zahlen, nimmt der Fonds jährlich 5 US-Dollar an Barerträgen pro Anteil ein. Kehrt der ABC-CEF die vollen 5 US-Dollar pro Anteil aus, beträgt die Ausschüttungsrendite in Bezug auf den NAV somit 5 Prozent pro Jahr. Im Verhältnis zum Börsenpreis von 85 US-Dollar liegt die tatsächlich realisierbare Ausschüttungsrendite allerdings bei 5,88 Prozent, da auch die vergünstigten Anteile die vollen 5 US-Dollar ausgezahlt bekommen. Anders gesagt sorgt die Bewertungschance von CEFs in diesem Fall für eine um 17,6 Prozent gesteigerte Ausschüttungsrendite. Dieser Umstand lässt sich mit einem Hebel vergleichen. Anleger können über das Instrument des ABC-CEFs mit 100 US-Dollar investieren und müssen dafür nur 85 US-Dollar einsetzen. Sie profitieren von einem zins- und risikofreien Kapitalhebel. Sollte sich der Abschlag des ABC-CEFs zukünftig normalisieren, können zudem Bewertungsgewinne erzielt werden. Ein Kursanstieg von 85 US-Dollar auf das NAV-Niveau von 100 US-Dollar entspräche einem Buchgewinn von 17,65 Prozent.

In einigen Fällen kann es sich zudem lohnen, CEFs abzustoßen, die zu einer günstigen Bewertung gekauft wurden, wenn diese aktuell mit deutlichem Aufgeld notieren. Natürlich müssen im Bestand gehaltene CEFs nicht bei jedem sich bietendem Aufschlag verkauft werden. Das entspräche einem aktiven und in der Regel kontraproduktiven Arbitragegeschäft. Sollte aber ein CEF im Bestand mit einem signifikanten Aufschlag von beispielsweise 30 Prozent gehandelt werden, kann es zweckmäßig sein, auf einen ähnlich positionierten Fonds ohne Überbewertung umzuschichten. Dadurch sichern sich Anleger die aufgelaufenen Bewertungsgewinne.

Die potenziellen Zusatzrenditen bei CEFs sollten allerdings nicht mit einem Free Lunch verwechselt werden. Wer systematisch unterbewertete CEFs kaufen will, muss dafür einen Preis zahlen. Der Preis ist der Zeitaufwand, den es kostet, die NAV-Bewertungen von CEFs zu prüfen. Viele Anleger scheuen die zeitliche Investition und verzichten deshalb auf Renditechancen. Dies ermöglicht wiederum prüfungswilligen Investoren die Wahrnehmung dieser Zusatzrenditen.

CEFs bieten demnach durch ihre Bewertungsdifferenzen für Anleger verschiedene Vorteile. Von den echten Unterbewertungen streng abzugrenzen sind jedoch strukturelle Fondseigenschaften, die von den Marktteilnehmern eingepreist werden. Darunter fallen beispielsweise nicht anrechenbare Steuern auf Fondsebene sowie unüblich hohe Managementkosten, die eine dauerhaft niedrige Bewertung tatsächlich rechtfertigen.

6.8 Chancen eines Hebels

Manager von CEFs haben verschiedene Möglichkeiten, die Renditen und somit auch die Ausschüttungen auf das verwaltete Portfolio zu steigern. Ein Weg, die Renditen für CEF-Käufer zu optimieren, ist der Einsatz eines Hebels. Ein solcher Hebel kann durch die Aufnahme von Fremdkapital, also beispielsweise durch die Ausgabe von Anleihen oder durch Inanspruchnahme einer Kreditlinie, erreicht werden. Alternativ können CEFs auch mithilfe von Preferred Shares (siehe KAPITEL 3.4) einen Hebeleffekt erzielen.

Die Besonderheit im Vergleich zu anderen Finanzierungsinstrumenten ist, dass Preferred Shares dem Eigenkapital zugerechnet werden. Käufer von Preferred Shares erhalten als Vergütung eine festgelegte Fixdividende. Sollte ein CEF mit fremdem Kapital mehr Rendite erwirtschaften, als er selbst an Zinsen beziehungsweise Fixdividenden zahlen muss, profitieren die Anteilseigner des CEFs von einem positiven Hebeleffekt. Dadurch sind langfristig deutliche Überrenditen im Vergleich zu ungehebelten Fonds möglich.

Beispiel: Angenommen, der ABC-CEF verfügt über ein Netto-Vermögen in Höhe von 100 Millionen US-Dollar und investiert sein Kapital in Anlagen, die eine jährliche Rendite von 7 Prozent abwerfen. In einer Vor-Kosten-Betrachtung erzielt der CEF demnach im ersten Betrachtungsjahr einen Gewinn von 7 Millionen US-Dollar. Um die Renditen zu steigern, möchte das Management zusätzlich einen Kapitalhebel einsetzen. Dafür werden Preferred Shares im Volumen von 25 Millionen US-Dollar ausgegeben. Die Käufer der Preferred Shares erhalten eine Fix-Dividende in Höhe von 4 Prozent pro Jahr. Der ABC-CEF kann nun statt 100 Millionen US-Dollar 125 Millionen US-Dollar in Anlagen investieren, die durchschnittlich 7 Prozent pro Jahr erwirtschaften. Daraus ergibt sich ein jährlicher Bruttoertrag von insgesamt 8,75 Millionen US-Dollar. Abzüglich der Aufwendungen für die Fixdividenden in Höhe von 1 Millionen US-Dollar stehen dem Fonds immer noch 7,75 Millionen US-Dollar an Gewinn zur Verfügung. Im Vergleich zu den 7 Millionen US-Dollar, die der CEF ohne Hebel erwirtschaftet hätte, entspricht das einer Renditesteigerung von 10,71 Prozent.

6.9 Abschlag auf die Kosten

Die meisten CEFs sind aktiv gemanagt. Daraus müssen sich für Anleger aber nicht zwingend Kostennachteile ergeben. Ganz im Gegenteil. CEFs sind in einer Nettobetrachtung oft genauso günstig oder günstiger als offene Investmentfonds und ETFs. Generell sind CEFs an der Börse ohne Ausgabeaufschlag oder Rücknahmegebühr handelbar. Abgesehen davon ist die Spanne der laufenden Kosten im CEF-Universum sehr breit gefächert.

Neben konkurrenzlos günstigen CEFs, die es schaffen, Nischenmärkte mit Kostenquoten zwischen 0,10 und 0,15 Prozent pro Jahr abzudecken, gibt es auch CEFs, die den Anlegern deutlich über 3 Prozent pro Jahr in Rechnung stellen. Je aufwendiger der Investitionsvorgang und je höher die erwarteten Renditen, desto umfangreicher fallen tendenziell auch die Kosten aus. CEFs mit außerbörslichen Investitionen berechnen zudem in der Regel höhere Kosten als Fonds, die börsennotierte Standardwerte mit einem Buy-and-Hold-Ansatz abdecken.

In einem direkten Vergleich der ausgewiesenen Kostenquoten sind CEFs häufig teurer als ETFs. Von diesem Umstand sollten sich Anleger keinesfalls täuschen lassen. Je nach Rahmenbedingungen kann der aktiv verwaltete CEF günstiger sein als sein passiv gemanagtes Pendant, auch wenn die ausgewiesene Kostenquote optisch höher erscheint.

Beispiel: Angenommen, der nunmehr wieder ungehebelt operierende ABC-CEF investiert in Dividendenaktien, mit deren Renditen eine NAV-Ausschüttungsrendite von 5 Prozent pro Jahr finanziert wird. Der Fonds wird nach wie vor mit einem 15-prozentigen Abschlag gehandelt und weist dabei Kosten im Verhältnis zum NAV von 1,00 Prozent pro Jahr aus. Durch den deutlichen Abschlag vom NAV bietet der ABC-CEF statt einer Ausschüttungsrendite von 5 Prozent eine Barrendite in Höhe von 5,88 Prozent. In einem Vergleich der Kostenquoten, so beispielsweise zwischen ETFs und CEFs, ist es deshalb geboten, die durch den Abschlag veränderte Ausschüttungsrendite zu berücksichtigen. Die Kostenquote sollte in einem fairen Vergleich demnach um die abschlagsbedingten Zusatzrenditen des ABC-CEFs adjustiert werden, sprich, der renditesteigernde Effekt der Abschläge vom NAV ist gegen die Gebühren des Fonds gegenzurechnen. 1,00 Prozent reduziert um 0,88 Prozentpunkte ergeben dann eine effektive Belastung für die Anleger von 0,12 Prozent pro Jahr, was einer absolut konkurrenzfähigen adjustierten Kostenquote entspricht.

7

Risiken und Nachteile

7.1 Es gibt kein Gratisessen

There ain't no such thing as a free lunch« – die durch den US-amerikanischen Ökonomen Milton Friedman bekannt gewordene Lebensweisheit gilt selbstverständlich auch an der Börse. Kapitalmärkte kennen kein Gratisessen in Form unentgeltlicher Mehrrenditen – Diversifikation ist die einzige akademisch valide Ausnahme, welche die Regel bestätigt. Und so stehen den vielen Vorteilen von CEFs, die sich nicht zuletzt im vergleichsweise hohen Renditepotenzial beziehungsweise relativ niedrigen Kosten widerspiegeln, ebenso zahlreiche Risiken gegenüber. Selbstverständlich sollten sich Investoren auch mit dieser Kehrseite einer jeden CEF-Anlage auseinandersetzen.

7.2 Generelle Risiken

CEFs teilen sich einige generelle Risiken mit den anderen Vertretern der Gattung, namentlich offenen Investmentfonds und ETFs. So können CEFs zum einen Währungsrisiken bergen. Das gilt vor allem dann, wenn sie in Fixed-Income-Anlagen investieren, die in einer Fremdwährung denominiert sind. CEFs mit Schwerpunkt auf Aktien können ebenfalls Wechselkursrisiken nach sich ziehen, wenn die Unternehmen ihre Erträge überwiegend in Fremdwährungen erzielen. Die Währung, in der ein CEF erworben wird oder in der ein Fonds bilanziert, spielt hingegen keine Rolle bei der Beurteilung, ob ein CEF Wechselkursrisiken birgt. Sie dient letztlich als Verrechnungsbasis für das verwaltete Portfolio.

Ein weiteres generelles Risiko von börsengehandelten Fonds im Allgemeinen und CEFs im Besonderen sind die durch die Börsennotiz bedingten sichtbaren Wertschwankungen. CEFs zeichnen sich oft durch eine dem Aktienmarkt entsprechende Schwankungsbreite aus. Je nach Anlageklasse kann die Schwankungsbreite allerdings auch deutlich höher oder niedriger ausfallen als bei klassischen Aktienindizes.

Wie bei allen anderen Fondsarten sind auch bei CEFs die angestrebten Renditen weder sicher, geschweige denn garantiert. Selbst defensiv aufgestellte CEFs können schlechte Investitionen tätigen, was zu Wertverlusten und jederzeit auch zur Aussetzung oder Senkungen der Ausschüttungen führen kann. Trotz verschiedener Kontrollorgane und den gesetzlichen Vorgaben kann bei KVGs auch ein Betrug, beispielsweise in Form von Bilanzmanipulationen, nie vollständig ausgeschlossen werden. Betrugsfälle bei regulierten Anlagevehikeln wie ETFs, CEFs und offenen Investmentfonds sind allerdings seit Jahrzehnten nicht zu verzeichnen gewesen (siehe hierzu auch die Ausführungen in KAPITEL 2).

7.3 Zahlungen aus der Substanz

CEFs werden in der Regel zur Erzielung regelmäßiger Ausschüttungen gekauft. Diesem Zweck entsprechend hat sich der Sektor angepasst und versucht, die Fondsportfolios so zu diversifizieren, dass vergleichsweise hohe Ausschüttungen nachhaltig geleistet werden können. Mit den bereits aufgeführten Strategien ist das in der Regel auch möglich. Es kommt dennoch immer wieder vor, dass sich CEF-Manager in Bezug auf die Ausschüttungshöhe verkalkulieren, was dazu führen kann, dass aus der Substanz gezahlt wird. Bisweilen wird ein Substanzverzehr auch bewusst in Kauf genommen, um beispielweise eine saubere Dividendenhistorie ohne Kürzungen zu wahren.

Kurzfristig sind Zahlungen oberhalb der Ertragslage jedoch unproblematisch. Das gilt zumindest dann, wenn davon auszugehen ist, dass zukünftige Renditen diese Lücke schließen oder aber auf extra dafür geschaffene Rücklagen zurückgegriffen wird. Schütten CEFs aber dauerhaft mehr aus, als das, was nach Kosten erwirtschaftet wurde, dann liquidieren sich solche Titel indirekt selbst. Sollten die Käufer solcher Fonds die Zahlungen aus der Substanz mit echten Renditen verwechseln, kann das problematisch werden.

Ein Depot, dem über Substanzzahlungen mehr Kapital entnommen wird, als tatsächlich verdient wurde, verliert langfristig notwendigerweise an Volumen. Zudem müssen früher oder später die Zahlungen solcher Fonds gesenkt werden, da nicht mehr genügend Mittel im Fonds verfügbar sind, um die angestrebten Renditen zu erzielen. Sinkende Einnahmen und Vermögenswerte können sich jedoch gerade im Ruhestand zu einem massiven Problem auswachsen. Deshalb sollte die Ausschüttungsnachhaltigkeit eines CEFs unbedingt geprüft und ein etwaiger Substanzverzehr bei einer Entnahmestrategie mit berücksichtigt werden.

Doch auch während der Haltedauer lohnt es sich, in regelmäßigen Abständen die Ausschüttungspolitik der eigenen CEFs zu überprüfen. Dass ein CEF, der jahrzehntelang nachhaltig gezahlt hat, plötzlich aus der Substanz ausschüttet, ist zwar sehr unwahrscheinlich, ausgeschlossen werden kann dieser Fall aber nicht. Zwischen 5 und 10 Prozent aller CEFs pflegen kein nachhaltiges Ausschüttungsregime. Die konkrete Prüfung auf Substanzzahlungen wird im nächsten Kapitel behandelt.

7.4 Steuerrechtliche Risiken

Dividendenausschüttungen von direkt gehaltenen Aktiengesellschaften fließen ohne Umwege zu den Anteilseignern. Der Ertrag wird im Land der eigenen Ansässigkeit versteuert, sofern es dort eine solche

Steuer gibt. Sollte die Dividenden zahlende Gesellschaft in einem anderen Land als der Anleger ihren Sitz haben, so wird häufig zudem eine Quellensteuer erhoben.

Diese Quellensteuer wird an den Fiskus des Landes abgeführt, in der die jeweilige Gesellschaft ihren Sitz hat. Damit es nicht zu einer doppelten Besteuerung der Erträge kommt, sind die Quellensteuern der meisten Staaten reduzierbar beziehungsweise vollständig auf die heimische Kapitalertragsteuer anrechenbar. Dieses Prozedere funktioniert bei direkt gehaltenen Aktien in der Regel reibungslos, zumindest dann, wenn der steuerliche Sitz des Anlegers transparent ist. Zu den (quellen-)steuerrechtlichen Details sei an dieser Stelle auf KAPITEL 10.2 bis 10.4 verwiesen.

Sollten Investoren sich stattdessen dazu entscheiden, Aktien nicht direkt, sondern im Mantel eines Fonds zu halten, funktioniert dieses Prozedere so nicht mehr. Das liegt daran, dass eine Aktiengesellschaft, die Dividenden an einen Fonds zahlt, nicht den steuerlichen Sitz der einzelnen Fondskäufer kennt. Bei Investmentfonds greifen demnach nur selten die Vorzüge von Doppelbesteuerungsabkommen (DBA), weshalb häufig die unreduzierten Quellensteuersätze erhoben werden.

Leitet der Fonds die vereinnahmten Dividenden an die Anleger weiter, so müssen sie diese häufig noch einmal komplett versteuern. Und das ohne die Möglichkeit der Anrechnung. In Summe kann aus der Quellensteuer auf Fondsebene und der vollen Kapitalertragsteuer eine hohe Gesamtsteuerbelastung resultieren. Besonders dividendenstarke Aktien können dadurch an Attraktivität einbüßen.

Um diese Quellensteuer-Problematik bei Fonds auszugleichen, greift bei vielen EU-Fonds das Prinzip der Teilfreistellung. Durch dieses Prinzip wird unter bestimmten Bedingungen ein Teil der Fondsausschüttungen von der heimischen Kapitalertragsteuer freigestellt. Die Reduktion der heimischen Kapitalertragsteuer führt dann in Summe zu einer Gesamtbelastung, die den Anleger nicht wesentlich schlechter stellt als bei Direktinvestitionen. Für CEFs, die ihren Sitz in den allermeisten Fällen nicht in der EU haben, kann die deutsche Teilfreistellung allerdings nicht angewandt werden.

Beispiel: Angenommen, der ABC-CEF hat sein Domizil im Vereinigten Königreich und investiert in Dividenden zahlende Aktiengesellschaften mit Hauptsitz in der Volksrepublik China. Die gewichtete Dividendenrendite der Beteiligungen soll sich auf 8 Prozent pro Jahr belaufen. Ferner schüttet der CEF alle vereinnahmten Barerträge an die Anleger aus. Auf Dividenden, die dem britischen Fonds zufließen, erhebt China mit Stand Ende 2021 eine Quellensteuer in Höhe von 10 Prozent. Dem CEF fließen alle Barerträge demnach geschmälert zu. In einer Vor-Kosten-Betrachtung könnte der Fonds also nur noch eine NAV-Ausschüttungsrendite von 7,20 Prozent pro Jahr leisten.

Neben der Quellensteuer auf Fondsebene, die bei CEFs problematisch werden kann, existiert ein weiteres Steuerrisiko speziell bei australischen LICs. Diese Gesellschaften werden in den meisten Fällen auf Fondsebene wie ein Unternehmen besteuert. Im Gegenzug für die Besteuerung auf Fondsebene sind Ausschüttungen von LICs »franked«.

Das bedeutet, dass Ausschüttungen einer LIC von allen australischen Steuern befreit sind und ungeschmälert an die Anleger fließen. In Australien veranlagte Investoren erhalten ferner eine entsprechende Gutschrift beziehungsweise Franking Credit über die seitens der LIC abgeführten Steuer und müssen die Erträge daher auf Anlegerebene nicht mehr versteuern, da die fiskalische Schuld gewissermaßen auf Fondsebene beglichen wurde. Dieses ungewöhnliche Vorgehen ist auf die Besonderheiten des australischen Steuerrechts zurückzuführen. In Summe ist der Schwundgang über die Besteuerung auf Fondsebene niedriger, als wenn australische Anleger die Erträge komplett selbst deklarieren würden. Im heimischen Markt bieten LICs also neben den klassischen CEF-Vorteilen noch Steuervorteile.

Auf Ausschüttungen von LICs, die zu 100 Prozent »franked« sind, wird daher auch keinerlei Quellensteuer einbehalten. Das bringt Investoren, die außerhalb Australiens steuerlich veranlagt werden, jedoch keinerlei Vorteil, da solche »franked dividends« außerhalb Australiens als normale Dividendenzahlung behandelt und die australische Steuergutschrift nicht anerkannt wird. Die steuerliche Belastung auf Ebene der LIC sowie eine vollständige Besteuerung im eigenen Land können in Summe zu einer kritischen Gesamtbelastung führen (siehe hierzu auch KAPITEL 10.3).

Erträge aus Geldanlagen sind stets eine Prämie für eingegangene Risiken. Durch hohe zusätzliche Steuern kann die effektive Nettoprämie deutlich geschmälert werden. Gleichwohl bleiben die Risiken der Beteiligungen aber unverändert. Das Rendite-Risiko-Profil eines solchen CEFs kann sich durch steuerliche Effekte demnach deutlich verschlechtern.

7.5 Risiken eines Hebels

Da Investitionen nicht immer zu positiven Renditen führen, kann der Einsatz eines Hebels auch in die verkehrte Richtung wirken. Zum einen sind Fonds durch Hebelkosten dazu gezwungen, mittel- bis langfristig Renditen zu erzielen, die über den Kapitalaufwendungen liegen. Andernfalls würden die Anteilseigner statt einer Renditesteigerung eine Renditeminderung erfahren.

Zum anderen kann es neben diesem Renditedruck bei stark gehebelten Fonds auch schnell zu Hebelverlusten kommen. Wenn Beteiligungen im Wert fallen und gehebelte CEFs im Ergebnis die Anforderungen an Deckungsquoten nicht mehr erfüllen (siehe KAPITEL 3.4), kann das dazu führen, dass Positionen zu schlechten Kursen geschlossen werden müssen. Das Resultat ist ein Hebelverlust, der in seiner Ausprägung unauffällig bis extrem problematisch sein und sogar mit einem Totalverlust enden kann.

Auch bei CEFs, die lediglich einen niedrigen bis moderaten Hebel anwenden, ist ein Totalverlust nicht ausgeschlossen. Wer einen Fonds hält, der neben 100 US-Dollar Eigenmitteln noch 10 US-Dollar fremdes Kapital investiert, würde bei einem 91-prozentigen Kursverlust der Basiswerte seinen kompletten Einsatz verlieren. Ungeachtet der Wahrscheinlichkeit, dass Basiswerte um 91 Prozent im Kurs fallen, besteht demnach ein Risiko, die eigene Einlage zu verlieren, auch wenn die abgedeckten Titel nicht wertlos geworden sind.

Ein Aussitzen der Situation ist, wenn es sich um einen Hebel in Form von Anleihen oder Kreditlinien handelt, nicht möglich. In diesen Fällen würde der Fonds liquidiert werden, ohne dass die Möglichkeit auf eine Kurserholung besteht. CEFs, die mit einem Preferred-Share-Hebel arbeiten, können hingegen eine solche Situation deutlich besser durchstehen. Aber auch hier sind Totalverluste wahrscheinlicher als bei hebelfreien CEFs, insbesondere dann, wenn es zu Fondsauflösungen kommt; bei dieser sind nämlich die Eigner von Preferred Shares vor denjenigen der Common Shares zu befriedigen. Nur weil Preferred Shares ein tendenziell defensiverer Hebel sind als klassisches Fremdkapital, erhöht die Ausgabe dieser Papiere dennoch nennenswert das Risiko entsprechender CEFs.

Üblicherweise reduzieren Fondsmanager in schlechten Marktphasen die Verschuldung, um nicht das Risiko eines Totalverlustes einzugehen. Dennoch ist es wichtig, die Auswirkungen einer Fremdkapitalaufnahme unter bestimmten Marktbedingungen zu kennen, da es in Ausnahmefällen dazu kommen kann, dass sich der Hebel nicht oder nicht schnell genug reduzieren lässt. Spätestens das Frühjahr 2020 hat dies plastisch vor Augen geführt.

Die folgende Tabelle zeigt eine Simulation der Auswirkungen verschiedener Hebel auf den NAV bei negativer Performance der abgedeckten Beteiligungen. Die Betrachtung versteht sich vor Kosten, gezahlten und erhaltenen Ausschüttungen, Zinsaufwendungen sowie vor einer Reduktion des Hebels.

Wertverlust Beteiligungen / Hebeleinsatz	5 %	10 %	20 %	30 %
-10 %	-10,5 %	-11 %	-12 %	-13 %
-20 %	-21 %	-22 %	-24 %	-26 %
-30 %	-31,5 %	-33 %	-36 %	-39 %
-40 %	-42 %	-44 %	-48 %	-52 %

Wertverlust Beteiligungen / Hebeleinsatz	5 %	10 %	20 %	30 %
-50 %	-52,5 %	-55 %	-60 %	-65 %
-60 %	-63 %	-66 %	-72 %	-78 %
-70 %	-73,5 %	-77 %	-84 %	-91 %
-80 %	-84 %	-88 %	-96 %	-100 %
-90 %	-94,5 %	-99 %	-100 %	-100 %

Durch den Einsatz eines Hebels unterliegt der CEF zudem einem zusätzlichen Zinsänderungsrisiko. In einem Umfeld steigender Zinsen wird der Hebel in der Regel teurer. Das kann in Folge zu Zinsverlusten führen oder auch dazu, dass die Aufnahme von fremdem Kapital dauerhaft unrentabel wird. Neben den technischen Problemen, die mit dem Hebel einhergehen, ist damit auch eine psychologische Mehrbelastung verbunden. Börsencrashs lassen sich mit einem nur leicht gehebelten oder gar hebelfreien Portfolio erfahrungsgemäß besser aushalten als mit CEFs, die stark verschuldet sind.

7.6 Kostenrisiken

Die Kosten von CEFs gliedern sich in drei Kategorien (siehe hierzu auch KAPITEL 2.4 bis 2.6). Die Vergütung der Fondsmanager und Fondsgesellschaften spielt dabei eine besonders große Rolle. Daneben fallen allgemeine Aufwendungen an wie Transaktions-, Verwaltungs- und Rechtskosten. Sollte ein CEF fremdes Kapital einsetzen, treten zudem Hebelkosten auf. Um die Kostenquoten verschiedener Fonds besser vergleichen zu können, empfiehlt es sich, die Hebelaufwendungen von den Gesamtkosten abzuziehen. Hebelkosten sind in der Betrachtung der effektiven Kostenquote weniger relevant, da diese Aufwendungen in den meisten Fällen durch Hebelrenditen überkompensiert werden.

Im Fondsuniversum kommt es immer wieder vor, dass Anleger durch (scheinbar) neue Ansätze oder besonders hohe Ausschüttungsziele dazu verleitet werden, einen Titel zu zeichnen. Darüber sollten Investoren niemals einen der wichtigsten Faktoren der Geldanlage vergessen: die Kosten. CEFs haben als in der Regel aktiv verwaltete Gesellschaften häufig höhere laufende Kosten als passiv gemanagte Alternativen. Dieser Umstand muss nicht problematisch sein, insbesondere dann, wenn CEFs zu Abschlägen gehandelt werden (siehe KAPITEL 6.9). Abschlagsbedingte Zusatzrenditen können die effektiven Kosten für die Anleger deutlich reduzieren.

Exkurs: Auch ohne Kursrabatt können sich vergleichsweise hohe Kosten bei CEFs rentieren. Ein Grund dafür ist, dass CEFs nur selten versuchen, sich in Märkten zu behaupten, die anderweitig kostengünstig abbildbar wären. Stattdessen fokussieren sich viele CEF-Manager auf Strategien, bei denen aktives Management durchaus einen Mehrwert bieten kann. Beispiele dafür gibt es mannigfaltig. Sie reichen von außerbörslichen Beteiligungen über Nebenwerte bis hin zu Options- und Fixed-Income-Strategien. Auch bei der Auswahl von Aktien mit hoher Dividendenrendite haben aktive Manager häufig ein besseres Händchen als Indexprodukte (siehe hierzu auch den Aspekt des Indexrisikos in KAPITEL 2.5). Manager von CEFs können neben der reinen Dividendenhöhe auch weniger leicht quantifizierbare Faktoren bei der Bewertung mit einfließen lassen, so beispielsweise Abnahmeverträge oder Garantien der öffentlichen Hand, die für bestimmte Unternehmensformen einen stabilen und hohen Zahlungsstrom sichern. Solche nicht über Kennzahlen abbildbare Eigenschaften, die einen bedeutenden Beitrag zur Dividendenstabilität leisten können, sind für indexbasierte Produkte nur schwer greifbar.

Doch nicht immer erwirtschaften Manager die erhofften Erträge. Wenn neben den ausbleibenden Renditen noch überzogene Kosten berechnet werden und diese auch nicht durch Abschläge kompensiert werden können, wird ein CEF für Anleger schnell zum Verlustgeschäft.

7.7 Bewertungsrisiken

Bedingt durch das CEF-Konstrukt ist es gängige Beobachtung, dass Anteilspreise dieser Fonds vom tatsächlichen NAV abweichen. Dieser Umstand birgt sowohl Chancen als auch Risiken. Die Risiken entstehen insbesondere beim Kauf von CEFs, wenn Titel statt zu Abschlägen vom NAV mit einem Aufgeld erworben werden. Sollte bei einem CEF der Anteilspreis über dem NAV liegen, so ist aus verschiedenen Gründen tendenziell von einem Kauf dieses Titels abzuraten.

Zum einen neigen Kurse von CEFs dazu, um den inneren Wert zu pendeln; in Anlehnung an André Kostolany verhält es sich mit dem Preis eines CEF-Anteils und seinem NAV wie mit einem Mann und seinem Hund beim Spazierengehen (Letzterer läuft beständig vor und zurück). Will heißen, dass es sehr wahrscheinlich ist, dass auf eine Phase der Überbewertung auch wieder eine Phase der fairen Bewertung oder gar Unterbewertung folgen wird (Regression zum Mittelwert). Eine Normalisierung der Bewertung kann daher Kursverluste nach sich ziehen, und das auch dann, wenn der NAV pro Anteil stabil ist.

Neben dem Kursrisiko verschlechtert sich durch den Kauf eines CEFs mit einem Agio das gesamte Rendite-Risiko-Verhältnis. Die grundlegenden Risiken von Positionen im Fondsportfolio verändern sich nicht, nur weil ein CEF überbewertet ist. Was sich hingegen durchaus verändert sind die erzielbaren Renditen und damit die Prämien für eingegangene Risiken.

Beispiel: Wenn ein Fonds pro 100 US-Dollar NAV jährlich 8 US-Dollar ausschüttet, entspricht das einer 8-prozentigen NAV-Ausschüttungsrendite. Sollten die Anteile dieses CEFs allerdings mit 20 Prozent Aufgeld notieren, können neue Investoren lediglich eine Kurs-Ausschüttungsrendite von 6,67 Prozent pro Jahr erzielen. Die Differenz von über 1 Prozentpunkt pro Jahr entspricht einer deutlichen Renditeminderung bei gleichen Risiken der Basiswerte.

Insgesamt werden durch Käufe von CEFs zu Aufschlägen somit auch die zu erwartenden Gesamtrenditen deutlich gesenkt. Zu den bereits genannten Aufschlagsrisiken kommt noch ein weiteres hinzu. Denn sollte ein Fonds liquidiert werden, erfolgt eine Kapitalrückzahlung in Höhe des NAVs. Wer Fondsanteile mit 20 Prozent Aufgeld erwirbt, geht demnach das Risiko ein, bei einer Liquidierung bewertungsbedingte Kursverluste von 16,67 Prozent zu realisieren.

Der Preis eines CEF-Anteils ist nicht direkt an den inneren Wert eines Fonds gekoppelt, sondern ergibt sich, wie bereits mehrfach ausgeführt, durch Angebot und Nachfrage auf dem (virtuellen) Börsenparkett. Diese Eigenschaft wird insbesondere beim Kauf von Titeln zu Abschlägen geschätzt, da dies renditesteigernd beziehungsweise kostensenkend wirken kann. Es ist allerdings immer wieder zu beobachten, dass bestimmte CEFs über längere Phasen niedrig bewertet bleiben oder der Abschlag sogar größer wird.

Für langfristig orientierte Anleger können das gute Gelegenheiten zum Nachkaufen sein. Wer allerdings die in CEFs investierten Gelder kurzfristig benötigt, geht das Risiko ein, Anteile zu schlechten Konditionen verkaufen zu müssen. Ein Verkauf der Anteile mit Abschlag zum inneren Wert kann je nach Kurs- und NAV-Entwicklung dazu führen, dass die Position mit Verlusten geschlossen wird. Dies lässt sich nur durch das Verstreichen von Zeit vermeiden.

Da CEF-Anteile nicht ohne Weiteres an die emittierende Gesellschaft zum NAV zurückgegeben werden können, führt ein Disagio bei gleichbleibendem NAV nach dem Kauf eines CEFs aus Sicht des Anlegers gewissermaßen zu einer temporären Blockade des investierten Kapitals. Die blockierte Summe ist erst nach einer Normalisierung der Bewertung wieder greifbar. Aber auch wenn CEFs mit einem Disagio notieren, arbeitet das gesamte eingesetzte Vermögen im Fonds und erwirtschaftet gegebenenfalls Barerträge. Um jedoch zu hohe und dauerhafte Abschläge auszuschließen, verfügen viele CEFs über eine sogenannte Buyback Policy. Eine solche kann beispielsweise darin bestehen, dass ab einem Abschlag zum NAV in Höhe von 25 Prozent automatisch Anteilsrückkäufe erfolgen.

Die bewertungsbedingten Risiken legen nah, dass CEFs für zwei Anlegertypen besonders geeignet sind. Zum einen sind es Investoren mit langem Anlagehorizont, die Phasen einer Fehlbepreisung aussitzen können. Dazu zählen vor allem auch einkommensorientierte Anleger, für die temporäre Kurshöhen und Kurstiefen ohnehin eine zweitrangige Bedeutung haben. Eine weitere Anlegergruppe, für die sich CEFs in Anbetracht der regelmäßigen Bewertungsdifferenzen eignen, sind aktive Händler, die Arbitragehandel praktizieren wollen. Für Anleger, die zu einem festgelegten Stichtag ihr komplett eingesetztes Kapital zurückerhalten möchten, ist diese Fondsart selbst in konservativen Ausprägungen allein aufgrund der Bewertungsschwankungen nur bedingt geeignet.

8

Eignung und Bewertung

8.1 Eine Checkliste für Investoren

Die Bewertung von CEFs ist ohne Betrachtung der individuellen Lebensumstände, Anlageziele und Risikoparameter nicht zweckmäßig durchführbar. Bevor sich Anleger also auf die Suche nach geeigneten CEFs machen, empfiehlt es sich, zunächst das eigene Anlegerprofil systematisch zu erfassen. Zum Anlegerprofil gehört der Ist-Zustand bezüglich Einnahmen und Ausgaben (Einnahmeüberschussrechnung) sowie Vermögenswerten und Verbindlichkeiten (Bilanz). Ebenfalls zum Ist-Zustand gehören absehbare Dispositionen beziehungsweise Zu- und Abflüsse sowie die persönlichen steuerlichen Rahmenbedingungen.

Ferner gehört zu einem vollständigen Anlegerprofil auch der Soll-Zustand, also die individuell angestrebte finanzielle Situation, die freilich im Laufe der Zeit Änderungen durchlaufen dürfte. Zum Soll-Zustand kann beispielsweise die Art und Höhe eines laufenden arbeitsunabhängigen Einkommens zählen ebenso wie eine bestimmte Vermögenshöhe zu einem bestimmten Datum. Aus der Differenz zwischen Ist-Zustand und Soll-Zustand lassen sich dann konkrete Ziele ableiten. Diese sind in Übereinstimmung mit der persönlichen Risikotoleranz und Risikotragfähigkeit zu bringen (siehe auch KAPITEL 3.5).

Nur ausgehend von Ist-Zustand, Soll-Zustand und den risikoadjustierten Zielen kann beurteilt werden, ob CEFs für Kapitalanleger ein adäquates Investitionsvehikel darstellen. Anleger, die beispielsweise kaum Vermögen aufgebaut haben und jeden Monat einen Teil ihres Einkommens möglichst zeit- und kostenarm in Wertpapiere investieren möchten, sind in der Regel mit global diversifizierten ETFs gut aufgestellt. Für Investoren, die bereits abseits von ETF-Sparplänen Anlageerfahrungen gesammelt haben und gleichzeitig über ein nennenswertes Vermögen verfügen, können sich CEFs hingegen als zweckmäßige Fondsgattung erweisen.

Das gilt insbesondere dann, wenn für Anleger weniger die Vermögensendwertmaximierung, sondern vielmehr die Erzielung eines laufenden und stabilen Einkommens bei gleichzeitig soliden Gesamtrenditen, also das klassische Income Investing, wie es in KAPITEL 3.5 beschrieben steht, in den Fokus rückt. Wenn dies der Fall ist, lohnt es sich zweifelsohne, tiefer in die Bewertung dieser Fonds einzusteigen.

Anleger, die ihren Vermögensmix um CEFs erweitern wollen, stehen früher oder später vor der Frage aller Fragen: Welcher CEF darf es sein? Maßgeblich für die Beantwortung dieser Frage ist die mit der jeweiligen CEF-Strategie einhergehende Volatilität. Zu den nominal schwankungsreicheren CEFs gehören Fonds, die eine Options-, Kursgewinn- und/oder Dividendenstrategie verfolgen. Schwankungsreichere CEF-Strategien zeichnen sich dabei nicht nur durch eine überdurchschnittliche Kurs-, sondern auch Ausschüttungsniveauvolatilität aus.

Das ist für die genannten Strategien auf die hohe Gewichtung von Eigenkapitalbeteiligungen wie Aktien zurückzuführen. Als Kompensation für die nominal relativ hohe Schwankungsbreite bieten diese Strategien den besten Inflationsschutz. Zumindest in Szenarien mit moderater Inflation sollten die meisten Unternehmen in der Lage sein, das gestiegene Preisniveau an ihre Kunden weiterzugeben. Das führt dann in der Regel zu höheren Gewinnen und schlussendlich auch zu höheren Kursen und Dividenden, die zumindest im Schnitt die Geldentwertung ausgleichen können sollten. Die nominal schwankungsreicheren CEF-Strategien sind somit für Anleger geeignet, die attraktive Gesamtrenditen mit einem soliden Inflationsschutz kombinieren wollen. Dafür wird den Anlegern eine überdurchschnittliche Toleranz in puncto Schwankungsbreite abgefordert.

Zu den nominal schwankungsärmeren CEFs zählen Titel, die der Fixed-Income-Strategie zuzuordnen sind. Fonds mit diesem Ansatz verfügen häufig über eine relativ hohe Stabilität in Kursen und Ausschüttungen, da die abgedeckten Wertpapiere um einen Nominalwert schwanken und vorab in Höhe und Zeit definierte Zinskupons ausweisen. Der vordefinierte Rückkaufpreis beziehungsweise Tilgungsbetrag sowie die kalkulierbaren Kupons von Fixed-Income-Anlagen führen zwar zu vergleichsweise stabilen Nominalerträgen, allerdings ist dadurch ein wirksamer Inflationsschutz häufig ausgeschlossen.

Im Fall anziehender Inflationsraten erhalten beispielsweise fest verzinste Anleihen und Preferred Shares gleichbleibende Zahlungen, auch wenn diese real an Kaufkraft verloren haben. Gleichzeitig wird der verbriefte Nominalwert ausgehöhlt. Parallel können Fixed-Income-Anlagen temporär Kursverluste erleiden, wenn die Kupons nicht mehr den am Markt geforderten Zinsen entsprechen. Umgekehrt fallen in einem sinkenden Zinsumfeld zudem mittel- bis langfristig unweigerlich die erzielbaren nominalen Barerträge an, zumindest wenn weiterhin auf verzinste Anlagen mit vergleichbarer Ausfallsicherheit gesetzt wird. Geeignet sind CEFs mit Fixed-Income-Strategie für Anleger, die möglichst niedrige nominale NAV- und Zahlungsschwankungen wünschen. Im Gegenzug müssen Anleger einen schlechteren Inflationsschutz in Kauf nehmen.

Eine pauschale Antwort auf die Frage, ob nun eine schwankungsreichere einer schwankungsärmeren Einkommensstrategie vorzuziehen sei oder umgekehrt, kann es naturgemäß nicht geben. Tatsächlich ist die Zweiteilung des eigenen CEF-Portfolios eine gängige Praxis. Dabei werden schwankungsreichere und schwankungsärmere CEF-Strategien miteinander kombiniert, um für verschiedene Szenarien an den Kapitalmärkten gewappnet zu sein.

Durch die Kombination eines Fixed-Income-CEF mit einem Kursgewinn-CEF lassen sich beispielsweise Inflationsschutz und eine verbesserte nominale Wertstabilität verbinden. Im Ergebnis kann so eine

Mischung sowohl für chancenorientierte als auch für risikobewusste Anleger eine attraktive Diversifikation darstellen. Abhängig von den eigenen Präferenzen lässt sich dann die Gewichtung von eher schwankungsärmeren und inflationsanfälligeren sowie eher schwankungsreicheren und inflationsrobusteren Strategien individuell anpassen.

Ausgehend von diesen Vorüberlegungen können sich Anleger zunächst eine Vorauswahl potenziell interessanter CEFs zusammenstellen. Zur gezielten Suche von CEFs dienen die Musterportfolios in KAPITEL 9 sowie die Angaben im QUELLENVERZEICHNIS. Die einmal getätigte Vorauswahl kann anschließend dem standardisierten 12-Punkte-CEF-Check unterzogen werden.

8.2 Struktur-Check

Bei CEFs handelt es sich um Investitionsvehikel, die in aller Regel verschiedene Beteiligungen gleichzeitig halten, um Risiken für den Fonds und damit die Anleger zu streuen. Wie bei Fonds üblich ist dadurch eine höhere Gewichtung einzelner Positionen im eigenen Depot denkbar, ohne hohe Einzelwert- respektive Klumpenrisiken einzugehen. Sollte allerdings ein gewöhnliches Unternehmen durch den Anleger fälschlicherweise als CEF eingestuft werden, kann das eine massive Risikoverzerrung nach sich ziehen.

Aus diesem Grund ist die eindeutige Feststellung der Struktur eines Anlagevehikels unabdingbar. Der erste Schritt des 12-Punkte-CEF-Checks ist damit schnell abgehakt, sofern sich der jeweilige Titel auf den im QUELLENVERZEICHNIS genannten Internetseiten finden und als CEF klassifizieren lässt. Andernfalls sollte manuell geprüft werden, ob es sich bei einem Titel wirklich um einen CEF handelt und nicht etwa um eine andere Fondsart oder gar um einen Einzelwert im Aktiengewand.

Ein Indiz hierfür ist zum einen, wenn das Wertpapier den in KAPITEL 2 und 3 genannten Spezifikationen von CEFs entspricht. Wenn auf den Internetseiten der Anbieter oder in der entsprechenden

Berichterstattung (Prospekt, Jahresabschluss, Quartalsberichte et cetera) von »closed-end fund«, »closed-end investment companies« oder ähnlichen Wortkombinationen die Rede ist, kann ebenfalls davon ausgegangen werden, dass der Titel als CEF organisiert ist.

Sollte sich ein Wertpapier nicht auf den entsprechenden Webseiten finden lassen und wird auch aus den Unterlagen des Anbieters nicht ersichtlich, ob es sich dabei tatsächlich um einen CEF handelt, ist hingegen Vorsicht geboten. Im Zweifel sollten entsprechende Wertpapiere keinen Einzug in das eigene Depot halten.

8.3 Einkommensstrategie-Check

Die Strategie, mit der ein CEF Einnahmen und damit auch Ausschüttungen generiert, entscheidet ganz wesentlich darüber, als wie verlässlich sich die Zahlungen des Papiers in Zukunft höchstwahrscheinlich erweisen werden. Der Ansatz, Erträge zu erzielen, lässt aber auch die Vermutung darüber zu, mit welchen Kurs- und NAV-Schwankungen Anleger rechnen sollten.

Ohne zu wissen, wie CEFs konkret ihre Erträge generieren, lässt sich auch kein für den einzelnen Anleger optimiertes Portfolio erstellen. Eine individuelle Optimierung ist jedoch wie dargelegt geboten, um der Risikotoleranz und Risikotragfähigkeit eines jeden Investors gerecht zu werden. Aus diesem Grund ist im zweiten Schritt des 12-Punkte-CEF-Checks die Einkommensstrategie beziehungsweise CEF-Kategorie zu prüfen.

Die Einkommensstrategie eines CEFs lässt sich anhand von vier Schritten feststellen. Zunächst sollte geprüft werden, ob ein Fonds aktuell überhaupt Zahlungen an die Anleger leistet. Etwaige Zahlungen können auf den Anbieterseiten oder mithilfe der im QUELLENVERZEICHNIS aufgeführten Informationen eingesehen werden. Sind jüngst keine Ausschüttungen getätigt worden, handelt es sich bei diesem Titel um eine der wenigen Ausnahmen unter den CEFs, welche keine Zahlungen leistet. Dementsprechend verfolgt dieser Fonds temporär auch keine (erfolgreiche) Einkommensstrategie.

Werden hingegen laufend Zahlungen geleistet, sollte anschließend die Zielsetzung des Fonds studiert werden, um herauszufinden, welche Wertpapiere sich höchstwahrscheinlich aktuell und zukünftig im Fonds befinden. Sollte es beispielsweise das Ziel eines Fonds sein, hohe Gesamtrenditen durch Investitionen in Non-Investment-Grade-Anleihen zu erwirtschaften, verfolgt dieser CEF höchstwahrscheinlich eine Fixed-Income-Strategie.

Bestätigen lässt sich die Strategie, indem geprüft wird, welche Wertpapiere ein Fonds tatsächlich im Bestand hält. Diese Informationen werden regelmäßig auf den Internetseiten der Fonds veröffentlicht. Um mit absoluter Sicherheit zu bestimmen, wie CEFs in der Vergangenheit ihre Ausschüttungen gedeckt haben, bleibt Anlegern keine andere Wahl, als sich die Jahresabschlüsse zu Gemüte zu führen. In diesen Abschlüssen sind alle Erträge, Kosten und Ausschüttungen standardisiert und transparent aufgeschlüsselt.

Bei einem CEF mit reiner Dividendenstrategie würden die vom Fonds selbst eingenommenen Dividenden im Mittel dann auch den Fondsausschüttungen entsprechen. Reichen die vereinnahmten Dividenden nach Kosten nicht aus, um die Ausschüttungen zu decken, verfolgt ein Fonds in der Regel eine Mischstrategie, in deren Rahmen beispielsweise zusätzliche Kursgewinne realisiert werden (sollen). In den meisten Fällen reicht es allerdings aus, sich die Zielsetzung des Managements sowie die Fondspositionen anzusehen, um die konkrete Einkommensstrategie zu bestimmen.

8.4 Ausschüttungspolitik-Check

Die Ausschüttungspolitik beschreibt das Zahlungsverhalten eines CEFs. Somit ist auch dieser Schritt des 12-Punkte-CEF-Checks für einkommensorientierte Anleger besonders relevant. Zur Ausschüttungspolitik zählt die Frage, ob das Management überhaupt beabsichtigt, regelmäßige Zahlungen zu tätigen, wie die regulatorischen Ausschüttungsvorgaben sind, wie hoch die aktuelle Ausschüttungsrendite ist und auch in welcher Frequenz Zahlungen geleistet werden. Zur Ausschüttungspolitik gehören ferner alle Bekundungen und Selbstverpflichtungen des Managements, die Schlüsse auf die zukünftige Ausschüttungshöhe zulassen. Darunter fallen beispielsweise MDPs, LDPs sowie etwaige Zielausschüttungsrenditen.

Drittseiten und die Internetpräsenzen der Anbieter sowie die Fondsunterlagen helfen bei der Prüfung der Ausschüttungspolitik. An dieser Stelle gibt es allerdings keine objektiven Richtwerte. Jeder interessierte Anleger muss für sich selbst prüfen, ob ein bestimmter CEF den eigenen Auszahlungsansprüchen genügt. Während der eine Anleger von einem CEF möglichst stabile Monatszahlungen in Höhe von 5 Prozent pro Jahr erwartet, ist ein anderer Investor mit schwankenden und dafür im Schnitt höheren Quartalszahlungen zufrieden.

Misstrauen ist immer dann geboten, wenn Fonds auffällig hohe Zahlungsversprechen geben. Dies wäre beispielsweise dann der Fall, wenn ein CEF in Anleihen investiert, die nach Kosten einen Zinsertrag von 4 Prozent pro Jahr erbringen. Sollte dieser Fonds nun im Rahmen einer MDP eine NAV-Ausschüttungsrendite von 10 Prozent pro Jahr anvisieren, klingt das nicht nach einem soliden Konzept. Eine denkbare Ausnahme in diesem Fall wäre allerdings, wenn realisierte Kursgewinne aufgrund deutlich gefallener Zinsen einmalig über ein Jahr verteilt ausgeschüttet werden sollen.

8.5 Diversifikations-Check

Unabhängig von den für CEFs spezifischen Risiken werden Investoren bei der Geldanlage mit einer Vielzahl von Verlustszenarien konfrontiert. Dazu gehören vor allem auch Länderrisiken, die mit der jeweiligen Politik und Währung verbunden sind. Enteignungen, spontane Gesetzesänderungen sowie (Unternehmens-)Steuererhöhungen mindern schnell den Anlageerfolg. Währungsrisiken bauen sich durch

Investitionen in fremde Währungsräume auf. Diese Risiken sind als global veranlagter Einkommensinvestor nahezu unumgänglich. Veränderte Wechselkurse können zu Buchverlusten sowie in der Heimatwährung gerechnet zu niedrigeren Ausschüttungen führen.

Neben diesen oft politisch getriebenen Fallstricken, die auch entwickelte Länder betreffen können, existieren Sektor- und Einzelwertrisiken. Die einzige effektive Möglichkeit, um die aufgeführten potenziellen Probleme bestmöglich zu managen, ist Diversifikation – wie eingangs zitiert das einzige Free Lunch!

Grundsätzlich bieten CEFs als Sammelanlage ein optimales Konstrukt, um die genannten Risiken zu steuern. Neben breit angelegten CEFs, die in ihrer Zusammensetzung einem weltweit gestreuten ETF sehr ähnlich sind, existieren auch CEFs mit hoch konzentrierten Portfolios. Teilweise werden CEFs sogar nur deswegen aufgelegt, um in Aktien eines einzigen Unternehmens, in eine Währung oder in ein spezifisches Edelmetall zu investieren. Die Prüfung der jeweiligen Diversifikation von CEFs ist demnach dringend geboten, um Klumpenrisiken zu vermeiden. Neben den Informationen im QUELLENVERZEICHNIS empfiehlt es sich, zur Prüfung der Diversifikation auch die Unterlagen auf den Internetseiten der Anbieter einzusehen.

Je nach Aufstellung lassen sich aus der Diversifikation anschließend denkbare Gewichtungen für einzelne Fonds ableiten. Für einen CEF, der beispielsweise global und breit über Sektoren gestreut in börsengehandelte Beteiligungen investiert, ist eine 10- oder höherprozentige Gewichtung im eigenen Depot grundsätzlich vertretbar. Bei spezialisierten CEFs, insbesondere bei solchen, die außerbörsliche Beteiligungen verwalten, ist allerdings Vorsicht geboten. Hier sollten Gewichtungen nicht über einen einstelligen Prozentbereich hinausgehen.

8.6 Volumencheck

Wie bei allen anderen Fondsgattungen auch ist das verwaltete Volumen eine kritische Kennzahl dafür, ob der Kauf eines Titels zweckmäßig ist oder besser unterlassen werden sollte. Dabei gilt fast ausnahmslos, dass höhere Volumina für Anleger besser sind als ein kleiner Kapitalstock. Je niedriger die Summe der verwalteten Mittel, desto schwieriger wird es, einen Fonds wirtschaftlich zu betreiben. Die Folgen eines kleinen Volumens reichen von Anhebungen der prozentualen Kostenquote bis hin zur Liquidierung. Gegen Letztere haben Anleger keine Handhabe.

Hohe Kosten können die langfristigen Renditen bei unverändertem Risikoprofil der zugrunde liegenden Beteiligungen deutlich schmälern. Eine Liquidation muss nicht zwingend problematisch sein. Sobald allerdings der Börsenhandel eines CEFs im Rahmen der Liquidation ausgesetzt wird, haben Anleger für einige Wochen bis Monate keinen Zugriff auf ihr investiertes Kapital. Bis zur Rückzahlung der Gelder ist die Anlage demnach illiquide und andere Investitionsmöglichkeiten können nicht wahrgenommen werden.

Hinweis: Es existieren einige wenige (vor allem kanadische) CEFs mit einem vorab festgelegten Liquidationstermin beziehungsweise »termination date«. Die termingerechte Liquidation erfolgt dann völlig unabhängig vom Volumen, der Werteentwicklung und etwaigen Perspektiven. In jedem Fall sollten Anleger prüfen, ob ein entsprechender Titel über einen solchen »termination date« verfügt und sich entsprechend darauf einstellen.

Fonds mit hohem NAV respektive hoher Marktkapitalisierung zahlen sich eher für Manager und Fondsgesellschaften aus, demnach ist eine Liquidation bei hoch kapitalisierten CEFs unwahrscheinlich. Zudem nimmt mit dem Volumen auch häufig die Handelsfrequenz zu, was in der Regel niedrigere Spreads nach sich zieht. Die effektiven Ein- und Ausstiegskosten für Anleger sinken also mit zunehmendem Kapitalstock. Zusätzlich zahlen sich höhere Volumina in der Regel auch durch niedrigere prozentuale Fondskosten aus.

Dieser Umstand ist darauf zurückzuführen, dass die Kosten der allgemeinen Fondsverwaltung meist nicht proportional zum verwalteten Vermögen steigen. Das bedeutet, dass mit zunehmendem Volumen das Verhältnis der allgemeinen Verwaltungskosten zum Fondsvermögen immer niedriger wird. Neben den allgemeinen Verwaltungskosten, die sich auf ein höheres Volumen verteilen können, passen viele Manager ihre Honorare auch dem Kapitalstock an. So werden ab einer definierten Schwelle häufig die Managementgebühren prozentual reduziert.

Ob ein Fonds ausreichend kapitalisiert ist, muss im Einzelfall entschieden werden. Das aktuelle Volumen kann auf den Seiten der Anbieter oder alternativ mithilfe der Quellenangaben im Anhang eingesehen werden. Bei einem Volumen von unter 100 Millionen Pfund oder Dollar – egal ob australische, kanadische oder US-amerikanische – sollte kritisch hinterfragt werden, ob das Management noch kosteneffizient arbeiten kann. Aufgrund der gesteigerten Liquidationsrisiken gilt es, bei solchen Titeln zudem noch mehr auf die NAV-Bewertung zu achten. Im Fall einer Liquidation werden aus NAV-Aufschlägen schnell realisierte Kursverluste. Im Fall eines Disagios kann eine Liquidation natürlich auch Kursgewinne nach sich ziehen.

8.7 Historiencheck

Börsenstrategien und Handelssysteme gibt es viele. Doch nicht alle diese Ansätze gehen mit schwarzen Zahlen einher. Zudem schaffen es nur wenige, jahrzehntelang profitabel zu bestehen. Auch über den Mantel von CEFs werden immer wieder neue Strategien in die Praxis umgesetzt. Vermeintlich innovative Ansätze mit Nischenthemen bringen modeabhängig mal mehr und mal weniger Erfolg. Die Beobachtungen lassen den Schluss zu, dass Spezialstrategien sowohl im negativen als auch im positiven Sinne deutliche Renditedifferenzen nach sich ziehen können. Welcher Ansatz erfolgreich war, ist leider immer erst in der Rückschau klar ersichtlich. Anleger, die nicht auf den Ausgang einer neuen Strategie spekulieren möchten, sollten sich auf CEFs konzentrieren, die bereits eine hinreichend lange Historie aufweisen.

Auch wenn sich historische Daten nicht einfach in die Zukunft extrapolieren lassen, so sind sie dennoch ein beziehungsweise der einzige Anhaltspunkt, um eine Vorstellung zum Rendite-Risiko-Profil bestimmter Anlagen zu erheischen. Außerdem ist die Wahrscheinlichkeit, dass über Jahrzehnte bewährte Strategien auch in Zukunft funktionieren werden, vergleichsweise hoch und Ansätzen ohne historische Referenz im Zweifel vorzuziehen.

Zur Historie eines CEFs gehören unter anderem der Zeitraum des Bestehens seit IPO, die Kurs- und NAV-Daten sowie die Ausschüttungsentwicklung. Besteht ein Fonds bereits lange am Markt, und das mit stabilen NAVs und Zahlungen? Höchstwahrscheinlich verfolgt dieser Fonds ein gut funktionierendes Anlagekonzept. Mit hoher Wahrscheinlichkeit dürfte sich dieses Konzept auch zukünftig für Anleger auszahlen. Doch wie sieht es bei sinkenden NAVs und Zahlungen aus? Schlechte Historien sind in einigen Fällen auf Makrothemen und weniger auf den Fonds selbst zurückzuführen.

Sollte sich beispielsweise der Immobiliensektor in einer Krise befinden, so wird selbst ein sehr gut verwalteter CEF höchstwahrscheinlich absolut gesehen schlechte Ergebnisse liefern, sofern es sich um einen Fonds mit Schwerpunkt auf REITs handelt. Bei einer späteren Erholung des Sektors kann der Fonds gegebenenfalls wieder ansprechende Renditen erzielen. Es handelt sich also nicht grundsätzlich um einen schlechten CEF, nur weil ein abgedeckter Markt sich gerade negativ entwickelt.

Manchmal ist es allerdings auch der strategische Ansatz eines Fonds, der nicht funktioniert. CEFs mit negativen Historien gilt es deshalb besonders kritisch zu prüfen. Kann nicht abschließend geklärt werden, ob schlechte Historien der Positionierung geschuldet waren oder ob sie ein dysfunktionales Konzept widerspiegeln, ist es ratsam, solche Titel zu meiden. Ebenso ist bei jungen CEFs ohne nennenswerte Historie Obacht geboten. Mit neu aufgelegten Titeln wird gelegentlich experimentiert, und die Erwartungen und Zielrenditen fallen systematisch zu optimistisch aus. Sollten die Ergebnisse eines solchen Experiments nicht befriedigend ausfallen, wird ein Fonds mit kurzer Lebenszeit auch schnell wieder liquidiert.

Das lange Bestehen eines CEFs ist hingegen häufig das Resultat eines besonders weitsichtigen Managements. CEFs, die teilweise über einhundert Jahre Fondsgeschichte atmen, haben allein aufgrund ihres

Nimbus einen hohen Wert für Fondsgesellschaften, zumal solchen Titeln offensichtlich ein funktionierendes Anlagekonzept zugrunde liegt. Um Fonds mit einer selbst mittelfristig nicht reproduzierbaren Reputation und Historie nicht liquidieren zu müssen, handelt das Management hier erfahrungsgemäß mit besonderem Bedacht. Das betrifft insbesondere den Kapitalhebel, der bei Traditionsfonds häufig nur in sehr bescheidenem Umfang eingesetzt wird. Sowohl die Wertentwicklung und Zahlungshistorie als auch das Alter eines CEFs haben für Anleger demnach einen hohen Informationsgehalt.

Die Historien lassen sich mithilfe der im QUELLENVERZEICHNIS geführten Angaben prüfen. Die historischen Kurs-, NAV- und Zahlungsschwankungen sollten dabei mit den eigenen Vorstellungen abgeglichen werden. Fonds, die regelmäßig ihre Ausschüttungen komplett aussetzen, dürften beispielsweise kaum zu Anlegern passen, die möglichst stabile Zahlungen anstreben.

Wer hingegen langfristig real möglichst gleichbleibende Barerträge vereinnahmen möchte, sollte auch auf schwankende, aber langfristig nominal steigende Ausschüttungen achten. Darüber hinaus hat sich als Faustregel ein CEF-Mindestalter von zwei Jahren etabliert, ab dem Anleger eine Investition in Betracht ziehen sollten. Fonds unterhalb dieser Schallmauer verkehrten (noch) im Blindflug ohne nennenswerten Beleg für die Tragfähigkeit der verfolgten Strategie.

8.8 Stabilitätscheck

Doch selbst wenn ein CEF jahrzehntelang seine Ausschüttungen stets in voller Höhe decken konnte, sind Zahlungen aus der Substanz für die Zukunft nicht ausgeschlossen. Ein solcher Fall wäre für Anleger, die ihren Kapitalstock erhalten möchten, eine ebenso überraschende wie unschöne Wende. Historisch betrachtet kommt es allerdings äußerst selten vor, dass CEFs mit stabilem NAV-Verlauf damit anfangen, Ausschüttungen aus der Substanz zu tätigen. Und wenn es doch einmal zu derartigen Einzelfällen kommt, dann meist, um kurzfristige

Ertragsdurststrecken zu überbrücken, für die im Idealfall in guten Zeiten liquide Mittel zurückgelegt wurden.

Fonds mit historisch dauerhaft oder häufig sinkenden NAVs neigen hingegen dazu, auch zukünftig mehr auszuschütten, als tatsächlich erwirtschaftet wurde. Dieser Umstand ist vermutlich darauf zurückzuführen, dass entsprechende Manager bei schlechter NAV-Entwicklung wenigstens auf hohe Zahlungen – die aber nach wie vor nicht gedeckt sind – verweisen möchten oder aber der CEF sukzessive abgewickelt werden soll. Für Investoren, welche die Zahlungsnachhaltigkeit nicht hinterfragen, mag das beschwichtigend wirken. Andere Anleger wiederum mag der Kapitalverzehr aufgrund der verbleibenden Lebenserwartung und mangels Erben nicht stören.

Es lässt sich festhalten, dass historische Substanzzahler in der Regel auch zukünftig Substanzzahler bleiben und wertstabile CEFs höchstwahrscheinlich weiterhin ihre Zahlungen decken werden, beziehungsweise ihre Zahlungshöhe so anpassen, dass die Substanz nicht ausgehöhlt wird. Um das Risiko von Substanzzahlungen weitestgehend zu begrenzen, sollte folglich geprüft werden, ob ein Fonds historisch wertstabil war oder ob er als Substanzzahler einzuordnen ist. Diese Einordnung ist in der Regel einfacher als gedacht.

Um zu bewerten, ob ein CEF in der Vergangenheit nachhaltige Ausschüttungen geleistet hat, reicht als grobe Faustregel oft schon die Betrachtung des historischen NAV-Verlaufs. Diese Daten finden sich entweder auf den Seiten der Anbieter oder mit Hilfe der Informationen im QUELLENVERZEICHNIS. Bleibt der NAV pro Anteil seit der Fondsauflage stabil oder ist er sogar gestiegen? Dann waren die Ausschüttungen in der Vergangenheit nachhaltig. Bei lange am Markt bestehenden CEFs ist in der Regel nicht mehr davon auszugehen, dass ein solcher Fonds doch noch zum chronischen Substanzzahler wird.

Sollte ein CEF allerdings Zahlungen leisten, und das, obwohl der NAV pro Anteil niedriger ist als zur Auflage, dann handelt es sich höchstwahrscheinlich um einen Fonds, der als Substanzzahler einzuordnen ist. Ausnahmen davon bilden Fonds, die ausschließlich Erträge wie Dividenden weiterleiten und keine Beteiligungen verkaufen, um

Ausschüttungen zu speisen. Ein Beteiligungsportfolio aus Dividendenaktien kann jederzeit im Wert fallen, was auch direkt am NAV eines CEFs sichtbar wäre. Die Aktien könnten allerdings in Zukunft auch wieder steigen, was eine Erholung des NAVs zur Folge hätte. Solang ein solcher Fonds keine Beteiligungen verkauft und nur vereinnahmte Dividenden ausschüttet, sind solche Fälle demnach als schlechte Kursentwicklung der Beteiligungen zu werten und nicht als Substanzzahlung.

Um zu klären, ob es sich um eine solche Ausnahme von der Regel handelt, kann es hilfreich sein, eine für den Fonds geeignete Benchmark heranzuziehen. Angenommen ein CEF investiert weltweit in Unternehmen aus dem Erneuerbare-Energien-Bereich und verzeichnet seit Jahren NAV-Verluste bei gleichzeitig hohen Ausschüttungen. Sollte ein Index für vergleichbare Beteiligungen eine entgegengesetzte Entwicklung aufzeigen, so ist davon auszugehen, dass in der Vergangenheit nicht nur Dividenden weitergeleitet wurden, sondern der CEF darüber hinaus den Kapitalstock angegriffen hat.

Handelt es sich hingegen um einen CEF, der beispielsweise in Pipeline-Betreiber investiert, und die Indizes auf entsprechende Titel fallen seit Jahren, so ist es wahrscheinlich, dass nicht Substanzzahlungen an etwaigen NAV-Verlusten schuld sind. Eine zukünftige Erholung des inneren Wertes wäre in diesem Fall denkbar.

8.9 Kostencheck

Um auch in Zeiten niedriger oder gar negativer Renditen von CEFs nicht auch noch zu viel draufzuzahlen, ist es unerlässlich, auf eine angemessene Gebührenstruktur zu achten. Diese wird auf den Internetseiten der Fondsanbieter regelmäßig veröffentlicht. Alternativ lassen sich die um Hebelaufwendungen bereinigten Kostenquoten vieler CEFs auch mithilfe der Informationsdienste im QUELLENVERZEICHNIS finden.

Um zu beurteilen, ob die Kostenquote eines Titels für einen abzudeckenden Bereich angemessen oder überzogen ist, sollte zunächst geprüft werden, mit welchen Renditen in dem jeweiligen Markt überhaupt gerechnet werden kann. Bei Spezialthemen wie Wagniskapitalfinanzierungen mit branchenüblichen zweistelligen Jahresrenditen sind beispielsweise höhere Kosten vertretbar als bei einem verwalteten Pool aus Triple-A Staatsanleihen, deren Renditen, sofern überhaupt vorhanden, nur sehr niedrig ausfallen.

Sollte ein CEF in einem Markt mit niedrigen erwarteten Renditen sehr hohe Kosten berechnen und auch im Vergleich zu ähnlich positionierten Fonds relativ teuer sein, ist das aus Anlegersicht erst einmal ein klarer Minuspunkt. Es kann sich dennoch lohnen, einen solchen CEF zu kaufen, so zum Beispiel, wenn er zu hohen Abschlägen gehandelt wird. Wie sich Abschläge auf die effektiven Kosten für Anleger auswirken können, wurde in KAPITEL 6.9 als einer der Vorteile von CEFs erläutert. Für einen genauen Vergleich zwischen CEFs lohnt es sich deshalb, die um Hebelkosten und Abschlagszusatzrenditen bereinigten Kostenquoten der jeweiligen CEFs zu berechnen.

Erweisen sich mehrere CEFs bezüglich aller anderen Parameter als weitgehend ähnlich, so kann der Fonds mit der niedrigeren adjustierten Kostenquote für einen Kauf bevorzugt werden. Als Faustregel gilt, dass die bereinigten Kostenquoten von CEFs nicht mehr als 1,50 Prozent des verwalteten Vermögens pro Jahr betragen sollten. Höhere Kosten sind nur in Ausnahmefällen, wie etwa den BDCs, zu rechtfertigen. In keinem Fall sollten sich Anleger mit überhöhten adjustierten Kostenquoten zufriedengeben, nur weil die Performance eines Titels in der Vergangenheit gut war.

8.10 Hebelcheck

Wie riskant ein CEF positioniert ist, hängt ganz wesentlich von der Strategie und den eingegangenen Beteiligungen ab. Daneben können durch die Anwendung eines Kapitalhebels auf Fondsebene weitere Risiken entstehen. Warum und wie sich diese Risiken manifestieren können, wurde in KAPITEL 7.5 erörtert. Um keine zu offensiven oder auch möglicherweise zu defensiven CEFs in Bezug auf den Hebel auszuwählen, sollte dieser Parameter in jedem Fall in die Gesamtbetrachtung mit einfließen.

Zur Prüfung des Hebeleinsatzes gehören folgende Fragen: Wie fallen die zugelassenen Hebelgrenzen in Abhängigkeit des Domizils aus? Hat ein Fonds gemäß Prospekt selbst auferlegte Hebelgrenzen? Und wie stark arbeitet ein Titel im Moment tatsächlich mit fremdem Kapital? Die regulatorischen Hebelgrenzen wurden in KAPITEL 3 erläutert, die aktuellen Verschuldungsquoten lassen sich mithilfe der im QUELLENVERZEICHNIS geführten Angaben recherchieren. Selbstauferlegte Hebelvorgaben sind in den meisten Fällen ausschließlich in den Fondsprospekten einsehbar. Viele CEFs schließen beispielsweise die Aufnahme von fremdem Kapital grundsätzlich aus, auch wenn die regulatorisch zulässig wäre.

Bei der Prüfung des Hebels gilt es, die erwartete Volatilität in einem abzudeckenden Markt mit der Verschuldung eines CEFs abzugleichen. War die Schwankungsbreite bestimmter Beteiligungen historisch relativ hoch, ist es auch überproportional riskant, in diesem Bereich stark gehebelt engagiert zu sein. Schwankungsärmere Beteiligungen lassen sich hingegen mit einem nennenswerten Kapitalhebel kombinieren, ohne zu hohe Risiken einzugehen.

Auch wenn es immer auf den einzelnen CEF und die enthaltenen Beteiligungen ankommt, lassen sich zwei Richtwerte für den Hebeleinsatz angeben. Um keine zu hohen Hebelrisiken einzugehen, sollte die Verschuldungsquote aktienlastiger CEFs zwischen 0 und maximal 30 Prozent liegen, bei Fonds mit Schwerpunkt auf klassisch verzinsten Papieren sind Quoten zwischen 0 und 40 Prozent vertretbar. Zwar sorgen Verschuldungsquoten von bis zu 30 Prozent respektive 40 Prozent durchaus für eine höhere Volatilität des Papiers und zudem kann es in entsprechenden Marktphasen zu Hebelverlusten kommen, ein Totalverlust sollte damit jedoch in den meisten Fällen vermeidbar sein.

Natürlich kann es auch lukrativ sein, CEFs mit höheren Verschuldungsquoten zu kaufen. Bei solchen Titeln muss allerdings der komplette Verlust des eingesetzten Kapitals einkalkuliert werden. Von soliden Einkommensinvestitionen kann dann selbstredend nicht mehr die Rede sein. Zu beachten gilt es auch, dass bereits stark gehebelte CEFs gerade dann zur Entschuldung (Deleveraging) gezwungen sein können, nachdem der Wert der Beteiligungen in den Keller gegangen ist; zum Beispiel im Zuge eines Börsencrashs. In diesem Fall muss das Management zu einem denkbar ungünstigen Zeitpunkt Teile des Tafelsilbers veräußern, welches dann natürlich für einen kommenden Aufschwung nicht mehr zur Verfügung steht und das Erholungspotenzial limitiert.

Ein bewährter Kompromiss zwischen einem komplett hebelfreien Investieren und dem Ausreizen des Fremdkapitallimits ist eine Verschuldungsquote zwischen 1 und 15 Prozent. Hierdurch können Mehrrenditen bei sehr begrenzten Risiken erzielt werden. Neben diesen groben Richtwerten hängt die Beurteilung des Hebels auch immer von den individuellen Vorstellungen ab. Reagiert ein Anleger sehr empfindlich auf Volatilität, so bieten sich vermutlich nur hebelfreie CEFs an.

8.11 Steuercheck

Bei CEFs kann es ein besonderes Ärgernis sein, wenn erst nach dem Kauf eines Titels festgestellt wird, dass bereits auf Fondsebene hohe Steuern anfallen. Wie negativ sich solche nicht anrechenbaren fiskalischen Verluste für Anleger auswirken können, wurde bereits in KAPITEL 7.4 ausgeführt. Sicher vermeiden lassen sich diese unnötigen Belastungen nur durch einen Blick in den jeweiligen Jahresabschluss. Dort werden gegebenenfalls anfallende Quellensteuern und sonstige Steuern ausgewiesen. Je höher die ausgewiesenen Steuern im Verhältnis zu den Erträgen sind, desto schlechter werden die Ausgangsbedingungen für Anleger.

Investoren, die keine Jahresabschlüsse studieren und dennoch das Risiko zu viel gezahlter und nicht anrechenbarer Steuern weitestgehend begrenzen möchten, können zwei einfache Leitsätze befolgen. Zum einen sollte der abzudeckende Markt mit dem Domizil des Fonds übereinstimmen. Wer beispielsweise kanadische Aktien im Mantel eines CEFs erwerben möchte, sollte sich für einen in Kanada domizilierten CEF entscheiden. Zwischen Aktiengesellschaften und Fonds fällt in dieser Kombination keine Quellensteuer auf Dividenden an. Gleiches gilt analog auch bei Fonds mit Options- oder Fixed-Income-Strategie; auch hier sollten grundsätzlich keine Quellensteuern auf Fondsebene anfallen.

Der zweite Leitsatz ist, dass in diesem speziellen Fall australische LICs für nicht in Australien veranlagte Investoren zu meiden sind. Ohne Bilanzprüfung lässt sich nicht sagen, ob und wie hoch ein entsprechender Titel auf Fondsebene besteuert wird. Steuerlich unproblematisch sind hingegen die australischen LITs. Diese werden normalerweise nicht intern besteuert, worauf noch einmal in KAPITEL 10.3 eingegangen wird.

Sollten bei einem CEF doppelt gezahlte Steuern unentdeckt bleiben, wird das vermutlich nicht die Rendite des gesamten CEF-Portfolios verhageln. Es sollte allerdings im Interesse eines jeden Anlegers liegen, die Chancen auf gute Ergebnisse zu optimieren. Steuern können sich hierbei als ein großer Kostenblock bei Investitionen erweisen.

8.12 Aktualitätscheck

Vor dem Kauf von CEFs sollte, wie bei jeder anderen Geldanlage auch, geprüft werden, ob es zur Zielinvestition relevante Mitteilungen und Neuigkeiten gibt. Alle Nachrichten rund um CEFs lassen sich auf den jeweiligen Seiten der Fonds einsehen. Besonders wichtig für CEFs sind beispielsweise Ankündigungen, die einen Merger, also einen Zusammenschluss mehrerer Fonds betreffen. In dem Fall gilt es, die vorgeschlagenen Bedingungen der Fusion genau unter die Lupe zu nehmen. Gerade CEF-Einsteiger sollten von solchen Sondersituationen allerdings tendenziell Abstand halten.

Bei CEFs kann es ferner gelegentlich zu Liquidationen kommen. Vor allem dann, wenn junge Fonds kontinuierlich schlechte Ergebnisse liefern und dadurch das verwaltete Volumen stark abnimmt, entscheiden sich viele Fondsgesellschaften dazu, eine Sammelanlage aufzulösen. Auch Fonds, die eine solche Liquidation anstreben, sollten von Einsteigern gemieden werden. Natürlich kann es sich lohnen, einen Titel zu Abschlägen zu kaufen, um dann auf die Liquidation auf NAV-Niveau zu spekulieren. Für Anleger, die langfristig regelmäßige Ausschüttungen generieren wollen, ist dieses kurzfristig orientierte Vorgehen aber meist ungeeignet. Zudem werden derartige Umstände schnell eingepreist, was den Kurs rasch dem NAV angleichen sollte.

Unproblematisch ist hingegen in aller Regel die Ankündigung, eine Kapitalerhöhung durchführen zu wollen. Solang die Ausgabe neuer Anteile mindestens auf NAV-Niveau durchgeführt wird, was in den etablierten Jurisdiktionen gesetzlich vorgeschrieben ist, spricht nichts gegen den Kauf eines CEFs. Bei der Ausgabe von Anteilen mit Agio würde ein Fonds sogar Emissionsgewinne erzielen, was zumindest Bestandsanteilseigner freuen dürfte. Zusätzlich können bei einem höheren Fondsvolumen potenziell die Kosten je Anteil gesenkt werden.

Angekündigte Rückkäufe führen hingegen zum Rückgang des NAV. Solang das Fondsvolumen groß genug ist, sind Rückkäufe zu Abschlägen ein direkter Gewinn für Anteilseigner. Zu hohe und häufige Rückkäufe können allerdings auch zu einer sukzessiven Liquidation des Fonds führen. Sonstige Ankündigungen, wie beispielsweise eine Anpassung der Ausschüttungspolitik oder die Änderungen des Investitionsstils, erfordern ebenfalls ein individuelles Abwägen.

Als Faustregel gilt: Je weniger Neuigkeiten und Veränderungen es rund um einen CEF gibt, desto besser für langfristig orientierte Anleger. Für aktive Investoren, die kurzfristig handeln, können Ankündigungen durchaus Gelegenheiten für Zusatzrenditen bieten.

8.13 NAV-Check

Wie bereits mehrfach in den vorangegangenen Kapiteln erläutert wurde, ist einer der größten Vorteile von CEFs ihre geschlossene und gleichzeitig börsennotierte Struktur. Durch diese Besonderheit können CEFs regelmäßig zu Abschlägen vom inneren Wert gekauft werden, was sich direkt positiv auf die Barrendite auswirken kann. Bei einer Normalisierung der Bewertung lassen sich zudem Kursgewinne realisieren. In Summe kann der Kauf von CEFs zu Abschlägen somit die erzielbaren Gesamtrenditen deutlich steigern. Bedingt durch diese Zusatzrenditen können CEFs auch günstigen ETFs aus effektiver Kostensicht in nichts nachstehen.

Sollten CEFs statt mit Abschlägen zu Agios erworben werden, kehren sich die Besonderheiten dieser Fondsart in der Regel ins Negative um. Damit Anleger nur von den Vorteilen profitieren und nicht die eventuellen Risiken der Überbewertung eingehen, ist es vor dem Kauf von CEFs unumgänglich, das Verhältnis zwischen Börsenpreis und NAV zu prüfen. Die dafür notwendigen Angaben lassen sich direkt auf den Internetseiten der jeweiligen Fonds einsehen oder alternativ mithilfe der Informationen im QUELLENVERZEICHNIS aufspüren.

Ist der Preis eines CEF-Anteils gleichauf mit dem NAV pro Anteil oder liegt er sogar darunter, dann spricht aus Sicht der NAV-Bewertung nichts gegen diesen Titel. Sollten Anteile allerdings zu Aufschlägen notieren, so lohnt sich der Einstieg normalerweise nicht. In diesen Fällen bietet sich eine Beobachtung des Titels an, bis wieder ein akzeptables Bewertungsniveau erreicht ist. Geduld macht sich an dieser Stelle wortwörtlich bezahlt. Alternativ gibt es zu vielen CEFs auch Pendants, die möglicherweise sogar gerade unterbewertet sind. Ein Abgleich mit den Bewertungen ähnlicher Fonds kann sich hier demnach anbieten. Wer besonders günstige Einstiege sucht, kann zusätzlich die historische NAV-Bewertung von CEFs betrachten.

Beispiel: Angenommen, der ABC-CEF wurde in den letzten zehn Jahren mit Abschlägen zwischen 5 und 15 Prozent gehandelt. Sollte der Titel nun plötzlich an Beliebtheit gewinnen und mit einem 2-prozentigen Discount notieren, so wäre der Fonds relativ zur historischen Bewertung teuer. Es gibt also immer eine absolute und eine relative Bewertung. Im besten Fall kaufen Anleger CEFs, die sowohl absolut in

Bezug auf den NAV als auch aus historischer Sicht relativ unterbewertet sind.

Übersteht ein Titel einzelne Punkte des 12-Punkte-CEF-Checks nicht, so sollte von einem Kauf zunächst abgesehen werden. Eine weitere Beobachtung kann sich aber auch bei solchen Fonds lohnen, da sich die meisten Parameter laufend ändern. So können beispielsweise Kosten gesenkt und Ausschüttungen wieder auf ein nachhaltig erzielbares Niveau gebracht werden.

Alle vorselektierten Titel, die den 12-Punkte-CEF-Check bestanden haben, können anschließend bei einem passenden Broker geordert werden. Die Themen Broker und Besteuerung werden in KAPITEL 10 noch einmal separat besprochen. Generell ist beim Handel von CEFs auf angemessene Orderkosten sowie auf Spreads zu achten. Am niedrigsten ist die Handelsspanne normalerweise an den Heimatbörsen. Unabhängig davon, wie hoch die Spreads ausfallen, sollte immer mit Limit gehandelt werden. Nur so ist die bestmögliche Nutzung von Abschlägen möglich.

Für CEF-Anleger empfiehlt es sich, den 12-Punkte-CEF-Check im Rhythmus von zwei Jahren bei den im eigenen Bestand gehaltenen Fonds zu wiederholen. Bestehen die Titel dann erneut alle Punkte, können sie im Portfolio verbleiben. Fällt ein Titel wider Erwarten durch, gilt es ernsthaft abzuwägen, ob die Position nicht verkauft respektive gegen einen ähnlichen Fonds getauscht werden sollte. Das laufende Nachverfolgen von Neuigkeiten rund um die eigenen CEFs ist nicht zwingend erforderlich.

9

Musterportfolios

9.1 Unterteilung und Kategorien

Auf theoretische Inhalte muss schließlich auch ein Praxisteil folgen. Und was könnte praxisnaher sein als die Aufstellung verschiedener CEF-Musterportfolios. Diese umfassen aus Sicht der Autoren eine Vielzahl potenziell interessanter CEFs. Da jeder Anleger unter Wertungen wie »offensiv« oder »defensiv« etwas anderes versteht, wurden die Musterportfolios bewusst nach Einkommensstrategien beziehungsweise CEF-Kategorien unterteilt.

So können Investoren selbst entscheiden, welche CEFs im Rahmen der eigenen Risikotoleranz und -tragfähigkeit als geeignet oder ungeeignet einzustufen sind. Für die praktische Umsetzung ist selbstverständlich auch eine Kombination der Musterportfolios denkbar, um ein über unterschiedliche Einkommensquellen diversifiziertes Depot aufzubauen. Ein abschließender Hinweis: Alle Titel haben den 12-Punkte-CEF-Check durchlaufen und wurden somit auch hinsichtlich Substanzzahlungen und Steuern auf Fondsebene geprüft.

9.2 Dividendenstrategie

Position 1:
Edinburgh Investment Trust PLC (LSE: EDIN)
Eckdaten:

- Domizil: Vereinigtes Königreich
- Auflagejahr: 1889
- Zahlungsfrequenz: Quartalsweise
- Managementkosten: 0,465 bis 0,48 Prozent pro Jahr
- Renditespanne: 2,25 bis 7,57 Prozent

Fondsprofil:
Einhundert Jahre nach Beginn der Französischen Revolution erblickte der Edinburgh Investment Trust das Licht der Börsenwelt. Zunächst legte auch dieser Fonds, ähnlich wie der Merchants Trust, seinen Fokus auf globale außerbörsliche Investitionen. Heutzutage verfolgt der CEF das Ziel, höhere Wertzuwächse als der FTSE All-Share, ein Kursindex für britische Aktiengesellschaften, zu erzielen, und das bei Ausschüttungssteigerungen über dem Inflationsniveau.

Das Portfolio des Edinburgh Investment Trusts besteht aus 40 bis 50 hoch kapitalisierten Unternehmen mit Schwerpunkt im Vereinigten Königreich. Bis zu 20 Prozent des Fondsvermögens darf in Titel angelegt werden, die ihren Hauptsitz im Ausland haben. Insgesamt liegt der Fokus auf dividendenstarken Beteiligungen, und das breit gestreut über alle Branchen und Sektoren. Um Einzelwertrisiken zu begrenzen, sind Emittenten in ihrer Gewichtung auf 10 Prozent gedeckelt.

Der Edinburgh Investment Trust konnte sowohl im Dotcom-Crash als auch in der Weltfinanzkrise die Ausschüttungen stabil halten. Während des Shutdown-Crashs wurden die Quartalszahlungen zunächst abgesenkt. Durch eine Sonderausschüttung waren die Zahlungen auf Jahressicht aber stabil. Aufgrund des frühen Auflagedatums kann für den Edinburgh Investment Trust keine vollständige historische Renditespanne angegeben werden.

Im Zeitraum 2000 bis 2021 konnten Investoren Ausschüttungsrenditen zwischen 2,25 und 7,57 Prozent erzielen. Die Verschuldungsquote des Fonds soll zwischen 0 und 25 Prozent liegen.

Position 2:
BKI Investment Company Ltd. (ASX: BKI)
Eckdaten:

- Domizil: Australien
- Auflagejahr: 2003
- Zahlungsfrequenz: Halbjährlich
- Managementkosten: 0,10 Prozent pro Jahr
- Renditespanne: 2,60 bis 7,32 Prozent

Fondsprofil:
Im Jahr 1980 entschloss sich das australische Bauunternehmen Brickworks Ltd. dazu, neben seinem Kerngeschäft auch Investitionen an der Börse zu tätigen. Ziel dieses Vorhabens war es, nicht nur von potenziellen Kursgewinnen zu profitieren, sondern darüber hinaus eine weitere Umsatzquelle in Form von stetig steigenden Dividenden zu erschließen. Erstellt wurde letztlich ein diversifiziertes Portfolio heimischer Aktiengesellschaften.

Im Rahmen einer Ausgliederung des Investitionsgeschäfts übernahm die dazu gegründete BKI Investment Company im Jahr 2003 diesen Wertpapierbestand. Dieser als LIC regulierte CEF verfolgt nach wie vor das Ziel, ein laufendes Einkommen für die Anteilseigner zu erwirtschaften, und das bei gleichzeitigen Wertzuwächsen. Dafür investiert der Fonds in ein über Sektoren breit gestreutes Portfolio australischer Aktiengesellschaften. Besonders hoch gewichtet werden dabei Unternehmen mit Dividendenwachstumspotenzial. Im Rahmen der Weltfinanzkrise konnte der CEF die Ausschüttungen stabil halten.

Das gelang allerdings nicht während des Shutdown-Crashs. Dieser hatte eine temporäre Zahlungssenkung um 36,1 Prozent zur Folge. Die Renditespanne der Ausschüttungen lag historisch zwischen 2,60 und 7,32 Prozent. Die BKI Investment Company ist mit jährlichen

Managementkosten von 0,1 Prozent einer der günstigsten CEFs weltweit. Das Management arbeitet nicht mit fremdem Kapital.

Position 3:
John Hancock Tax-Advantaged Dividend Income Fund Inc. (NYSE: HTD)
Eckdaten:

- Domizil: Vereinigte Staaten
- Auflagejahr: 2004
- Zahlungsfrequenz: Monatlich
- Managementkosten: 1,14 Prozent pro Jahr
- Renditespanne: 5,61 bis 24,53 Prozent

Fondsprofil:
Im Jahr 2004 wurde der John Hancock Tax-Advantaged Dividend Income Fund mit dem Ziel aufgelegt, für die Anteilseigner möglichst hohe Gesamtrenditen zu erwirtschaften. Dieses Ziel soll durch hohe Ausschüttungen und gleichzeitige Wertzuwächse erreicht werden. Im Gegensatz zu vielen anderen CEFs hat dieser Titel einen klaren Branchenfokus. So sind Versorgerunternehmen im Portfolio übergewichtet.

Investiert werden mindestens 80 Prozent des Fondskapitals in Anlagen mit überdurchschnittlich hohen Barrenditen. Neben Aktien sind das in geringem Umfang zudem Preferred Shares und Anleihen. Geografisch dominieren das Beteiligungsportfolio Unternehmen mit Hauptsitz in den Vereinigten Staaten. Dazu kommen Beimischungen aus anderen Industrieländern. Der John Hancock Tax-Advantaged Dividend Income Fund verfügt über eine MDP, die eine monatliche Mindestausschüttung vorsieht. Zudem werden regelmäßig performanceabhängige Sonderzahlungen getätigt. In der Weltfinanzkrise musste der Fonds seine Ausschüttungen um 38,6 Prozent reduzieren, konnte diese aber in den folgenden Jahren wieder anheben.

Im Shutdown-Crash waren hingegen keine Anpassungen notwendig. Je nach Einstiegskurs konnten sich Anleger bei diesem Titel historisch Ausschüttungsrenditen zwischen 5,61 und 24,53 Prozent sichern.

Zur langfristigen potenziellen Steigerung der Renditen setzt auch dieser Fonds einen Kapitalhebel ein. Die Verschuldungsquote soll dabei zwischen 0 und 33,33 Prozent liegen.

Position 4:
Adams Natural Resources Fund Inc. (NYSE: PEO)
Eckdaten:

- Domizil: Vereinigte Staaten
- Auflagejahr: 1929
- Zahlungsfrequenz: Quartalsweise
- Managementkosten: 1,47 Prozent pro Jahr
- Renditespanne: 4,03 bis 15,18 Prozent

Fondsprofil:
Ursprünglich unter dem Namen Petroleum Corporation of America aufgelegt, zählt der Adams Natural Resources Fund zu den ältesten US-CEFs. Seit der Auflage sind die erklärten Ziele des Fonds der Schutz des Kapitalstocks, angemessene Ausschüttungen sowie langfristige Wertzuwächse.

Zur Erreichung der Ziele hält der Titel ein diversifiziertes Beteiligungsportfolio mit Schwerpunkt auf liquide handelbare und Dividenden zahlende Unternehmen aus dem Energie- und Rohstoffsektor. Mindestens 80 Prozent des Portfolios müssen auf diese Sektoren entfallen. Geografisch liegt der Schwerpunkt auf den Vereinigten Staaten. Der CEF verfügt, ebenso wie der Adams Diversified Equity Fund aus dem gleichen Haus, über eine LDP, in der eine Mindestausschüttungsrendite in Bezug auf den NAV von 6 Prozent pro Jahr angestrebt wird. Die Ausschüttungen tätigt der Fonds in drei kleineren Quartalszahlungen und einer deutlich größeren Schlusszahlung am Jahresende.

Aufgrund der Koppelung der Ausschüttungen an den NAV war die Höhe der Barerträge in der Vergangenheit sehr schwankungsintensiv. So mussten im Dotcom-Crash die Ausschüttungen temporär um 52,3 Prozent reduziert werden, in der Weltfinanzkrise um 70,6 und im Shutdown-Crash um 33,7 Prozent. Abhängig von den Kursen konnten

Anleger bei diesem CEF historisch Ausschüttungsrenditen zwischen 4,03 und 15,18 Prozent erzielen. Der Fonds arbeitet nicht mit fremdem Kapital.

9.3 Kursgewinnstrategie

Position 1:
Tekla Life Sciences Investors Inc. (NYSE: HQL)
Eckdaten:

- Domizil: Vereinigte Staaten
- Auflagejahr: 1992
- Zahlungsfrequenz: Quartalsweise
- Managementkosten: 1,00 Prozent pro Jahr
- Renditespanne: 1,73 bis 21,33 Prozent

Fondsprofil:
Tekla Life Sciences Investors ist ein auf den Gesundheitssektor spezialisierter CEF. Neben Biotechnologie- und Forschungsunternehmen hält der Fonds Beteiligungen an Krankenhausbetreibern, Medizintechnikherstellern, Pharmakonzernen, Agrargesellschaften und Umwelttechnikunternehmen. Durch diesen Anlageschwerpunkt strebt das Management langfristig positive Gesamtrenditen mit Potenzial auf Überrenditen im Vergleich zum gesamten Aktienmarkt an.

Bei der Titelauswahl bevorzugt das Management niedrig kapitalisierte und aufstrebende Unternehmen. Neben regulären Aktiengesellschaften können das in geringerem Umfang auch außerbörsliche Beteiligungen sein. Geografisch dominieren im Fonds Unternehmen mit Hauptsitz in den Vereinigten Staaten. Bis zu 25 Prozent des Anlagevermögens darf zudem außerhalb der USA investiert sein.

Auch dieser CEF verfügt über eine LDP, welche eine 2-prozentige Ausschüttung in Bezug auf den NAV pro Quartal vorsieht. Bei nicht reinvestierten Zahlungen und einem stabilen Beteiligungsportfolio entspricht das einer 8-prozentigen NAV-Ausschüttungsrendite. Da die Tekla Life Sciences Investors Ausschüttungen im Wesentlichen über die Realisierung von Kursgewinnen generiert und die Zahlungen gleichzeitig an den NAV gekoppelt sind, waren jene historisch auch sehr schwankungsreich.

Im Dotcom-Crash war eine temporäre Zahlungskürzung von 70,2 Prozent notwendig, in der Weltfinanzkrise betrug diese 66,2 Prozent. Im Shutdown-Crash konnten die Ausschüttungen hingegen um 11,4 Prozent angehoben werden. Die Renditespanne lag historisch zwischen 1,73 und 21,33 Prozent. Dieser CEF nutzt für Investitionen ausschließlich eigene Mittel.

Position 2:
Lazard Global Total Return & Income Fund, Inc. (NYSE: LGI)
Eckdaten:

- Domizil: Vereinigte Staaten
- Auflagejahr: 2004
- Zahlungsfrequenz: Monatlich
- Managementkosten: 1,21 Prozent pro Jahr
- Renditespanne: 5,51 bis 15,07 Prozent

Fondsprofil:
Der Lazard Global Total Return & Income Fund strebt möglichst hohe Gesamtrenditen an, bestehend aus regelmäßigen Zahlungen und langfristigen Wertzuwächsen. Um diese Ziele zu erreichen, investiert der Fonds in circa 60 bis 80 internationale Aktiengesellschaften mit Schwerpunkt auf Unternehmen, die eine Marktkapitalisierung von mindestens 2 Milliarden US-Dollar aufweisen. Dabei ist das Beteiligungsportfolio über zahlreiche Sektoren breit gestreut.

Auch wenn der Fonds keine generellen Vorgaben in Bezug auf die Gewichtung von Ländern und Sektoren hat, so versucht das Management sich diesbezüglich trotzdem am MSCI All Country World Index (MSCI ACWI) zu orientieren. In geringem Umfang tätigt der Fonds zudem Währungsgeschäfte in Schwellenländern sowie Investitionen in Schwellenländeranleihen. Diese Aktivitäten sind auf 12 Prozent des

NAVs begrenzt. Es handelt sich bei dem Lazard Global Total Return & Income Fund somit um einen echten ausschüttungsstarken Weltfonds. Damit Anlegern eine Kalkulationsgrundlage bezüglich der Ausschüttungen zur Verfügung steht, hat auch dieser CEF eine LDP erlassen. Angestrebt werden monatliche Zahlungen, die einer annualisierten Rendite in Bezug auf den NAV von 7 Prozent entsprechen.

Durch diese LDP bedingt mussten die Ausschüttungen zwischen 2007 und 2009 temporär um 40,1 Prozent reduziert werden. Im Jahr des Shutdown-Crashs wurden die Zahlungen hingegen um 29,62 Prozent angehoben. Je nach Kurs konnten sich Anleger bei diesem CEF historisch Einstandsbarrenditen von 5,51 bis 15,07 Prozent sichern. Zur potenziellen Renditesteigerung setzt dieser Fonds einen Kapitalhebel ein. Die Verschuldungsquote soll dabei zwischen 0 und 33,33 Prozent liegen.

Position 3:
New Germany Fund Inc. (NYSE: GF)
Eckdaten:

- Domizil: Vereinigte Staaten
- Auflagejahr: 1990
- Zahlungsfrequenz: Halbjährlich
- Managementkosten: 0,65 Prozent pro Jahr
- Renditespanne: 0,00 bis 25,30 Prozent

Fondsprofil:
Gemanagt von der deutschen DWS Group versucht der New Germany Fund, langfristig positive Renditen zu erwirtschaften. Dafür werden mindestens 80 Prozent des Fondsvermögens in Aktiengesellschaften investiert, die ihren Hauptsitz in Deutschland haben. Bis zu 20 Prozent des Kapitals darf in Wertpapiere ausländischer Emittenten angelegt werden.

Bei der Titelauswahl konzentriert sich das Fondsmanagement auf mittelgroße Unternehmen beziehungsweise Mid Caps, also auf Gesellschaften, die weder eine besonders hohe noch eine besonders niedrige

Marktkapitalisierung aufweisen. Kein Sektor soll dabei eine Gewichtung von 25 Prozent überschreiten. Um eine ausreichende Diversifikation zu gewährleisten, dürfen einzelne Unternehmen nicht mehr als 15 Prozent des Fondsvermögens auf sich vereinen.

Ein besonderes Merkmal des New Germany Funds ist die schwankungsreiche Zahlungshistorie. So wurden beispielsweise in den Jahren 2001 und 2002 gar keine Zahlungen getätigt. In der Weltfinanzkrise wurden die Ausschüttungen mit einer 89-prozentigen Kürzung ebenso fast vollständig ausgesetzt. Nach dem Shutdown-Crash konnten die Zahlungen hingegen um 376 Prozent gesteigert werden, was fast einer Verfünffachung entspricht.

Die historische Renditespanne ist innerhalb der Fondsgattung ebenfalls recht auffällig und reicht von 0 bis 25,30 Prozent. Das Management des New Germany Funds kann darüber hinaus in speziellen Situationen fremdes Kapital einsetzen. Dabei soll die Verschuldungsquote 10 Prozent nicht überschreiten.

Position 4:
Bancroft Fund Ltd. (NYSEAMERICAN: BCV)
Eckdaten:

- Domizil: Vereinigte Staaten
- Auflagejahr: 1971
- Zahlungsfrequenz: Quartalsweise
- Managementkosten: 0,70 Prozent pro Jahr
- Renditespanne: 2,45 bis 22,25 Prozent

Fondsprofil:
Im Jahr 1971 erfolgte die Erstnotiz des Bancroft Convertible Fund an der American Stock Exchange. Sowohl die Börse als auch der Fonds haben ihren Namen mittlerweile angepasst. Am Anlageschwerpunkt des CEFs hat sich allerdings nichts geändert. Dieser liegt nach wie vor auf Wertpapieren mit Wandeloption. Darunter fallen klassische Wandelanleihen und teilweise auch Preferred Shares.

Insgesamt sollen Beteiligungen, die in Aktien umgewandelt werden können, mindestens 65 Prozent des Fondsvermögens ausmachen. Neben diesem Kernportfolio investiert der Fonds auch flexibel in andere Anlagen wie Aktien und Anleihen. Ziel des Managements ist es, den Anteilseignern sowohl regelmäßige Ausschüttungen als auch langfristige Kursgewinne zu bieten. Geografisch liegt der Schwerpunkt des Portfolios auf den Vereinigten Staaten mit einigen Beimischungen aus sonstigen Industrie- sowie Schwellenländern. Wandelanleihen wachstumsstarker Unternehmen dominieren das Beteiligungsportfolio des CEFs.

Da der Fonds überwiegend auf realisierte Kursgewinne als Quelle seiner Ausschüttungen setzt, mussten die Zahlungen im Rahmen des Dotcom-Crashs temporär um 83,1 und nach der Weltfinanzkrise um 70,8 Prozent reduziert werden. Der Shutdown-Crash hatte hingegen eine Ausschüttungssteigerung um 81,5 Prozent zur Folge. Die Renditespanne lag bei diesem Titel historisch zwischen 2,45 und 22,25 Prozent. Der Bancroft Fund setzt im gesetzlich erlaubten Rahmen fremdes Kapital ein.

9.4 Fixed-Income-Strategie

Position 1:
Flaherty & Crumrine Preferred Income Opportunity Fund Inc. (NYSE: PFO)
Eckdaten:

- Domizil: Vereinigte Staaten
- Auflagejahr: 1992
- Zahlungsfrequenz: Monatlich
- Managementkosten: 0,84 Prozent pro Jahr
- Renditespanne: 5,74 bis 29,96 Prozent

Fondsprofil:
Der Flaherty & Crumrine Preferred Income Opportunity Fund wurde mit zwei Zielen aufgelegt. Zunächst steht der Schutz des ursprünglich

eingebrachten Kapitals im Vordergrund. Gleichzeitig soll ein regelmäßiges Einkommen für die Anteilseigner generiert werden. Dafür investiert das Management mindestens 80 Prozent des Fondskapitals in Anleihen und Preferred Shares. Emittenten mit Hauptsitz in den Vereinigten Staaten sollen dabei mindestens 70 Prozent des Fondsvermögens auf sich vereinen.

Besonders hoch gewichtet das Management Emissionen klassischer Banken und Versicherungen. Auf den Finanzsektor sollen insgesamt mindestens 25 Prozent der Beteiligungen entfallen. Maximal 15 Prozent des Portfolios dürfen Non-Investment-Grade-Beteiligungen ausmachen. Um den Kapitalstock zu schützen, wurde die Ausschüttungshöhe bei diesem CEF historisch regelmäßig adjustiert. Auf den Dotcom-Crash folgte beispielsweise eine 47,6-prozentige Zahlungssenkung.

In der Weltfinanzkrise reichte hingegen eine temporäre Kürzung um 24,1 Prozent, und im Rahmen des Shutdown-Crashs konnten die Zahlungen sogar um 3 Prozent gesteigert werden. Durch Sonderausschüttungen ist auch hier die Renditespanne mit 5,74 bis 29,96 Prozent sehr breit gefächert. Die Verschuldungsquote des Fonds soll zwischen 0 und 33,33 Prozent liegen.

Position 2:
Canso Credit Income Fund (TSE: PBY.UN)
Eckdaten:

- Domizil: Kanada
- Auflagejahr: 2010
- Zahlungsfrequenz: Monatlich
- Managementkosten: 1,15 Prozent
- Renditespanne: 3,30 bis 6,52 Prozent

Fondsprofil:

Mit dem Ziel, den Anlegern ein monatliches Kapitaleinkommen zu zahlen, investiert der Canso Credit Income Fund überwiegend in Unternehmensanleihen. Dabei versucht das Management, die Schwankungsbreite des Portfolios so weit es geht zu reduzieren und gleichzeitig eine möglichst hohe Gesamtrendite zu erwirtschaften. Zur Begrenzung der Schwankungsbreite eröffnet das Management Short-Positionen auf Anleihen. Somit profitiert der Fonds in guten Zeiten von den Renditen der Long-Positionen und in schlechten Phasen reduzieren die Leerverkäufe den Drawdown.

Diese Absicherung verursacht laufend Kosten, weshalb Leerverkäufe in normalen Marktphasen nur eine Ergänzung der Gesamtstrategie darstellen. Geografisch überwiegen im Fondsportfolio Emittenten mit Hauptsitz in den Vereinigten Staaten sowie Kanada. Hochqualitative Staatsanleihen ausgenommen, ist die Gewichtung einzelner Positionen auf 10 Prozent gedeckelt. Die Ausschüttungspolitik des Fonds sieht Zahlungen in Höhe von 5 Prozent pro Jahr in Bezug auf den (Erst-)Emissionspreis vor. Die Ausschüttungen konnten im Shutdown-Crash stabil gehalten werden, und das bei einer historischen Renditespanne von 3,30 bis 6,52 Prozent. Auch dieser CEF ist berechtigt, einen Kapitalhebel einzusetzen.

Position 3:
TwentyFour Income Fund Ltd. (LSE: TFIF)
Eckdaten:

- Domizil: Guernsey
- Auflagejahr: 2013
- Zahlungsfrequenz: Quartalsweise
- Managementkosten: 0,75 Prozent pro Jahr
- Renditespanne: 5,52 bis 7,54 Prozent

Fondsprofil:
Der TwentyFour Income Fund wurde im Jahr 2013 im Zwergstaat Guernsey aufgelegt. Der Anlageschwerpunkt dieses CEFs liegt auf Asset Backed Securities (ABS) mit überdurchschnittlich hoher Verzinsung. Bei einer ABS handelt es sich um ein zinstragendes Wertpapier, welches durch eine Vielzahl von Kreditforderungen besichert ist.

Bei den Kreditforderungen kann es sich beispielsweise um einen Pool aus Immobilienkrediten handeln. In diesem Fall würden die ABS als Mortgage Backed Securities spezifiziert werden, zu Deutsch hypothekarisch besicherte Wertpapiere. Über solche ABSs refinanzieren sich üblicherweise Banken und andere Finanzinstitutionen. Hierzu werden Kreditforderungen für bereits ausgegebene Kredite in einer ABS gebündelt und an Investoren verkauft. Dadurch setzen die Institute ihr eingesetztes Kapital wieder frei und verdienen zudem eine Marge. Die Käufer der Wertpapiere erhalten fortan Zinsen aus den Kreditpools und zum Laufzeitende die jeweilige Tilgungssumme.

Der TwentyFour Income Fund erwirbt überwiegend ABSs, die mit Hypotheken- und Unternehmenskrediten besichert sind, und vereinnahmt anschließend die Zinszahlungen. Das erklärte Ziel des Managements ist es, den Anlegern attraktive Renditen in Relation zur Schwankungsbreite zu ermöglichen. Diese sollen dabei überwiegend durch Ausschüttungen und nicht durch Kurssteigerungen generiert werden.

Das Beteiligungsportfolio verteilt sich geografisch überwiegend auf Europa. Bis zu 10 Prozent der Vermögenswerte dürfen zudem in ABSs investiert werden, die mit nicht-europäischen Krediten besichert sind. Die Gewichtung einzelner ABSs ist ebenfalls auf 10 Prozent begrenzt. Das Management strebt für den TwentyFour Income Fund eine Ausschüttungsrendite von 6 Prozent pro Jahr im Verhältnis zum NAV an, bei einer Zielgesamtrendite von 6 bis 9 Prozent per annum.

Die Zahlungen konnte der Fonds im Shutdown-Crash stabil halten, und das bei einer historischen Renditespanne zwischen 5,52 und 7,54 Prozent. In besonderen Situationen setzt auch dieser CEF fremdes Kapital ein. Dabei soll die Verschuldungsquote bei maximal 25 Prozent liegen.

Position 4:
Qualitas Real Estate Income Fund (ASX: QRI)
Eckdaten:

- Domizil: Australien
- Auflagejahr: 2018
- Zahlungsfrequenz: Monatlich
- Managementkosten: 1,50 Prozent pro Jahr
- Renditespanne: 5,68 bis 8,21 Prozent

Fondsprofil:
Der Qualitas Real Estate Income Fund ist bestrebt, neben einer reduzierten Schwankungsbreite attraktive Gesamtrenditen zu erwirtschaften. Dabei sind die beiden wichtigsten Ziele des Fonds laufende monatliche Ausschüttungen zu leisten sowie der Schutz des Kapitalstocks. Der Anlageschwerpunkt des CEFs liegt auf besicherten Krediten für Gewerbeimmobilien.

Der CEF investiert dabei in Forderungen auf bereits angebahnte Kredite, welche unter anderem von der Managementgesellschaft initiiert und abgewickelt werden. Die Investitionen werden dabei über die Nutzungsarten der Immobilien, Kreditnehmer und Regionen diversifiziert. Allerdings beschränkt sich der Fonds fast ausschließlich auf Projekte innerhalb Australiens. Aufgrund des Anlageschwerpunkts auf australischen Krediten wurde die Zielgesamtrendite an die Leitzinsen des Landes gekoppelt. So strebt das Management jährliche Gesamtrenditen von 5,00 bis 6,50 Prozent an, zuzüglich des heimischen Leitzinses respektive der Cashrate der Reserve Bank of Australia (RBA).

Während des Shutdown-Crashs wurden die Zahlungen stabil gehalten und auch der NAV ging im Jahr 2020 nicht zurück. Die historischen Ausschüttungsrenditen bewegten sich zwischen 5,68 und 8,21 Prozent. Der Qualitas Real Estate Income Fund darf zur Begleichung der Fondskosten fremdes Kapital aufnehmen. Dabei soll die Verschuldungsquote nicht über 10 Prozent liegen.

9.5 Optionsstrategie

Position 1:
Nuveen Nasdaq 100 Dynamic Overwrite Fund Inc. (NASDAQ: QQQX)
Eckdaten:

- Domizil: Vereinigte Staaten
- Auflagejahr: 2007
- Zahlungsfrequenz: Quartalsweise

- Managementkosten: 0,83 Prozent pro Jahr
- Renditespanne: 5,53 bis 19,38 Prozent

Fondsprofil:
Der NASDAQ 100 Index bildet kapitalisierungsgewichtet die Kursentwicklung der einhundert größten Unternehmen jenseits des Finanzsektors ab, die an der gleichnamigen Börse notiert sind. An diesen Index angelehnt wurde auf dem Höhepunkt einer jahrelangen Hausse der Nuveen Nasdaq 100 Dynamic Overwrite Fund an die Börse gebracht.

Der CEF verfolgt allerdings nicht das Ziel, den ursprünglichen Index eins zu eins nachzubilden oder ihn gar outzuperformen. Stattdessen erstellt das Management ein diversifiziertes Aktienportfolio, welches in der Zusammensetzung zu wenigstens 70 Prozent mit dem NASDAQ 100 Index übereinstimmen soll. Dabei ist es das Ziel des Fonds, möglichst hohe Gesamtrenditen in Kombination mit einer reduzierten Schwankungsbreite zu erwirtschaften.

Um die Schwankungsbreite potenziell zu begrenzen und zusätzlich Einnahmen zu generieren, werden laufend Call-Optionen auf das erstellte Aktienportfolio geschrieben. Im langfristigen Durchschnitt wird eine Veroptionierung von 55 Prozent des Fondsvermögens angestrebt. Dabei soll sich der Grad der Veroptionierung zwischen 35 und 75 Prozent bewegen. Ferner versucht das Fondsmanagement in Phasen steigender Aktienkurse, tendenziell weniger Optionen zu schreiben, um die Kursrenditen nicht zu stark zu begrenzen. Um die gesteckten Ziele zu erreichen, hat das Management zudem das Recht, die Strategie um weitere Optionsstrategien zu ergänzen. Darunter fällt beispielsweise auch der Verkauf von Put-Optionen.

Zum Ende der Weltfinanzkrise wurden die Ausschüttungen des Fonds temporär um 34,7 Prozent abgesenkt. Der Shutdown-Crash ging hingegen mit einer Anhebung der Zahlungen um 15 Prozent einher. Die Renditespanne der Ausschüttungen lag historisch zwischen 5,53 und 19,38 Prozent. Dieser Fonds nutzt keinen Kapitalhebel.

Position 2:
BlackRock Enhanced Equity Dividend Trust Inc. (NYSE: BDJ)
Eckdaten:

- Domizil: Vereinigte Staaten
- Auflagejahr: 2005
- Zahlungsfrequenz: Monatlich
- Managementkosten: 0,80 Prozent pro Jahr
- Renditespanne: 5,77 bis 22,35 Prozent

Fondsprofil:
Im Gegensatz zum Nuveen Nasdaq 100 Dynamic Overwrite Fund setzt der BlackRock Enhanced Equity Dividend Trust nicht auf Aktien eines speziellen Index. Das Management dieses BlackRock-Fonds erstellt vielmehr manuell ein Portfolio überwiegend US-amerikanischer Aktiengesellschaften.

Bei der Titelauswahl werden Dividenden zahlende Großunternehmen bevorzugt, die neben regelmäßigen Geldflüssen auch Potenzial auf Wertzuwächse und Zahlungssteigerungen aufweisen. Unter normalen Marktbedingungen sollen mindestens 80 Prozent des Fondskapitals in Aktien von Unternehmen angelegt werden, die regelmäßig Ausschüttungen leisten.

Auf dieses Portfolio verkauft das Management anschließend Call-Optionen. Durch diese Gesamtstrategie sollen für Anleger Zahlungen sowie langfristige Wertzuwächse erzielt werden. Gleichzeitig versucht das Management, die Volatilität im Vergleich zu einem Portfolio ohne Optionsstrategie zu begrenzen. Im Zuge der Weltfinanzkrise mussten die Ausschüttungen des CEFs um 60 Prozent reduziert werden.

Während des Pandemiejahres 2020 konnten die Basiszahlungen stabil gehalten werden, allerdings wurde keine Sonderzahlung getätigt. Somit sank die Gesamtausschüttung im Vergleich zu 2019 um 20,1 Prozent. Die Renditespanne betrug historisch 5,77 bis 22,35 Prozent. Der BlackRock Enhanced Equity Dividend Trust setzt nur in besonderen Situationen fremdes Kapital ein. Dabei soll die Verschuldungsquote bei maximal 5 Prozent liegen.

Position 3:
Nuveen Dow 30 Dynamic Overwrite Fund Inc. (NYSE: DIAX)
Eckdaten:

- Domizil: Vereinigte Staaten
- Auflagejahr: 2005
- Zahlungsfrequenz: Quartalsweise
- Managementkosten: 0,85 Prozent pro Jahr
- Renditespanne: 5,80 bis 18,02 Prozent

Fondsprofil:
Der Nuveen Dow 30 Dynamic Overwrite Fund wurde aufgelegt, um hohe Ausschüttungen zu erwirtschaften, und dies mit einer Strategie zu kombinieren, die attraktive Gesamtrenditen bei reduzierter Volatilität verspricht. Insgesamt ähnelt das Konzept dieses Fonds sehr dem Ansatz des Nuveen Nasdaq 100 Dynamic Overwrite Funds. Hier allerdings auf Basis des Dow Jones Industrial Average Index.

Hierbei handelt es sich um einen preisgewichteten Kursindex für US-amerikanische Aktiengesellschaften. Weder der Streubesitz noch die Marktkapitalisierung haben dabei einen Einfluss auf die Taxierung von Unternehmen. Einmal aufgenommen, entscheidet allein der Preis pro Anteil über die Gewichtung im Index. Dadurch kann es zu starken Performance-Unterschieden im Vergleich zu kapitalisierungsgewichteten Indizes kommen. Trotz der Besonderheiten ist auch dieser CEF bestrebt, den zugrunde liegenden Index in wesentlichen Teilen nachzubilden.

Gleichzeitig sollen auf 35 bis 75 Prozent des Portfolios laufend Call-Optionen geschrieben werden, und das mit einem angestrebten Grad der Veroptionierung von 55 Prozent. Das Management des CEFs ist auch hier bestrebt, in Phasen steigender Aktienkurse den Veroptionierungsgrad niedrig zu halten, damit Kursgewinne nicht zu stark begrenzt werden. Um die gesteckten Ziele zu erreichen, behält sich das Management bei diesem Titel das Recht vor, andere Optionsstrategien ergänzend zu betreiben.

In der Weltfinanzkrise wurden die Ausschüttungen des Nuveen Dow 30 Dynamic Overwrite Funds um 41 und im Shutdown-Crash um 5,5 Prozent abgesenkt. Die historische Renditespanne liegt zwischen 5,80 und 18,02 Prozent. Dieser Fonds nutzt keinen Kapitalhebel.

Position 4:
First Trust Enhanced Equity Income Fund Inc. (NYSE: FFA)
Eckdaten:

- Domizil: Vereinigte Staaten
- Auflagejahr: 2004
- Zahlungsfrequenz: Quartalsweise
- Managementkosten: 1,00 Prozent pro Jahr
- Renditespanne: 5,92 bis 20,59 Prozent

Fondsprofil:
Das primäre Ziel des First Trust Enhanced Equity Income Funds sind hohe Ausschüttungen bei gleichzeitigem Potenzial auf Wertzuwächse. Dafür investiert der Fonds in ein diversifiziertes Aktienportfolio, welches überwiegend aus international tätigen, US-amerikanischen Großunternehmen beziehungsweise Large Caps besteht. Dabei vermeidet das Management sektorale Klumpenrisiken.

Insgesamt werden mindestens 90 Prozent des verwalteten Volumens in Aktien und andere Eigenkapitalbeteiligungen angelegt. Auf dieses Portfolio schreibt das Management Call-Optionen, um dadurch laufende Einnahmen zu erzielen. Zudem soll mit dieser Strategie die Wertentwicklung geglättet werden.

Das problematische Umfeld erforderte im Rahmen der Weltfinanzkrise bei diesem Fonds eine 47-prozentige Zahlungssenkung. Der Shutdown-Crash wurde hingegen ohne Kürzung überstanden. Zum Jahresbeginn 2021 hob das Management die Ausschüttungen sogar um 10,53 Prozent an. Anleger konnten bei diesem CEF historisch Einstandsausschüttungsrenditen von 5,92 bis 20,59 Prozent realisieren. Der First Trust Enhanced Equity Income Fund nutzt keinen Kapitalhebel.

9.6 Mischstrategie

Position 1:
Cohen & Steers REIT and Preferred Income Fund Inc. (NYSE: RNP)
Eckdaten:

- Domizil: Vereinigte Staaten
- Auflagejahr: 2003
- Zahlungsfrequenz: Monatlich
- Managementkosten: 0,87 Prozent pro Jahr
- Renditespanne: 5,31 bis 20,32 Prozent

Fondsprofil:
Das Management des Cohen & Steers REIT and Preferred Income Funds verfolgt eine zweigleisige Strategie, um die gesteckten Anlageziele zu erreichen. Angestrebt werden primär hohe Ausschüttungen, aber auch langfristige Wertzuwächse. Zur Erreichung dieser Ziele investiert der Fonds einen wesentlichen Teil des Anlagevermögens in den Immobiliensektor.

Darunter fallen neben REITs auch klassische Immobilienunternehmen. Aus diesen Investitionen verspricht sich das Management laufende Dividendeneinnahmen sowie das Potenzial auf Kursgewinne. In diesem Teil des Portfolios überwiegt eine Mischung aus Dividendenstrategie und Kursgewinnstrategie. Mit dem zweiten Teil des Anlagevermögens verfolgt dieser CEF eine Fixed-Income-Strategie. Dafür setzt das Management, wie es der Name des CEFs bereits andeutet, auf klassische Preferred Shares. Aber auch andere zinstragende Beteiligungen wie Anleihen finden hier ihren Platz.

Dieser Teil des Fondsportfolios verspricht laufende Einnahmen und hat gleichzeitig das Potenzial, die nominale Schwankungsbreite zu reduzieren. Die Emittenten der Fixed-Income-Beteiligungen stammen aus verschiedenen Branchen, allerdings liegt der Schwerpunkt klar auf dem Finanzsektor. Einzelwerte sind im Fonds generell auf eine Gewichtung von 10 Prozent begrenzt. Da die Weltfinanzkrise im Kern aus einer Immobilienkrise hervorging, mussten die Zahlungen temporär um bis zu 79,2 Prozent reduziert werden.

Im Shutdown-Crash war keine Anpassung der Ausschüttungen notwendig. Historisch lag die Renditespanne bei 5,31 bis 20,32 Prozent. Die Verschuldungsquote des Fonds soll in normalen Marktphasen zwischen 0 und 33,33 Prozent liegen.

Position 2:
Franklin Universal Trust (NYSE: FT)
Eckdaten:

- Domizil: Vereinigte Staaten
- Auflagejahr: 1988
- Zahlungsfrequenz: Monatlich
- Managementkosten: 0,98 Prozent pro Jahr
- Renditespanne: 4,75 bis 13,78 Prozent

Fondsprofil:
Der Franklin Universal Trust ist bestrebt, für seine Anleger hohe Ausschüttungen bei gleichzeitigem Schutz des Kapitalstocks zu generieren. Wertzuwächse und Zahlungsanhebungen sind nachrangige Ziele. Um diese Ergebnisse liefern zu können, verfolgt das Management eine Kombination aus Fixed-Income- und Dividendenstrategie.

Unter den Fixed-Income-Anlagen bilden hoch verzinste, meist Non-Investment-Grade-Anleihen, die größte Position. Für die Dividendenstrategie setzt das Management auf Versorgeraktien, die hohe Barrenditen aufweisen und gleichzeitig über eine gute Zahlungshistorie verfügen. Die Emittenten der Wertpapiere haben ihren Hauptsitz dabei fast ausschließlich in den Vereinigten Staaten. Nach der Jahrtausendwende musste der Fonds seine Ausschüttungen um bis zu 58,3 Prozent reduzieren.

In der Weltfinanzkrise war hingegen keine Kürzung erforderlich. Der Shutdown-Crash führte zur Aussetzung einer Monatszahlung. Im Jahr 2021 folgte allerdings prompt eine deutliche Anhebung der Ausschüttungen um 32,8 Prozent. Die Renditespanne des Franklin

Universal Trusts lag historisch zwischen 4,75 und 13,78 Prozent. In normalen Marktphasen soll die Verschuldungsquote des Fonds zwischen 0 und 33,33 Prozent liegen.

Position 3:
John Hancock Premium Dividend Fund (NYSE: PDT)
Eckdaten:

- Domizil: Vereinigte Staaten
- Auflagejahr: 1989
- Zahlungsfrequenz: Monatlich
- Managementkosten: 1,24 Prozent pro Jahr
- Renditespanne: 4,87 bis 14,19 Prozent

Fondsprofil:
Der John Hancock Premium Dividend Fund verfolgt einen vergleichbaren Ansatz wie der im Musterportfolio zur Dividendenstrategie geführte John Hancock Tax-Advantaged Dividend Income Fund. Beide Fonds streben hohe regelmäßige Ausschüttungen bei gleichzeitigem Potenzial auf moderate Wertzuwächse an.

Um diese Ziele zu erreichen, investieren beide CEFs in dividenden- und zinstragende Anlagen mit Schwerpunkt im Versorgersektor. Der wesentliche Unterschied beider Fonds ist die Gewichtung der einzelnen Anlageklassen. Während beim John Hancock Tax-Advantaged Dividend Income Fund die Fixed-Income-Beteiligungen lediglich eine Abrundung des Portfolios darstellen, gewichtet der ältere Bruderfonds diese Anlagen deutlich höher. Dividendenstrategie und Fixed-Income-Strategie sind bei diesem Fonds annähernd gleich ausgeprägt.

Die strategischen Unterschiede schlagen sich auch in einer nominal stabileren Zahlungshistorie nieder. So konnte der John Hancock Premium Dividend Fund in der Weltfinanzkrise die Ausschüttungen konstant halten, während das jüngere Pendant eine Absenkung von über einem Drittel vornehmen musste. Im Dotcom-Crash war aber auch hier eine Kürzung um 13,3 Prozent notwendig. Im Rahmen des

Shutdown-Crashs entfielen die Sonderausschüttungen. Dadurch wurden im Jahr 2020 insgesamt 2,9 Prozent weniger als im Vorkrisenjahr ausgezahlt.

Die Renditespanne der Ausschüttungen lag bei diesem CEF historisch zwischen 4,87 und 14,19 Prozent. Die Verschuldungsquote soll in normalen Marktphasen im gesetzlichen Rahmen zwischen 0 und 33,33 Prozent liegen.

Position 4:
BlackRock Capital Allocation Trust (NYSE: BCAT)
Eckdaten:

- Domizil: Vereinigte Staaten
- Auflagejahr: 2020
- Zahlungsfrequenz: Monatlich
- Managementkosten: 1,25 Prozent pro Jahr
- Renditespanne: 5,27 bis 6,77 Prozent

Fondsprofil:
Kaum ein CEF repräsentiert den Archetypen eines Mischstrategie-Fonds besser als der BlackRock Capital Allocation Trust. Der Fonds investiert unter anderem in klassische Aktienbeteiligungen, um Kursgewinne und Dividenden zu erzielen. Auf dieses bestehende Portfolio schreibt der Fonds zusätzlich Call-Optionen. Dadurch generiert der CEF laufend Prämien, bei potenziell reduzierter Volatilität. Der maximale Grad der Veroptionierung soll dabei 50 Prozent des Portfolios nicht überschreiten.

Zudem investiert der CEF in Anleihen und legt ferner bis zu 25 Prozent des Kapitals in einem privaten Rohstofffonds an. Der BlackRock Capital Allocation Trust deckt somit alle CEF-Strategien in einem einzigen Anlagevehikel ab. Mit diesem Investitionskonzept strebt der Fonds hohe Gesamtrenditen in Form von Ausschüttungen und langfristigen Wertzuwächsen an.

Während des vergleichsweise kurzen Zeitraums seit Auflage lag die Renditespanne bei 5,27 bis 6,77 Prozent. Das Management des Fonds strebt eine Verschuldungsquote von 0 bis 20 Prozent an.

9.7 Dachfondsstrategie

Position 1:
Cohen & Steers Closed-End Opportunity Fund Inc. (NYSE: FOF)
Eckdaten:

- Domizil: Vereinigte Staaten
- Auflagejahr: 2006
- Zahlungsfrequenz: Monatlich
- Managementkosten: 0,94 Prozent pro Jahr
- Renditespanne: 7,05 bis 17,80 Prozent

Fondsprofil:
Der Cohen & Steers Closed-End Opportunity Fund ist ein Dachfonds, der überwiegend in andere CEFs investiert. Das Ziel des Managements sind hohe Gesamtrenditen durch Ausschüttungen und potenzielle Wertzuwächse. Im Portfolio befinden sich CEFs verschiedener Einkommensstrategien. Teilweise hält der Dachfonds zudem klassische Aktien-ETFs.

Bei der Auswahl von Beteiligungen bevorzugt das Management hoch ausschüttende CEFs, die zu Abschlägen gehandelt werden. Die Portfolio-Fonds sind in den Vereinigten Staaten domiziliert und haben in diesem Land auch überwiegend ihren Anlageschwerpunkt. Um die Zahlungen zu glätten, bildet der Cohen & Steers Fonds in Jahren mit guter Performance Rücklagen. Diese Rücklagen schüttet das Management in schlechten Zeiten aus.

Trotz dieser Vorkehrung mussten die Zahlungen in der Weltfinanzkrise um 41,3 Prozent abgesenkt werden. Im Shutdown-Crash war diesbezüglich keine Anpassung notwendig. Historisch lagen die realisierbaren Ausschüttungsrenditen zwischen 7,05 und 17,80 Prozent.

Auch wenn dieser Dachfonds ungehebelt ist, können die Beteiligungen durchaus fremdes Kapital einsetzen.

Position 2:
JPMorgan Global Core Real Assets Ltd. (LSE: JARA)
Eckdaten:

- Domizil: Guernsey
- Auflagejahr: 2019
- Zahlungsfrequenz: Quartalsweise
- Managementkosten: 0,87 bis 0,98 Prozent pro Jahr
- Renditespanne: 2,73 bis 4,89 Prozent

Fondsprofil:
Im Gegensatz zum Cohen & Steers Closed-End Opportunity Fund investiert dieser Dachfonds nicht in andere CEFs. Stattdessen legt das Management die Gelder überwiegend in offene und geschlossene Investmentfonds von JPMorgan an. Mithilfe dieses Ansatzes ist das Management bestrebt, ein weltweit gestreutes Portfolio sogenannter »echter Werte« zu erstellen. Dabei liegt der Themen-Fokus auf Immobilien, Transport und Infrastruktur.

In den Portfoliofonds befinden sich überwiegend außerbörsliche Direktbeteiligungen. Dabei handelt es sich fast ausschließlich um Anlagen mit hohen regelmäßigen Barrenditen. Neben verschiedenen Immobilienarten sind das beispielsweise Beteiligungen an Häfen, Wind- und Solarparks, Flugzeugen, Gasspeichern, Zügen, Autobahnen oder auch Schiffen. Abseits der JPMorgan Fonds beteiligt sich dieser CEF in geringem Umfang an börsennotierten Einzelwerten. Auch diese Beteiligungen ordnen sich dem generellen Fondsthema unter. Zu den Einzelwerten gehören beispielsweise REITs und Holdinggesellschaften mit Schwerpunkt auf Infrastruktur. Ob Portfoliofonds oder Einzelwert, alle Beteiligungen werden vom Management so ausgewählt, dass auf Ebene des Dachfonds bestimmte effektive Gewichtungen von Anlageklassen gegeben sind.

Einen besonderen Schwerpunkt legt das Management auf Immobilienbeteiligungen, die eine Zielgewichtung von 40 bis 80 Prozent haben. Die Bereiche Transport und Infrastruktur sollen jeweils zwischen 10 und 30 Prozent ausmachen. Sowohl Portfoliofonds als auch Einzelwerte sind in ihrer Gewichtung auf 20 Prozent begrenzt. Das Management strebt eine Ausschüttungsrendite von 4 bis 6 Prozent pro Jahr in Bezug auf den (Erst-)Emissionspreis bei einer Zielgesamtrendite von 7 bis 9 Prozent pro Jahr an.

Im Shutdown-Crash wurden die vierteljährlichen Zahlungen um ein Drittel angehoben. Die vergleichsweise kurze Historie zeigt eine Renditespanne von 2,73 bis 4,89 Prozent. Das Management des Fonds strebt eine Verschuldungsquote zwischen 0 und 20 Prozent an.

Position 3:
Special Opportunities Fund, Inc. (NYSE: SPE)
Eckdaten:

- Domizil: Vereinigte Staaten
- Auflagejahr: 1993
- Zahlungsfrequenz: Monatlich
- Managementkosten: 1,48 Prozent pro Jahr
- Renditespanne: 0,21 bis 14,10 Prozent

Fondsprofil:
Ursprünglich wurde der Insured Municipal Income Fund aufgelegt, um in US-amerikanische Kommunalanleihen zu investieren. Im Jahr 2009 erfolgte allerdings ein Managementwechsel. Mit dem Wechsel des Managements ging sowohl eine Änderung der Zielsetzung und Anlagestrategie einher als auch eine Anpassung der Bezeichnung. Unter dem neuen Namen Special Opportunities Fund fungiert dieser CEF überwiegend als Dachfonds, und das mit dem Ziel, hohe Gesamtrenditen zu erwirtschaften.

Das aktuelle Management hat sich auf unterbewertete Fonds spezialisiert, die Potenzial auf Kursgewinne haben. Der Schwerpunkt liegt dabei auf mit Disagio notierenden CEFs. Im Portfolio des Special

Opportunities Funds vereinen traditionelle CEFs und BDCs demnach das meiste Kapital auf sich. In niedriger Gewichtung hält der Fonds zudem REITs, Special Purpose Acquisition Companies (SPACs), Preferred Shares und Anleihen.

Insbesondere bei diesen Portfoliobeimischungen setzt der Fonds auf Sondersituationen wie Merger, Liquidationen, Insolvenzen und Restrukturierungen. Das Management wird in einigen Fällen auch als aktiver Investor auf operativer Ebene tätig und sorgt beispielsweise dafür, dass stark unterbewertete Portfoliofonds aufgelöst werden, um die NAV-Bewertungsreserve zu heben. Durch solche Operationen kann der Special Opportunities Fund risikoarme (Zusatz-)Renditen erzielen. Zudem ist es dem Management erlaubt, Leerverkäufe zu tätigen.

Der Special Opportunities Fund verfügt über eine LDP, die eine Ausschüttungsrendite von mindestens 7 Prozent pro Jahr in Bezug auf den NAV vorsieht. Während des Dotcom-Crashs konnte der Fonds seine Ausschüttungen um 6,74 Prozent anheben. Die Weltfinanzkrise sorgte hingegen mit einer temporären Kürzung um bis zu 95,6 Prozent für eine fast vollständige Zahlungsaussetzung.

Diese beiden Ereignisse sind allerdings noch der alten Strategie des CEFs zuzurechnen. Um 9,50 Prozent konnten die Ausschüttungen während des Shutdown-Crashs gesteigert werden. Die historische Renditespanne liegt zwischen 0,21 und 14,10 Prozent. Der Special Opportunities Fund darf als Dachfonds mit einer Verschuldungsquote von 0 bis 33,33 Prozent operieren. Einige Portfoliofonds sind ebenfalls gehebelt.

Position 4:
BMO Managed Portfolio Trust PLC Income Shares (LSE: BMPI)
Eckdaten:

- Domizil: Vereinigtes Königreich
- Auflagejahr: 2008
- Zahlungsfrequenz: Quartalsweise
- Managementkosten: 0,65 Prozent pro Jahr
- Renditespanne: 3,96 bis 8,17 Prozent

Fondsprofil:
Bei diesem CEF handelt es sich um einen Fonds, der über zwei unterschiedliche Anteilsarten verfügt. Über die Income Shares (LSE: BMPI) werden regelmäßige Ausschüttungen getätigt. Bei den Growth Shares (LSE: BMPG) werden hingegen sämtliche Erträge thesauriert. Unabhängig von der Anteilsart handelt es sich bei dem BMO Managed Portfolio Trust um einen britischen Dachfonds, der in mindestens 25 CEFs investiert.

Die Fondsthemen sind dabei breit gestreut – von Large-Cap-Aktien bis hin zu außerbörslichen Beteiligungen. Bei allen Portfolio-CEFs legt das Dachfondsmanagement Wert auf überdurchschnittliche Barrenditen. Bei der Auswahl der Portfoliofonds setzt das Management überwiegend auf andere britische CEFs. Darunter fallen Titel, die ihre Domizile im Vereinigten Königreich oder in Jersey und Guernsey haben. Bis zu 25 Prozent des Dachfondskapitals dürfen zudem in CEFs angelegt werden, die nicht an der Londoner Börse notiert sind. Die Gewichtung einzelner Beteiligungen soll dabei 15 Prozent nicht überschreiten. Die Portfolio-Fonds sind global diversifiziert, wodurch auch der BMO Managed Portfolio Trust international breit aufgestellt ist.

In der Weltfinanzkrise konnten die Ausschüttungen dieses CEFs stabil gehalten werden. Im Shutdown-Crash war sogar eine 2,5-prozentige Anhebung möglich. Historisch lag die Ausschüttungsrendite bei diesem CEF zwischen 3,96 und 8,17 Prozent. Sowohl der BMO Managed Portfolio Trust als auch die Portfoliofonds können einen Kapitalhebel einsetzen. Der Dachfonds strebt dabei eine Verschuldungsquote zwischen 0 und 20 Prozent an.

9.8 Spezialitäten

Position 1:
The Renewables Infrastructure Group Ltd. (LSE: TRIG)
Eckdaten:

- Domizil: Guernsey
- Auflagejahr: 2013

- Zahlungsfrequenz: Quartalsweise
- Managementkosten: 1,00 Prozent pro Jahr
- Renditespanne: 4,82 bis 7,00 Prozent

Fondsprofil:
The Renewables Infrastructure Group ist ein in Guernsey domizilierter CEF, der sich auf sogenannte Erneuerbare Energien spezialisiert hat. Statt über die Börse in Aktiengesellschaften zu investieren, die beispielsweise Photovoltaikanlagen (PV-Anlagen) und Windparks betreiben, beteiligt sich dieser Fonds direkt an solchen Projekten. Dazu gehören überwiegend Onshore- und Offshore-Windparks, aber auch PV-Anlagen.

Mindestens 35 Prozent des Fondskapitals sollen in Projekte investiert werden, die sich im Wirtschaftsraum des Vereinigten Königreichs befinden. Einzelne Projekte sind in ihrer Gewichtung zudem auf 20 Prozent begrenzt. Im Entwicklungsstadium dürfen sich maximal 15 Prozent der Anlagen befinden. Verwaltung und Wartung der Anlagen wurden vollständig an externe Dienstleister ausgelagert. The Renewables Infrastructure Group profitiert somit von Erlösen aus dem Verkauf von Strom. Und das Ganze ohne operatives Geschäft.

Eine Besonderheit dieses CEFs ist, dass die Einnahmen aus dem Stromverkauf überwiegend durch Verträge und Einspeisevergütungen garantiert sind. Neben der konkreten Vergütung für den erzeugten Strom beinhalten viele dieser Regelungen auch Inflationsanpassungsklauseln. Will heißen: Nimmt die Kaufkraft einer Vertragswährung ab, so steigen automatisch die nominalen Einnahmen. Die langfristigen Ziele des Fonds sind real gleichbleibende Zahlungen sowie der Erhalt des Kapitalstocks. The Renewables Infrastructure Group entspricht der Definition einer Yield Company oder kurz YieldCo im Konstrukt eines CEFs. Die YieldCo wiederum hat sich international für die Bezeichnung eines operativ profitablen Unternehmens aus dem Sektor der Erneuerbaren Energien eingebürgert.

Im Shutdown-Crash konnte der Fonds die Zahlungen um 1,80 Prozent anheben. Die historische Renditespanne liegt bei 4,82 bis 7,00 Prozent. Die Verschuldungsquote des Fonds soll zwischen 0 und 30 Prozent liegen. Zudem darf auf Projekt-Ebene mit einer Verschuldungsquote von 0 bis 50 Prozent gearbeitet werden.

Position 2:
Sprott Physical Gold and Silver Trust Inc. (TSE: CEF)
Eckdaten:

- Domizil: Kanada
- Auflagejahr: 2018
- Zahlungsfrequenz: Keine Zahlungen
- Managementkosten: 0,51 Prozent pro Jahr
- Renditespanne: Nicht verfügbar

Fondsprofil:
Der Sprott Physical Gold and Silver Trust ist ein in Kanada domizilierter CEF, der, wie es der Name bereits vermuten lässt, in physisches Gold und Silber investiert. Aufgelegt wurde der Fonds, um Anlegern eine sichere und einfache Anlage in physische Edelmetalle mit Zugang über die Börse zu ermöglichen.

Dafür werden rund zwei Drittel des Fondskapitals in Gold und rund ein Drittel in Silber investiert. Alle Barren entsprechen dabei den Qualitätsstandards der London Bullion Market Association und werden von der Royal Canadian Mint, der kanadischen Münzprägeanstalt, verwahrt. Da alle Barren physisch vorrätig sind, ist auch die Auslieferung der Edelmetalle möglich. Bedingt durch die Liquidierbarkeit von Anteilen kann davon ausgegangen werden, dass es bei diesem CEF nicht zu hohen Abschlägen vom NAV kommen dürfte.

Die Auslieferung der Edelmetalle ist allerdings an Mindestmengen geknüpft. Abgesehen von diesen Investitionen tätigt der Fonds keine weiteren Handelsgeschäfte. Mangels regelmäßiger Barerträge tätigt der Fonds keinerlei Ausschüttungen. Ferner nutzt der Sprott Physical Gold and Silver Trust keinen Kapitalhebel.

Position 3:
Hipgnosis Songs Fund Ltd. (LSE: SONG)
Eckdaten:

- Domizil: Guernsey
- Auflagejahr: 2018
- Zahlungsfrequenz: Quartalsweise
- Managementkosten: 0,80 bis 1,00 Prozent pro Jahr
- Renditespanne: 4,06 bis 5,35 Prozent

Fondsprofil:
Der Hipgnosis Songs Fund wurde vom Musikproduzenten Nile Rodgers und dem Manager Merck Mercuriadis im Jahr 2018 aufgelegt. Zweck dieses Fonds ist es, Anlegern einen direkten Zugang zum Markt für Musiklizenzen zu ermöglichen. Dazu besitzt und verwaltet der CEF ein umfangreiches Portfolio aus Musik- und Songtextrechten. Lizenzeinnahmen verdient der Fonds beispielsweise immer dann, wenn ein Titel, an dem er die Rechte hält, öffentlich aufgeführt, gestreamt oder in einem Film verwendet wird.

Mit diesen Einnahmen sollen den Anteilseignern hohe und steigende Ausschüttungen bei Potenzial auf Wertzuwächse gezahlt werden. Der Fonds kauft die Musik-Rechte von Plattengesellschaften und Songwritern, die sich von einzelnen Stücken oder ganzen Song-Paketen trennen wollen. Dabei werden Beteiligungen an mindestens 300 Liedern angestrebt, bei einer Deckelung einzelner Pakete und Titel auf 10 Prozent des Fondsvermögens. Das Song-Portfolio enthält sowohl jüngere als auch ältere Stücke, darunter viele internationale Nummer-1-Hits.

Während des Shutdown-Crashs konnte der CEF die Zahlungen nicht nur konstant halten, sondern sie darüber hinaus sogar um 5 Prozent anheben. Die Renditespanne des Fonds lag historisch zwischen 4,06 und 5,35 Prozent. Zur Steigerung der langfristigen Renditen nutzt auch dieser CEF einen Kapitalhebel. Die Verschuldungsquote soll zwischen 0 und 30 Prozent liegen.

Position 4:
Bitcoin Fund (TSE: QBTC)
Eckdaten:

- Domizil: Kanada
- Auflagejahr: 2020
- Zahlungsfrequenz: Keine Zahlungen
- Managementkosten: 1,95 Prozent pro Jahr
- Renditespanne: Nicht verfügbar

Fondsprofil:
Der Bitcoin Fund ist ein von 3iQ Asset Management aufgelegter kanadischer CEF. Ähnlich wie beim Sprott Physical Gold and Silver Trust ist auch hier der Anlageschwerpunkt für den Fonds namensgebend. Der Bitcoin Fund versteht sich selbst als Börsenmantel, mit dessen Hilfe ein einfacher und sicherer Zugang zur Kryptowährung Bitcoin ermöglicht wird.

Wer ausschließlich an der Wertentwicklung dieser Anlage partizipieren will, kann mit einer Investition Krypto-Börsen sowie Fragen der Lagerung umgehen. Der Fonds selbst handelt Bitcoin ausschließlich über von US-Behörden regulierte Marktplätze. Dieser CEF ist ein sogenannter Long-Only-Fonds, der keine aktiven Geschäfte tätigt, außer eben das langfristige Halten von Bitcoin. Einmal pro Monat können Anteile des Fonds zurückgegeben werden. Aus diesem Grund ist davon auszugehen, dass der Preis pro Anteil nicht stark vom NAV abweicht.

Da der Fonds neben Bitcoin keine weiteren Beteiligungen hält, schüttet auch dieser CEF keine Gelder aus. In Sondersituationen kann dieser CEF fremdes Kapital aufnehmen. Dabei soll eine Verschuldungsquote von 25 Prozent nicht überschritten werden.

10

Steuern und Depotbank

10.1 Wahl der Depotbank

CEFs sind vergleichsweise exotische Wertpapiere – zumindest im Verständnis der meisten kontinentaleuropäischen beziehungsweise deutschen Broker. CEF-Investoren oder solche, die es werden wollen, werden hier mit drei Herausforderungen konfrontiert.

Zum einen haben zahlreiche Broker und Banken bestimmte Handelsplätze gar nicht im Programm. Das gilt vor allem für die relativ kleinen Handelsplätze wie die ASX oder TSE. Gleiches gilt für Instrumente jenseits gängiger Aktien und ETFs, welche zahlreiche Institute erst gar nicht anbieten. Diesem Umstand fallen häufig genug auch traditionelle CEFs zum Opfer, gleiches gilt bisweilen übrigens auch für die in diesem Buch angesprochenen BDCs, REITs und anderen Produktgattungen. Gerade im Fall der traditionellen CEFs resultiert dies bisweilen auch aus einer falschen Interpretation der regulatorischen Vorgaben.

Wie in KAPITEL 2 ausführlich thematisiert, gelten CEF-Anteile gemäß der international gängigen Klassifikation als Aktien und damit weder als Investmentzertifikate noch als strukturierte Finanzprodukte im Sinne der MiFID-II-Richtlinie. Das hat zahlreiche kontinentaleuropäische Banken und Broker gleichwohl nicht daran gehindert, die Richtlinie auch auf CEFs anzuwenden, diese also mit Investmentzertifikaten beziehungsweise ETFs in einen regulatorischen Topf zu werfen.

Da CEFs aber nun einmal in angelsächsischen Ländern schwerpunktmäßig für das dortige Publikum aufgelegt, notiert und verwaltet werden, verfügen sie weder über ein Basisinformationsblatt noch eine Zielmarktdefinition. Daran wird sich auch auf absehbare Zeit nichts ändern. Warum auch? Schließlich handelt es sich im Selbstverständnis um Aktiengesellschaften, welche zudem nicht auf kontinentaleuropäische Anleger zugeschnitten sind. Dies wiederum führt allerdings dazu, dass besagte Depotbanken die Handelbarkeit der Anlageklasse prophylaktisch für Privatkunden mit Wohnsitz in der EU gesperrt haben. Auch hier sind nach den Erfahrungen und Rücksprachen der Autoren mit einschlägigen Instituten keine Korrekturen zu erwarten – die Rechtsabteilungen betroffener Banken und Broker scheinen sich ein rigoroses Vorsichtsprinzip auferlegt zu haben.

Zum Zweiten sind die Orderkosten für den Handel an Auslandsbörsen vergleichsweise hoch, wobei auch hier wiederum die weniger gängigen Aktienmärkte mit besonders üppigen Gebühren belegt werden. Drittens schließlich erfolgt die Ermittlung, der Abzug sowie die Anrechnung der ausländischen Quellensteuer quer durch die Depotbanken höchst uneinheitlich – im Zweifel stets zu Ungunsten des Anlegers, was erheblichen bürokratischen Aufwand nach sich ziehen kann. Dazu mehr in KAPITEL 10.3.

Anleger, denen ein marktbreiter Zugang zu allen CEFs dieser Welt, günstige Handelskonditionen sowie eine korrekte steuerrechtliche Behandlung der Ausschüttungen wichtig sind, kommen daher kaum um einen Auslandsbroker herum. Dies gilt insbesondere dann, wenn in Anlehnung an die in KAPITEL 9 vorgestellten Musterportfolios der Aufbau sowie die Hege und Pflege eines breit diversifizierten Weltportfolios angestrebt wird. Hier macht letztendlich auch ein inländisches Depot mit schmalem CEF-Angebot nur bedingt Freude und stößt spätestens bei Änderungen der Präferenzen an seine Grenzen.

Entgegen anderslautenden Befürchtungen ist es für Bürger der Bundesrepublik Deutschland und anderer kontinentaleuropäischer Länder keineswegs verboten, ein Konto oder Depot im Ausland zu eröffnen. Lediglich die Kapitalerträge dürfen nicht verschwiegen und müssen in der jeweiligen Einkommensteuererklärung deklariert werden. Das wiederum schreckt zahlreiche Investoren ab, die den damit verbundenen bürokratischen Aufwand scheuen. Zu Unrecht, wie in KAPITEL 10.2 und 10.3 noch dargelegt werden wird. Tatsächlich hält sich die Mehrarbeit sehr in Grenzen und lässt sich je nach Dokumentation auf wenige Minuten pro Jahr drücken.

Dem vermeintlichen Nachteil steht tatsächlich auch ein Vorteil gegenüber. Da Auslandsbroker nicht an die inländische Steuergesetzgebung gebunden sind, führen diese auch keine (Abgeltungs-)Steuern an den heimischen Fiskus ab, wie es beispielsweise in Deutschland der Fall ist. Dadurch, dass die Anleger nun die Erträge selbst im Rahmen der jährlichen Steuererklärung nachträglich angeben und gegebenenfalls versteuern müssen, erzielen sie zunächst einen Liquiditätsvorteil im Vergleich zur sofortigen Abführung durch ein inländisches Institut.

Fairerweise muss hinzugefügt werden, dass bei relativ hohen Einkünften aus Kapitalvermögen dieser Vorteil schwindet, da das Finanzamt dann dazu übergeht, quartalsweise Vorauszahlungen zu verlangen, wobei sich hier allerdings wiederum Freibeträge wie beispielsweise der Grund- und Kinderfreibetrag, der Sparerpauschbetrag sowie Vorsorgeaufwendungen und weitere individuelle Steuerfreibeträge, die über einen Lohnsteuer-Ermäßigungsantrag geltend gemacht werden können, dämpfend auswirken. Dies gilt vor allem dann, wenn neben den Kapitalerträgen keine oder nur geringe weitere steuerpflichtige Einkünfte erzielt werden. Hier bietet also selbst das deutsche Steuerrecht reichlich Gestaltungsspielraum!

Ein weiterer Vorteil der selbst zu verantwortenden Steuererklärung: Das Zusammenstellen der relevanten Angaben, sei es nun für den Anleger selbst oder den Steuerberater, regt zur Auswertung des Depots beziehungsweise der Einkünfte an und erhöht durch die Beschäftigung mit dem Thema nicht zuletzt den Kompetenzgrad in Steuerangelegenheit – auch das ist eine Form der finanziellen Bildung.

Eine weitere gängige Hürde, ausländischen Brokern Geld und Wertpapiere anzuvertrauen, stellt die Informationsasymmetrie dar. Denn in aller Regel sind Anleger über die heimische Bankenlandschaft deutlich besser informiert als über ausländische Institute, zumal wenn diese ihre Leistung in einem anderen Rechtsraum, beispielsweise außerhalb der EU, erbringen. Dieses Nichtwissen führt oft zu einer verzerrten Risikowahrnehmung. Tatsächlich werden Privatanlegerdepots in allen Ländern der westlichen Welt mit einer entwickelten Kapitalmarktstruktur treuhänderisch geführt, die Wertpapiere befinden sich also im Eigentum der Anleger, nicht der Bank. Daher sind diese grundsätzlich gegen die Pleite eines Instituts geschützt.

Unterschiedlich fallen hingegen die Regelungen im Fall der äußerst unwahrscheinlichen, aber dennoch theoretisch denkbaren Veruntreuung von Wertpapieren aus; seit dem Ende des Zweiten Weltkrieges ist eine solche betrügerische Unterschlagung nicht bekannt und wäre angesichts des institutionellen Rahmens äußerst aufwendig und teuer, zumal verbuchte und eindeutig identifizierbare Wertpapierbestände anders als anonyme materielle Gegenstände auch nicht einfach so dem Verwahrsystem entzogen werden können. Andere Bereiche des weißen und vor allem grauen Kapitalmarktes bieten weitaus attraktivere Chancen-Risiko-Profile für den unlauteren Gelderwerb.

Ähnlich unterschiedlich sind die länderspezifischen Regelungen bezüglich der Einlagensicherung. Letztere sollen Bankkunden vor dem Verlust ihrer Guthaben bewahren, zumindest bis zu einer bestimmten Höhe. Diese werden nämlich im Gegensatz zu Wertpapieren nicht treuhänderisch verwaltet, sondern sind eine Forderung und damit Darlehen des Kunden gegen das Institut.

Sowohl bezüglich der Wertpapierverwahrung als auch in puncto Einlagensicherung sind die Kunden der gängigen Banken und Broker in der EU als auch in der Schweiz gut geschützt. Es geht aber auch noch besser. So fallen in beiden Belangen die Sicherungsmechanismen, die beispielsweise der US-amerikanische Gesetzgeber eingezogen hat, deutlich besser aus als diejenigen, die in Kontinentaleuropa vorgesehen sind. Dies soll an dieser Stelle zum Thema genügen. Auf weiterführende Informationen zu diesem sehr heterogenen Komplex wird im QUELLENVERZEICHNIS verwiesen.

Hinweis: Grundsätzlich nicht zu empfehlen sind hingegen Depotverwahrstellen außerhalb gefestigter Jurisdiktionen. Die mögen zwar mit Diskretion und laxer Regulierung punkten, gleichwohl darf bezweifelt werden, ob das Sicherheitsnetz so eng und fest gesponnen ist wie in Ländern der westlichen Welt. Das Risiko eines Komplettverlusts dürfte daher kaum die vermeintlichen Vorteile aufwiegen.

Neben einer Anbindung der relevanten Börsen, der Handelbarkeit der gewünschten Instrumente und Wertpapiere, der Orderkosten und Depotgebühren sowie der Depotsicherheit und dem Einlagenschutz sind noch einige Nebenaspekte bei der Wahl einer geeigneten Depotbank zu beachten.

So sollten Institute gemieden werden, die bereits für verhältnismäßig niedrige Einlagen Verwahrentgelte, vulgo Negativzinsen, erheben. Denn einerseits lassen sich temporäre Guthaben im Zuge von Überweisungen und Verkäufen kaum verhindern, andererseits fließt bei einem einkommensorientierten Ansatz laufend Liquidität zu, welche dann gegebenenfalls ebenso laufend geschmälert würde. Des Weiteren sollten sich etwaige Kosten für ein- und ausgehende Überweisungen sowie den Währungsumtausch im Rahmen halten.

Insbesondere Letztere werden oft vernachlässigt, können sich aber über die Zeit zu beträchtlichen Summen addieren. Gerade bei einer Orientierung an den Musterportfolios aus KAPITEL 9 respektive an einem Weltportfolioansatz fallen Käufe, Verkäufe sowie Dividenden in Fremdwährungen an, Überweisungen auf oder vom Depotkonto hingegen in Euro respektive der jeweiligen Heimatwährung. Werden hierbei häufige Währungsdispositionen vorgenommen, können diese bei ungünstig gestellten Wechselkursen des Brokers, also einem hohen Spread, unnötig stark ins Geld gehen.

Gemieden werden sollten ferner Institute, die Zuflüsse in ausländischer Währung, beispielsweise Dividenden- oder Zinszahlungen, automatisch in die jeweilige Heimat- oder Stammwährung tauschen. Automatisch bedeutet in dem Fall, dass automatisch Gebühren anfallen, und zwar im schlechtesten Fall doppelt. Letzteres ist beispielsweise dann der Fall, wenn in US-Dollar zugeflossene Dividenden zunächst automatisch in Euro gewechselt und dann vom Anleger wieder in US-Dollar umgetauscht werden müssen, um in US-Dollar notierte Wertpapiere damit zu erwerben.

Die Autoren dieser Publikation haben jeweils einen nennenswerten Anteil ihres Anlagevermögens in CEFs rund um den Globus investiert. Erläuterungen und Hinweise zu den von ihnen genutzten Depotbanken finden sich im QUELLENVERZEICHNIS und im Abschnitt INFORMATIONEN.

Bezüglich der Depotbank noch ein abschließender Hinweis zu MiFID II beziehungsweise einer möglichen Umgehungsstrategie: Nur weil sich der Sitz einer Depotbank außerhalb der EU befindet, bedeutet das keineswegs, dass diese nicht die EU-Richtlinie anwendet. Der Grund dafür ist das sogenannte Marktortprinzip. Demnach müssen Banken, die innerhalb der EU ihre Dienstleistungen aktiv anbieten, wozu allein schon Kundenwerbung zählt, eine Banklizenz im jeweiligen Land beantragen. In Deutschland vergibt diese die BaFin, selbstverständlich verbunden mit der Auflage, sämtlichen nationalen und europäischen Vorgaben Folge zu leisten. Und zu diesen gehört eben auch MiFID II.

Anleger, die es insbesondere auf die in der Tat interessanten und facettenreichen ETFs jenseits der EU abgesehen haben, bleiben letztlich zwei Möglichkeiten. Zum Ersten die Eröffnung einer Bankverbindung, welche nicht der MiFID-II-Richtlinie unterliegt; auch hierzu gibt es im QUELLENVERZEICHNIS eine Empfehlung. Zum Zweiten gibt es vor allem bei zahlreichen US-ETFs die Möglichkeit der Andienung über Optionen. Das allerdings stellt ein Thema für sich dar. Investoren, die weder auf die eine noch die andere Alternative ausweichen möchten, können sich mit dem Gedanken trösten, dass das Angebot an CEFs und Holdinggesellschaften mittlerweile so breit ist, dass für (fast) jeden ETF eine passende Alternative existiert.

10.2 Die Ebenen der Besteuerung

Zwei Dinge sind sicher im Leben, der Tod und die Steuer. Zweitere ist auch bei CEFs unvermeidlich. Hierbei müssen Anleger stets zwischen zwei Ebenen der Besteuerung unterscheiden. Im Kontext eines CEFs sind dabei vier grundlegende Steuerarten relevant, von denen zwei auf Ebene des Fonds und zwei auf Anlegerebene anfallen. Tragen muss die gesamte Steuerlast am Ende freilich die Investorengemeinschaft beziehungsweise jeder einzelne Anleger.

Zu sämtlichen steuerrechtlichen Ausführungen in diesem Buch an dieser Stelle noch ein Hinweis: Alle Angaben spiegeln die Rechtsauffassung und persönlichen Erfahrungen der Autoren zum Zeitpunkt der Drucklegung dieses Buches wider. Diese unterliegen einem laufenden Wandel und können sich im Zeitverlauf als richtig oder falsch erweisen. In keinem Fall stellen sie eine Handlungsempfehlung dar. Eine Beratung in fiskalischen Angelegenheiten erteilt der Steuerberater des Vertrauens.

Bei den beiden Steuerarten auf Ebene des Fonds handelt es sich zum einen um die (Unternehmens-)Steuern der verwalteten Beteiligungen. Diese reduzieren zwangsläufig den Cashflow und damit den Beteiligungswert. Deren konkrete Art, Höhe und Fälligkeit hängt von der jeweiligen Steuergesetzgebung ab, der die jeweilige Organisation unterworfen ist. Bestimmte organisatorische Rechtsformen können zudem von bestimmten Steuern befreit sein, so beispielsweise REITs. Andere profitieren von Subventionen, Zuschüssen oder geldwerten Regularien, was insbesondere in politisch geförderten oder geschützten Branchen wie Erneuerbare Energien oder Infrastruktur der Fall ist. Ferner gibt es Vermögenswerte, die selbst nicht steuerpflichtig sind wie beispielsweise Anleihen, Lizenzen oder Patente.

Die zweite Steuerart ist der fiskalische Schwund, dem der CEF selbst unterliegt. Dieser beschränkt sich jedoch in der Regel auf kleine Posten wie die Lohnsteuer für Angestellte, die Umsatzsteuer auf Anschaffungen oder eben die Börsenumsatzsteuer, zum Beispiel die Stempelsteuer auf britische Aktien (siehe KAPITEL 1.3). Denn im Gegensatz zu deutschen Fonds, die auf bestimmte inländische Erträge wie Dividenden aus deutschen Aktien oder Mieterträge und Veräußerungsgewinne auf heimische Immobilien Steuern in Höhe von 15 Prozent zahlen müssen, sind CEFs bis auf wenige Ausnahmen von der (Körperschafts-)Steuer befreit.

Die Bedingung dafür ist, dass der Fonds einen Mindestanteil an den Dividenden- und Zinserträgen sowie den realisierten Kursgewinnen an die Anleger ausschüttet. Die Regelung umfasst im Grundsatz sämtliche CEFs der angelsächsischen Welt und umfasst auch offene Investmentfonds und ETFs. Vom steuerrechtlichen Konzept her fungieren Kapitalsammelstellen letztlich als Durchlauforganisationen, welche die Besteuerung an ihre Anteilseigner durchreichen. Die exakte Steuerbelastung eines CEFs sowie deren Aufschlüsselung muss letztendlich wie bereits erläutert dem jeweiligen Jahresabschluss, Halbjahres- oder Quartalsbericht entnommen werden. Bei deutschen Investmentfonds und ETFs wird der Nachteil der Besteuerung auf Fondsebene übrigens durch sogenannte Teilfreistellungen auf Ebene der Anleger kompensiert.

Bezogen auf CEFs sind auf Letzterer ebenfalls zwei Steuerarten von Relevanz. Zum einen die bereits mehrfach angerissene Quellensteuer, zum anderen die Kapitalertragssteuer, welche in Deutschland seit 2009 in Form der Abgeltungssteuer erhoben wird. Der Abgeltungssteuersatz beträgt pauschal 25 Prozent zuzüglich des Solidaritätszuschlags von 5,5 Prozent, was eine Mindestbelastung von 26,375 Prozent ergibt. Abhängig vom Bundesland und der Konfessionszugehörigkeit summiert sich dazu ein Kirchensteuerzuschlag von 8 oder 9 Prozent hinzu, der die Gesamtlast auf maximal 27,8186 beziehungsweise 27,9951 Prozent erhöht.

Die Abgeltungsteuer wird dabei sowohl auf Ausschüttungen als auch realisierte Kursgewinne jeder Art erhoben, wobei Kursverluste lediglich mit anderen Einkünften aus Kapitalvermögen verrechnet werden dürfen, nicht jedoch mit positiven Einkünften anderer Einkunftsarten, wie beispielsweise nichtselbstständiger Arbeit oder Vermietung und Verpachtung. Zudem dürfen realisierte Kursverluste auf

Einzelaktien ausschließlich mit Kursgewinnen auf Aktien verrechnet werden, nicht jedoch mit realisierten Gewinnen auf Fonds, ETFs oder Terminmarktgeschäften. In Deutschland veranlagte Investoren führen also zwei getrennte Steuertöpfe bei Einkünften aus Kapitalvermögen, einerseits einen Steuertopf auf Aktiengewinne und -verluste und andererseits einen Steuertopf auf sonstige Kapitalerträge. Allerdings hat der Bundesfinanzhof (BFH), also die höchste richterliche Instanz in Steuer- und Zollsachen, die Regelung im Jahr 2021 für verfassungswidrig erklärt. Der Fall liegt zum Zeitpunkt der Drucklegung dieses Buches dem Bundesverfassungsgericht (BVerfG) vor.

Für Steuerinländer, also Privatanleger, die in Deutschland steuerpflichtig sind, gilt bezüglich der Abgeltungs- und Quellensteuer folgender Grundsatz: Wird das Depot in Deutschland verwaltet, ermittelt die Depotbank die steuerlich relevanten Kapitalerträge und gezahlten sowie anrechenbaren ausländischen Quellensteuern und überweist die fällige Abgeltungssteuer an das Finanzamt. Befindet sich das Depot dagegen im Ausland, muss der Anleger die entsprechenden Angaben im Rahmen seiner Einkommensteuererklärung selbst ermitteln. Angesichts der Ausführungen in KAPITEL 10.1 läuft es für breit diversifizierte CEF-Investoren auf eigene Deklaration heraus, deren Grundzüge im nächsten Abschnitt erläutert werden.

10.3 Grundzüge der Besteuerung

Während die Abgeltungssteuer respektive die jeweils gültige Kapitalertragssteuer jedem Anleger zumindest dem Grundsatz nach bekannt sein dürfte, ist die ausländische Quellensteuer in der Regel nur Auslandsinvestoren explizit geläufig. Was genau hat es mit dieser länderspezifischen Steuer auf sich?

Eine Quellensteuer ist eine Steuer auf (Kapital-)Erträge wie beispielsweise Dividenden oder Zinsen, die vor Ausschüttung an einen ausländischen Anleger von der inländischen Zahlstelle, also direkt an der Quelle, einbehalten und an das Finanzamt des Quellenstaats abgeführt wird. Sie soll verhindern, dass der von einem inländischen Unternehmen erwirtschaftete Gewinn ohne fiskalische Partizipation ins Ausland abfließt. Nur der Vollständigkeit halber sei erwähnt, dass Quellensteuern selbstverständlich auch auf andere Einkunftsarten angewandt werden, an dieser Stelle erfolgt jedoch ausschließlich eine auf Kapitaleinkünfte bezogene Betrachtung.

Allein die Belegung ausländischer Einkünfte mit einer Quellensteuer hätte allerdings eine doppelte Besteuerung auf Ebene der Investoren zur Folge. Zum einen würde die betroffene Ausschüttung mit der ausländischen Quellensteuer, zum anderen mit der inländischen Kapitalertragssteuer voll belastet. Um genau das zu verhindern und die internationale Kapitalanlage attraktiv zu halten, haben die meisten Staaten der Welt untereinander ein bilaterales DBA (Doppelbesteuerungsabkommen) geschlossen.

Diese sehen eine maximale Beschränkung der Quellensteuer auf Dividenden und Zinsen sowie den Grad der Anrechenbarkeit auf die heimische Kapitalertragssteuer vor. Kursgewinne werden hierbei nicht erfasst und sind allein beim Anleger angesiedelt.

Die konkrete Höhe der Sätze hängt vom jeweiligen DBA zwischen dem Heimatland und Quellenstaat ab. Zudem kann innerhalb des Abkommens nach unterschiedlichen Ertragsarten unterschieden werden. Sämtliche DBAs können über das Portal des Bundesministeriums der Finanzen (BMF) recherchiert beziehungsweise heruntergeladen werden. Eine laufend aktualisierte und alphabetisch nach Ländern sortierte Übersicht über die im Ausland erhobenen und in Deutschland anrechenbaren Quellensteuern auf Dividenden und Zinsen ist auf der Seite des Bundeszentralamts für Steuern (BZSt) abrufbar. Die jeweiligen Adressen sind am Ende des Buches unter INFORMATIONEN aufgeführt.

Als Faustregel beziehungsweise internationale Gepflogenheit können sich zumindest in Deutschland veranlagte Investoren merken, dass 15 Prozent Quellensteuer üblich sind, die auch voll auf die heimische Abgeltungssteuer angerechnet werden. Für Letztere fallen damit meist noch 10 Prozent Abgeltungssteuer an. Quellensteuerzahler erzielen damit in Deutschland übrigens noch einen kleinen Liquiditätsvorteil, denn der Solidaritäts- und gegebenenfalls Kirchensteuerzuschlag fällt lediglich auf die tatsächlich gezahlte Abgeltungssteuer an, also auf die 10 Prozent, und nicht auf die Gesamtbelastung in Höhe von 25 Prozent.

Eine doppelte internationale Besonderheit stellt das Vereinigte Königreich dar, welches zwar die bereits bekannte Stempelsteuer für bestimmte Börsengeschäfte in Rechnung stellt, dafür aber keine Quellensteuern auf Dividenden erhebt – egal ob Einzelwert oder Sammelanlage. Das gilt interessanterweise auch für die beiden ehemaligen fernöstlichen Kolonien Hongkong und Singapur, die nach wie vor vom britischen Recht geprägt sind, leider jedoch keine nennenswerte CEF-Kultur entwickelt haben.

Leider erfolgt die Umsetzung der DBA-Vorgaben nicht immer einheitlich (siehe KAPITEL 10.1), weshalb CEF-Investoren im Zweifelsfall gut beraten sind, die Handhabung für den konkreten Einzelfall direkt beim Kundenservice der Depotbank anzufragen und erst danach das jeweilige Wertpapier zu ordern (oder eben nicht).

Eine Erstattung der auf die heimische Abgeltungssteuer anrechenbaren Quellensteuer ist in jedem Fall ausgeschlossen. Das gilt auch für den Fall, dass der Sparerpauschbetrag nicht ausgeschöpft wurde. Der über den anrechenbaren Anteil hinausgehende Quellensteuerabzug kann jedoch gemäß des jeweiligen DBAs zurückgefordert werden. Entsprechende Formulare hält ebenfalls das BZSt bereit. Je nach Land sind jedoch zusätzliche, teils kostenpflichtige Bescheinigungen nötig, die den bürokratischen und finanziellen Aufwand deutlich erhöhen können.

Zudem kann die Erstattung je nach Land unterschiedlich lange dauern. So überweist der Schweizer Fiskus entsprechende Beträge innerhalb weniger Wochen. Berüchtigt sind hingegen die italienischen Behörden, die sich schon mal mehrere Jahre mit der Rückzahlung Zeit lassen. Aus diesem Grund sowie dem damit verbundenen administrativen und monetären Mehraufwand empfiehlt es sich für passive Anleger, Anlagen auszuschließen, bei denen ein solches Verfahren nötig ist, um die zu viel gezahlte Quellensteuer erstattet zu bekommen. Das ist, wie in KAPITEL 10.1 erläutert, bei kontinentaleuropäischen Banken und Brokern gerade in Kombination mit australischen und kanadischen Wertpapieren leider oft der Fall.

Ferner kann es bei US-amerikanischen wie kanadischen CEFs (und anderen Wertpapieren) aufgrund fehlender Dokumentationen zu einer deutlich höheren Belastung mit Quellensteuern kommen. Im Fall der USA ist dies dann regelmäßig der Fall, wenn bei der Depotbank kein W-8BEN-Formular hinterlegt ist.

Was hat es damit auf sich? Gemäß des DBAs zwischen den USA und Deutschland zahlen hierzulande veranlagte Investoren 15 Prozent Quellensteuer auf Dividenden, was auch die Ausschüttungen von CEFs umfasst. Dies gilt allerdings nur, sofern es sich um Nicht-US-Personen handelt. Und um diesen Nachweis zu führen, muss der jeweilige Depotinhaber das W-8BEN-Formular ausfüllen und (elektronisch) unterzeichnen. Liegt das Formular nicht vor, werden auf Ausschüttungen US-amerikanischer Wertpapiere 30 Prozent Quellensteuer einbehalten. Bei einem gut sortierten Broker wird das W-8BEN-Formular gleich im Zuge der Depoteröffnung ausgefüllt und hinterlegt, in jedem Fall sollten entsprechend dispositionswillige Investoren auf diese administrative Besonderheit achten.

Ein unerwartet hoher Abzug bei kanadischen CEFs kann meist auf eine von zwei Ursachen zurückgeführt werden. Hierbei kommt es auf das konkrete Wertpapier respektive Instrument an beziehungsweise ob es sich hierbei um einen Trust oder eine Corporation nach kanadischem Recht handelt. Trusts führen den Zusatz »UN« hinter dem jeweiligen Wertpapierkürzel und gelten rechtlich als börsennotierte Treuhandvermögen. Bis auf einige Ausnahmen notieren kanadische CEFs übrigens in der Rechtsform des Trusts.

Aus kanadischer Sicht schütten diese weder Dividenden noch Zinsen aus. Gemäß des DBAs mit Deutschland handelt es sich um »andere Einkünfte«, welche der kanadische Fiskus höher besteuern darf. Das tun die Nordamerikaner auch und reizen genau jene 25 Prozent aus, die in diesem speziellen Fall maximal auf die Abgeltungsteuer anrechenbar sind. Im Grunde ist das für deutsche Anleger sogar die unkompliziertere Variante, denn mit der Saldierung von Quellen- und Abgeltungsteuer ist die Schuldigkeit gegenüber dem Fiskus getan.

Wird ein Trust allerdings bei einer deutschen Depotbank gehalten, fallen neben den 25 Prozent Quellensteuer zunächst auch 25 Prozent Abgeltungssteuer an (sofern der Sparerpauschbetrag ausgeschöpft ist). Diese vorläufig doppelte Besteuerung geht auf eine Stellungnahme des Bundesfinanzministeriums speziell zu kanadischen Trusts zurück. Im Rahmen der Einkommensteuererklärung wird die zu viel gezahlte Steuer zwar erstattet, dennoch dürfte sich in den allermeisten Fällen die Verwahrung kanadischer Trusts im Inland aufgrund dieses Liquiditätsnachteils nicht lohnen. Hierfür eignet sich grundsätzlich ein Auslandsdepot.

Doch auch hier gibt es Unterschiede: Angelsächsische Depotbanken ziehen in der Regel 15 Prozent Quellensteuer ab, europäische Depotbanken beispielsweise in der Schweiz hingegen 25 Prozent. Anders sieht es hingegen bei kanadischen CEFs, die als Corporations firmieren, sowie klassischen Einzelaktien aus. Das DBA sieht in Artikel 10, Absatz (2), Buchstabe b. für Ausschüttungen derselben ausdrücklich einen Quellensteuersatz von 15 Prozent vor. Aus nicht nachvollziehbaren Gründen halten sich im Gegensatz zu den angelsächsischen Depotbanken zahlreiche deutsche beziehungsweise europäische Broker nicht an diese Vorgabe und behalten wie bei Trusts 25 Prozent Quellensteuer ein. Im Gegensatz zu Trusts dürfen bei Corporations allerdings maximal 15 Prozent Quellensteuer auf die heimische Abgeltungssteuer angerechnet werden.

Die Differenz können sich heimische Anleger zwar vom kanadischen Fiskus zurückerstatten lassen, allerdings nicht ohne bürokratischen Aufwand. Zum einen ist pro Ausschüttung ein Formular auszufüllen, zum anderen ist je Formular eine gesonderte Bescheinigung der Depotbank erforderlich, die je nach Institut kostenpflichtig ist. Der Vollständigkeit halber sei erwähnt, dass besagte Stellungnahme des Bundesfinanzministeriums bei kanadischen Aktien nicht greift. Fazit: So oder so sind kanadische CEFs am besten in einer ausländischen

Verwahrstelle aufgehoben – zumindest, wenn diese signifikante Ausschüttungen tätigen.

Einen quellensteuerrechtlichen Sonderfall stellt hingegen Australien dar. Die Ursache dafür dürfte an der im internationalen Vergleich relativ hohen Besteuerung von Unternehmensgewinnen liegen. Australische Kapitalgesellschaften zahlen mit 30 Prozent einen doppelt so hohen Satz auf ihr (positives) Betriebsergebnis wie entsprechende deutsche Unternehmen. Im Gegenzug kennt das australische Steuerrecht allerdings keine Gewerbesteuer, der wiederum jede deutsche Gesellschaft unterliegt.

Das wiederum hat zu einer Vielzahl von Ausweichhandlungen geführt, von denen das australische Steuerrecht mannigfaltige Varianten bietet. Zahlreiche spezielle Rechtsformen, allen voran die Stapled Security, sind beispielsweise auf die Reduzierung der Steuerlast auf den auszuschüttenden Gewinn ausgelegt.

Die CEFs wiederum bieten diesbezüglich ein recht uneinheitliches Bild, einige nutzen selbst eine Trust-Konstruktion, um eben solche Effekte zu erzielen. Die Mehrheit firmiert jedoch als Company und wird regulär besteuert. Regulär bedeutet in diesem Zusammenhang allerdings, dass je nach Ertragsquelle unterschiedliche Maßstäbe respektive Steuersätze angelegt werden. Dies wiederum führt oft zu (mehrfach) gesplitteten Ausschüttungen.

Das bedeutet, dass eine Ausschüttung in zwei oder mehr gleichzeitigen Zahlungen erfolgt, von denen jede einzelne einem unterschiedlichen Quellensteuersatz unterliegt. Die Bandbreite bewegt sich zwischen 0 und 30 Prozent. Erschwerend kommt hinzu, dass diese Komponenten und damit die durchschnittliche Steuerbelastung der Zahlung von Ausschüttung zu Ausschüttung variieren. Die in KAPITEL 9.2 vorgestellte BKI Investment Company Ltd. ist beispielweise bekannt für ihre langjährig gehegte Praxis quellensteuerfreier Ausschüttungen.

Gepaart sind die Auszahlungen bisweilen, wie bereits erläutert, mit einer Steuergutschrift, einem Franking Credit, der auf die individuelle Steuerschuld angerechnet werden kann – allerdings nur in dem Fall, dass der Empfänger in Australien zur Einkommensteuer veranlagt wird. Das ist zum Beispiel bei der BKI Investment Company Ltd. ebenfalls regelmäßig der Fall; gleichwohl ist die Anlagestrategie der LIC extrem steueroptimiert, weshalb sie auch grundsätzlich in das Beuteschema ausländischer Investoren passt.

Für ausländische Investoren ist daher unter dem Strich zum einen die Gesamtausschüttung sowie der gesamte Quellensteueranteil von Bedeutung. Vermutlich ist es fast überflüssig zu erwähnen, dass deutsche Banken und Broker damit so ihre Schwierigkeiten haben (siehe KAPITEL 10.1). Daher empfiehlt sich auch für australische CEFs eine ausländische Verwahrstelle.

Beachten sollten deutsche Steuerpflichtige, dass gemäß dem DBA zwischen Australien und Deutschland maximal 15 Prozent Quellensteuer auf die Abgeltungssteuer angerechnet werden können. Was aber tun, wenn der durchschnittliche Quellensteuersatz auf die Ausschüttungen eines favorisierten australischen CEFs über dieser Grenze liegt?

Anleger, die nicht vor dem Steuerrecht kapitulieren möchten, können solche Titel mit einer maximalen Quellensteuerbelastung von 30 Prozent beispielsweise mit quellensteuerfreien Dividendenpapieren wie der BKI Investment Company kombinieren. Durch die Kombination eines beispielsweise einmal mit 30 Prozent sowie einmal mit 0 Prozent Quellensteuer belasteten CEFs wird die Quellensteuer wieder auf durchschnittlich 15 Prozent gedrückt und ist damit wieder in voller Höhe auf die Abgeltungssteuer anrechenbar – sofern die Ausschüttungshöhe beider Titel identisch ist.

Diese länderbezogene Verrechnung gilt allerdings nur für ausländische Kapitalerträge, die im Betriebsvermögen anfallen. Für Privatanleger gilt hingegen seit Einführung der Abgeltungsteuer im Jahr 2009 die maximal mögliche Anrechnung je ausländischem Kapitalertrag, also pro Dividendenzahlung. Damit ist diesen theoretisch sogar eine wertpapierbezogene Verrechnung verwehrt, beispielsweise, wenn die Ausschüttungen eines Titels im Jahresverlauf unterschiedlich stark mit Quellensteuern belegt werden, welche teilweise den Anrechnungshöchstbetrag von beispielsweise 15 Prozent übersteigen.

Erschwerend kommt für (Privat-)Anleger hinzu, dass zahlreiche Broker in den jeweiligen Depotauszügen beziehungsweise Steuerbescheinigungen die insgesamt über sämtliche Depotpositionen, sprich alle Länder und Wertpapiere erzielten Bruttodividenden und Quellensteuern ermitteln und ausweisen. Das hebelt insbesondere bei einem gut bestückten Depot unterjähriger Dividendenzahler eine exakte Aufteilung und Anrechnung etwaiger Höchstbeträge de facto aus. Aus Gründen der Praktikabilität fließen diese Daten daher in aller Regel aggregiert als Sammelposten in die Steuererklärung ein; tatsächlich ist kaum ein Steuerpflichtiger von der hier geschilderten Problematik betroffen und der steuerliche Effekt in den wenigen relevanten Fällen meist marginal.

Passend dazu kann sich sowohl bei australischen als auch kanadischen Wertpapieren die Quellensteuerbelastung in den meisten Fällen auf 15 Prozent reduzieren, sofern der Broker das Pendant zum W-8BEN-Formular, den sogenannten Common Reporting Standard (CRS), für Australien und Kanada vorhält. Auch dieser wird in der Regel direkt bei der Depoteröffnung ausgefüllt und signiert. Sofern das jeweilige Formular hinterlegt ist, erfolgt analog zu US-Werten eine Vorabreduzierung der Quellensteuer auf 15 Prozent bei den meisten Wertpapieren. Dies ist erfahrungsgemäß aber nur bei wenigen ausländischen Depotbanken so möglich.

10.4 Besonderheiten der Besteuerung

Privatanleger können die Gesamtsteuerbelastung (nicht nur) eines CEF-Depots je nach Lebensumständen und Bedarf optimieren. Eine komplett steuerfreie Vereinnahmung der Ausschüttungen sowie gegebenenfalls der Kursgewinne ist möglich, wenn die jeweiligen Einkünfte aus Kapitalvermögen nicht der Besteuerung unterliegen.

Das ist, wie in KAPITEL 10.1 ausgeführt, bei in Deutschland veranlagten Investoren beispielsweise dann der Fall, wenn die Kapitaleinkünfte den Großteil der Einnahmen ausmachen und sich über die diversen steuerlichen Frei- und Pauschbeträge unter die Besteuerungsschwelle drücken lassen. Gleichwohl ist der Effekt überschaubar, insbesondere wenn das Einkommensniveau zumindest einen bürgerlichen Lebensstil ermöglichen soll.

Anders sieht es hingegen aus, wenn der heimische Wohnsitz komplett aufgegeben und ins Ausland verlagert wird. Hierbei gilt es jedoch, einige fiskalische Fallgruben zu vermeiden, die das BMF bereits in den 1960er-Jahren ausgehoben hat, die explizit eine steuerschonende Auswanderung erschweren sollen und bereits so manchen prominenten Zeitgenossen zu Fall gebracht haben. Zu nennen ist in erster Linie das Außensteuergesetz (AStG) und hier insbesondere der § 6. Der für Auswanderungswillige potenziell teuerste Paragraph überhaupt wird bis heute nach seinem Auslöser »Lex Horten« genannt.

Exkurs: Der Großkaufmann Helmut Horten war der Begründer und Eigentümer der gleichnamigen und in der Nachkriegszeit beliebten Warenhauskette. Im Jahr 1966 heiratete er die 32 Jahre jüngere Sekretärin Heidi Jelinek, zwei Jahre später siedelte er ins schweizerische Tessin über. Von der neuen Schweizer Heimat aus wandelte er sein Unternehmen in eine Aktiengesellschaft um, deren Anteile er in den folgenden Jahren dank fehlender gesetzlicher Grundlage komplett steuerfrei veräußern konnte. Nach mehreren Eigentümerwechseln gehört das ehemalige Horten-Imperium heute zur Galeria-Karstadt-Kaufhof-Gruppe. Dank der fehlenden Nachlassbesteuerung auch großer Vermögen konnte nach Helmut Hortens Tod im Jahr 1987 der Veräußerungserlös ebenfalls steuerfrei auf seine Frau Heidi übergehen, die noch heute zum, mittlerweile allerdings österreichischen, Geldadel zählt.

Prinzipiell begründet das EStG den Status der unbeschränkten Steuerpflicht für den Fall, dass eine natürliche Person ihren Wohnsitz oder gewöhnlichen Aufenthalt innerhalb der Grenzen der Bundesrepublik

Deutschland innehat. Die Person wird dann, völlig unabhängig von der Nationalität, zum Steuerinländer. Steuerinländer werden mit ihren im Veranlagungszeitraum, in der Regel dem Kalenderjahr, insgesamt weltweit erzielten Einkünften, dem sprichwörtlichen Welteinkommen, der inländischen Steuergesetzgebung unterworfen.

Die unbeschränkte Steuerpflicht steht und fällt mit den Definitionen des Wohnsitzes und des gewöhnlichen Aufenthalts. Diese Tatbestände können auch Personen erfüllen, die bereits über ein langjähriges Auslandsdomizil verfügen und Deutschland nur gelegentlich aufsuchen.

Die entsprechenden Definitionen zu beiden Begrifflichkeiten finden sich in der Abgabenordnung (AO), die wiederum im Anwendungserlass zur Abgabenordnung (AEAO), einer Handhabungsempfehlung des BMF zur Anwendung der AO, ausführlich und unter Bezugnahme auf die geltende Rechtsprechung kommentiert werden.

§ 9 der AO nimmt einen gewöhnlichen Aufenthalt dort an, wo die berufliche, familiäre – hier insbesondere Ehepartner und Kinder – sowie soziale Bindung für mehr als sechs Monate eines Jahres den Lebensmittelpunkt konstituiert. Kurzfristige Unterbrechungen wie zum Beispiel Urlaube bleiben unberücksichtigt. Sofern sich also der Auswanderer nur vom Fiskus und nicht von seinem gesetzlichen Partner absetzen möchte, besteht aufgrund der klaren Vorschrift kein besonderer Erklärungs- und Interpretationsbedarf.

Wesentlich problematischer nimmt sich da schon die Bestimmung des Wohnsitzes aus. Hier hilft auch die AO, konkret § 8, nicht weiter, denn »[e]inen Wohnsitz hat jemand dort, wo er eine Wohnung unter Umständen innehat, die darauf schließen lassen, dass er die Wohnung beibehalten und benutzen wird«. Was heißt nun eine Wohnung innehaben, beibehalten oder benutzen? Immerhin stolperte über diese diffizile Auslegung schon vor Jahren eine bekannte deutsche Tennislegende, die hierfür finanziell kräftig zur Ader gelassen wurde: 500 000 Euro Geldstrafe zuzüglich der nachzuzahlenden Steuern inklusive Verzugszinsen.

Zunächst ist jede steuerrechtliche Wertung völlig unabhängig von der melderechtlichen zu bewerten, das heißt, es kommt auf die tatsächlichen und nicht auf die behördlich registrierten (Wohn-)Verhältnisse an. Das An- und Abmelden bei einer Gemeinde begründet also weder einen Wohnsitz noch dessen Aufgabe. Sowohl die Rechtsprechung als auch der AEAO definieren das Beibehalten und Benutzen eines Wohnsitzes als Sachherrschaft über Wohnraum, eine sogenannte Schlüsselgewalt, die über Kurzzeitmietverhältnisse bis zu sechs Monate hinausgeht.

Ein Wohnsitz begründet also das Recht, über diesen tatsächlich zu verfügen und ihn nicht etwa nur vorübergehend beziehen zu können. Ist das nun wenigstens hinreichend präzise? Wohl kaum. Und deswegen gab es hierzu auch eine Vielzahl höchstrichterlicher Entscheidungen. Demnach kann bereits eine bescheidene Bleibe, ein Wohnraum ohne eigene Küche oder Waschgelegenheit, einen Wohnsitz begründen, ein nur des Nachts umfunktioniertes Büro oder Lager jedoch nicht. Eine »nicht nur vorübergehende Nutzung« beziehungsweise deren Möglichkeit ist bereits dann gegeben, wenn Wohnräumlichkeiten über einen langjährigen Zeitraum zweimal jährlich über einige Wochen genutzt werden, so jedenfalls der BFH in einem abschließenden Urteil.

Dagegen begründet ein in regelmäßigen Abständen erfolgender Aufenthalt in der Wohnung eines Freundes oder Verwandten keinen Wohnsitz, sofern »aus dem Koffer« gelebt wird. Gleiches gilt auch für eine vorübergehende Berufstätigkeit im Inland, die temporär einen zusätzlichen Haushalt erforderlich macht, sofern der Berufstätige regelmäßig zwischen seinem Wohnsitz im Ausland und dem inländischen Haushalt pendelt. Kurzzeitmietverträge brechen in den Augen der Rechtsprechung übrigens nicht die Sachherrschaft, das heißt, die Wohnung gilt weiterhin als beibehalten – mit allen steuerrechtlichen Konsequenzen. Lediglich mit Langzeitverträgen oder unbefristeten Mietverhältnissen sind Auswanderer auf der sicheren Seite.

Die Fallbeispiele könnten seitenweise fortgesetzt werden. Wichtig ist in diesem Zusammenhang die Erkenntnis, dass es wie so oft in der juristischen Typisierung auf das Gesamtbild der Verhältnisse ankommt. Doch belegen die hier aufgeführten Beispiele, dass insbesondere der Aspekt des Wohnsitzes aufgrund der sehr engen Auslegung erhebliche steuerliche Sprengkraft auf das Welteinkommen entfalten kann. Und wie im Steuerrecht durchaus üblich, muss der potenziell zu Besteuernde die seine Person begünstigenden Umstände hinreichend belegen können. Wenn schon auswandern, dann also richtig. Im Zweifel sollte hierzu unbedingt ein in der Materie belesener Steuerberater konsultiert werden.

Sofern die Auswanderung erfolgreich geglückt ist, sind drei Grundkonstellationen denkbar, unter denen ein steuerfreier Genuss der Kapitalerträge möglich ist. Zum einen gibt es zahlreiche Länder, die gar keine Steuern auf im Ausland erzielte Einkünfte erheben. Hierzu zählen vorwiegend Entwicklungs- und Schwellenländer, beliebte Ziele deutscher Auswanderer sind in dem Zusammenhang Georgien und Paraguay.

Zum Zweiten gibt es einige europäische Länder, die in althergebrachter englischer Tradition einen sogenannten Non-Domiciled-Status oder kurz Non-Dom-Status pflegen. Hierzu gehören neben Großbritannien die ehemals zu dessen Weltreich zählenden Kolonien Irland, Malta und Zypern, die neben dem Linksverkehr auch diese steuerrechtliche Besonderheit beibehalten haben.

Der Non-Dom-Status leitet sich aus dem angelsächsischen Rechtsverständnis »resident but not domiciled for tax purposes« ab, welches zwischen »Residence« (Wohnsitz) und »Domicile« (Sesshaftigkeit) unterscheidet. Es ist – ein weiteres Mal – das Resultat kriegerischer Auseinandersetzungen in Verbindung mit einem steuerlichen Anreizsystem. Etabliert wurde der Non-Dom-Status im Jahr 1799 im Zuge der erstmaligen Einführung einer Einkommensteuer in Großbritannien unter dem damaligen Premierminister William Pitt dem Jüngeren.

Die seinerzeit höchst umstrittene Einkommensteuer wiederum war aus der fiskalischen Not in Folge der zahlreichen Kriege an den Grenzen des Empires geboren. Pitt erkannte jedoch sehr wohl etwaige negative Auswirkungen und ergänzte die neue Steuerart gleich um einen Lenkungseffekt. Um die Investitionen außerhalb des Mutterlandes zu fördern, blieben die im Ausland erzielten Gewinne steuerfrei, sofern sie nicht nach England transferiert wurden.

Diese Struktur ist bis heute erhalten geblieben, gilt in Großbritannien mittlerweile allerdings nur noch für Steuerpflichtige, die nicht britischer Abstammung sind. In allen vier genannten Destinationen gilt, dass zumindest Ausländer dort »resident«, also wohnhaft sein können, ohne aber »domiciled«, also (dauerhaft) sesshaft, zu sein. Im Gegensatz zu Steuerpflichtigen mit Dom-Status, die ihr Welteinkommen im jeweiligen Land versteuern müssen, wird bei jenen mit Non-Dom-Status lediglich das Einkommen aus inländischen Quellen versteuert.

Auslandseinkommen werden nur dann mit hinzugezählt, wenn dieses ins Inland überwiesen oder vor Ort ausgegeben wird, beispielsweise über eine Auslandskreditkarte. Das eröffnet gerade Kapitalanlegern einen hohen Gestaltungsspielraum. Voraussetzung dafür ist freilich, dass sich die Depotbank außerhalb des Landes befindet, in dem der Non-Dom-Status beansprucht wird.

Die dritte und letzte Möglichkeit für Privatpersonen, ihre Kapitaleinkünfte steuerlich freizustellen, ist die Nutzung spezieller Aufenthaltsprogramme. Zu den bekanntesten in Europa zählt der Status des »residente não habitual« (RNH), also des »nicht gewöhnlichen Ansässigen«, welchen der portugiesische Gesetzgeber Anfang der 2000er-Jahre ins Leben gerufen hat.

Das Programm zielt in erste Linie auf wohlhabende ausländische Rentner ab, denen je nach Herkunftsland mit der Steuerfreiheit oder einer niedrigen Pauschalsteuer auf ihre Auslandseinkünfte der Umzug auf die Iberische Halbinsel schmackhaft gemacht werden soll. Gleichwohl ist der RNH-Status nicht auf Renten- und Pensionsempfänger beschränkt. Kapitalerträge bleiben in diesem Kontext ebenfalls steuerfrei, sofern sie nicht in Portugal selbst erzielt werden. Die Steuervorteile sind nach aktuellem Stand auf zehn Jahre begrenzt.

Indes hat der Erfolg des Programms Länder wie Griechenland und Italien animiert, ähnliche Statuten auszuarbeiten. Der Vollständigkeit halber sei erwähnt, dass sowohl der Non-Dom- als auch der RNH-Status an melde- und steuerrechtliche Voraussetzungen geknüpft ist. Um ein gewisses Maß an bürokratischem Aufwand kommen Auswanderungswillige in diesen Fällen also nicht herum.

Doch auch für Daheimgebliebene gibt es weitergehende Gestaltungsmöglichkeiten. So lässt sich auch um ein CEF-Depot ein Versicherungsmantel legen, wie er in KAPITEL 2.6 erörtert wurde. Dies ist aufgrund regulatorischer Vorgaben allerdings nicht mit einem herkömmlichen deutschen Versicherungsmantel, sehr wohl jedoch mit der flexiblen Liechtensteiner Variante möglich, in die grundsätzlich alle Vermögenswerte mit einer Börsenkennnummer eingebracht werden können.

Eine sich in letzter Zeit vor allem bei wohlhabenden deutschen Anlegern zunehmender Beliebtheit erfreuende Struktur ist die vermögensverwaltende GmbH (siehe ebenfalls KAPITEL 2.6). Hierbei werden die Vermögenswerte analog zum Versicherungsmantel in eine Kapitalgesellschaft überführt, die fortan als Holding dient.

Gerade einkommensorientierte Investoren sollten in diesem Fall den Bleistift besonders spitzen. Zwar bietet eine vermögensverwaltende GmbH nahezu unschlagbare Konditionen bei der Realisierung von Kursgewinnen auf börsennotierte Wertpapiere, die regelmäßig zu 95 Prozent steuerfrei gestellt werden können, was die Belastung mit Körperschafts- und Gewerbesteuer je nach Gemeinde auf um die 1,5 Prozent drückt (15 Prozent Körperschaftssteuer plus 15 Prozent Gewerbesteuer auf die verbleibenden 5 Prozent Kursgewinn).

Dieses Privileg gilt für Dividenden jedoch ausdrücklich nicht! Diese werden auf Ebene der GmbH regulär versteuert, was einen Schwund von etwa 30 Prozent nach sich zieht. Wird die angesammelte Liquidität dann auch noch von der juristischen an eine natürliche Person ausgekehrt, zahlt diese auf die Entnahme noch einmal Abgeltungssteuer.

Das macht den Dividendenbezug über eine vermögensverwaltende GmbH für Einkommensinvestoren auf den ersten Blick deutlich ungünstiger, als wenn die Wertpapiere im privaten Bestand gehalten werden. Allerdings können in die Gesellschaft zahlreiche Kosten wie beispielsweise für ein Firmenfahrzeug, Arbeitszimmer und Aufwendungen für Reisen ausgelagert werden, die den zu versteuernden Gewinn drücken. Zudem besteht beispielsweise über Darlehenskonstruktionen erheblicher Gestaltungsspielraum.

Im Gegenzug fallen einmalige und laufende Kosten für die Gesamtkonstruktion an, welche erst einmal wieder hereingeholt werden müssen. Zudem sollten Investoren, die in absehbarer Zeit mit einer Auswanderung liebäugeln, das Thema Wegzugsbesteuerung, welches mit dem Eigentum eines signifikanten Anteils an einer GmbH einhergeht, nicht außer Acht lassen. Das Signifikanzniveau ist übrigens bereits ab der Schwelle von 1 Prozent erreicht. Die »Lex Horten« lässt grüßen und empfiehlt die Einbindung eines Steuerberaters in den Vorgang.

In allen bisher genannten Fällen beziehen sich potenzielle steuerliche Einspareffekte ausschließlich auf die Kapitalertrags- beziehungsweise Abgeltungssteuer. Die Quellensteuer bleibt auch hier außen vor und ist in jedem Fall perdu. Umgehen lässt sie sich jedoch über quellensteuerfreie Anlagen, im Fall der CEFs also vor allem mit ausgewählten australischen sowie britischen Titeln. Das dürfte sich vor allem für besagte kapitalertragssteuerbefreite Investoren lohnen, bei denen eine etwaig gezahlte Quellensteuer ohnehin nicht angerechnet werden kann.

Auf eine kleine Stellschraube zur temporären Renditeoptimierung können jedoch auch daheimgebliebene Privatinvestoren zurückgreifen. Diese setzt beim bereits in KAPITEL 3.5 erläuterten Kapitalrückzahlungsanteil der Ausschüttungen an, dem Return of Capital (ROC), nicht zu verwechseln mit der betriebswirtschaftlichen Kennzahl Return on Capital Employed (ROCE).

Wie aufgeführt handelt es sich beim ROC um eine von mehreren steuerrechtlich relevanten Komponenten, aus denen sich die Ausschüttungen bei US-amerikanischen und kanadischen CEFs sowie bestimmten anderen Wertpapieren zusammensetzt. Sie ergibt sich rückwirkend aus der Bilanz beziehungsweise Gewinn- und Verlustrechnung eines Unternehmens und ist eine rein steuerrechtliche Größe und keine Erfolgs- oder Misserfolgskennzahl.

Dabei kann sich der ROC beispielsweise aus Abschreibungen auf die historischen Anschaffungskosten des Anlagevermögens zusammensetzen, die zwar den Bilanzgewinn, nicht jedoch den Einnahmeüberschuss drücken. Ferner sind bestimmte Erträge privilegiert und dürfen als ROC an die Anleger durchgereicht werden, gleiches trifft auch auf die Auflösung bestimmter Rücklagen zu oder aber wenn in einem Jahr tatsächlich mal aus der Substanz des CEFs ausgeschüttet wird (siehe auch KAPITEL 7.3).

Der ROC wird für jedes Wertpapier und Geschäftsjahr separat aufgeschlüsselt und in einem standardisierten Dokument deklariert. Dieses Dokument kann auf der jeweiligen Seite des CEFs oder seines Emittenten, meist unter der Rubrik »investor materials« oder »tax forms« abgerufen werden. Die Aufschlüsselung selbst erfolgt nach den in KAPITEL 3.5 aufgeführten Kriterien.

Ausschüttungen, die auf Dividenden, sonstigen Erträgen und Kapitalgewinnen beruhen, unterliegen dabei grundsätzlich der Einkommensteuer. Kapitalrückzahlungen sind von dieser hingegen in der Regel befreit. Das gilt zumindest für Zahlungsempfänger, die in Kanada beziehungsweise den USA veranlagt werden. Bei ausländischen Anlegern hängt die Anrechenbarkeit des ROCs von der jeweiligen Jurisdiktion ab. In Deutschland fällt sie in einen rechtlichen Graubereich, wenngleich vereinzelte Urteile auf eine Zulässigkeit der Vorgehensweise hindeuten.

Für die betroffenen Anleger hat die Deklaration eines ROCs drei Konsequenzen. Zum einen wird ihnen die auf die Kapitalrückzahlung zuvor abgezogene Quellensteuer im Folgejahr – wenn der ROC ermittelt und festgelegt wird – durch die Zahlstelle erstattet. Das funktioniert erfahrungsgemäß vor allem bei kanadischen respektive US-amerikanischen Depotbanken beziehungsweise deren Töchtern, die entsprechende Routinen implementiert haben.

Zum Zweiten brauchen sie lediglich den Ertragsanteil der Ausschüttung zu versteuern, also die zugeflossenen Zahlungen abzüglich des steuerfrei gestellten ROCs zu deklarieren. Je nach Broker oder Bank wird dieser analog zur periodischen Summe aller Dividenden und Quellensteuern (siehe KAPITEL 10.3), ebenfalls im entsprechenden Bericht ausgewiesen. In diesem Fall können die Dividendeneinkünfte in einer Rechenoperation um den ROC gemindert werden.

Beispiel: Der ABC-CEF hat an einen ausländischen Anleger im Laufe eines Jahres 1000 US-Dollar ausgeschüttet. Hiervon sind

15 Prozent beziehungsweise 150 US-Dollar an Quellensteuern einbehalten worden. Im Folgejahr deklariert der CEF auf die Ausschüttungen des Vorjahres einen ROC in Höhe von 30 Prozent, der zu versteuernde Ertragsanteil an den Ausschüttungen beträgt also 70 Prozent. Daraufhin erstattet die US-amerikanische Depotbank des Anlegers diesem die bereits gezahlten 15 Prozent Quellensteuer auf den ROC, also 45 US-Dollar (1000 US-Dollar mal 30 Prozent mal 15 Prozent). Tatsächlich gezahlt hat der Anleger damit Quellensteuer in Höhe von 105 US-Dollar. Bei der Steuererklärung deklariert er insgesamt 595 US-Dollar beziehungsweise den entsprechenden Gegenwert in seiner Heimatwährung als Einkünfte aus dem ABC-CEF (1000 US-Dollar minus 105 US-Dollar gezahlte Quellensteuer minus 300 US-Dollar ROC).

Gleichwohl wird die Steuerlast durch die Anrechnung des ROCs nicht verringert, sondern lediglich verlagert. Denn, und das ist die dritte Konsequenz, der ROC setzt als Kapitalrückzahlung im selben Maße die Anschaffungskosten beziehungsweise den Einstandspreis für das Wertpapier herab.

Um im zuletzt genannten Beispiel zu bleiben: Hätte der Anleger für die Position des ABC-CEFs insgesamt 20 000 US-Dollar gezahlt, müsste er diese nach Anrechnung des ROCs um 300 US-Dollar auf 19 700 US-Dollar herabsetzen. Dies wirkt sich spätestens beim Verkauf der Position aus, sofern sich der entsprechende Gewinn oder Verlust steuerlich als relevant erweist.

Die steuerlichen Aspekte einer Anlage in CEFs mögen auf den ersten Blick abschreckend wirken, wurden allerdings an dieser Stelle bewusst breit ausgerollt. Tatsächlich lehrt die Praxis, dass es unter Beachtung einiger weniger Punkte ebenso unkompliziert wie steuereinfach ist, in die Produktgattung zu investieren. In keinem Fall sollten sich interessierte Anleger von den fiskalischen Hürden schrecken lassen. Insbesondere bei Wahl des richtigen Brokers und eines entsprechenden Reportings lässt sich das leidige Steuerthema mit wenigen Minuten pro Jahr abhandeln.

11

Schlusswort

Mit der Versteuerung der Erträge ist die kurze Geschichte der Investmentfonds im Allgemeinen und der CEFs im Speziellen inhaltlich sowie bezüglich des Anlageprozesses nunmehr abgeschlossen. Selbstverständlich wurde das Thema nicht in voller Tiefe ausgelotet, worauf bereits an der einen oder anderen Stelle hingewiesen wurde. Nach guter Ökonomensitte haben sich die Autoren daher auf das Paretoprinzip besonnen und mit den wichtigsten 20 Prozent der Daten, Zahlen und Fakten 80 Prozent des Themas erfasst.

Mit dieser ersten deutschsprachigen Publikation zur weiten Welt der CEFs sollte eine kontinentaleuropäische Lanze für die angelsächsische Produktgattung gebrochen werden. Wieso das? Nun, zum einen aus Spaß und der Freude am Thema, dem sich das Autorenduo seit Jahren mit Passion widmet. Zum anderen allerdings auch, um die einkommensorientierte Geldanlage als arbeitsunabhängige Ertragssäule in autonomer Eigenregie populärer, ja gar salonfähig zu machen.

Zahlreiche Volkswirtschaften rund um den Globus sehen sich mit den Auswirkungen des demografischen Wandels konfrontiert. Dieser wird neben Japan vor allem Westeuropa treffen – mit einem auf Jahrzehnte unumkehrbaren Trend. Treibende Kraft ist dabei weniger die seit Jahrzehnten vergleichsweise stabile Geburtenrate bei demjenigen Bevölkerungsanteil, der Kinder hat, als vielmehr der hohe und weiterwachsende Anteil der Menschen ohne Nachwuchs.

Insbesondere für die Bundesrepublik Deutschland, welche Stand 2021 den achten Platz der Länder mit dem höchsten Bevölkerungsanteil der über 64-Jährigen beanspruchen kann – bereinigt um Monaco und Martinique ist es sogar Platz sechs –, bedeutet das angesichts der in demografisch expansiven Zeiten geschmiedeten umlagefinanzierten Vorsorgesysteme finanzmathematisch schwer aufzulösende Gleichungen. Schon jetzt muss die gesetzliche Rentenversicherung mit jährlich wachsenden Bundeszuschüssen alimentiert werden – im Jahr 2020 waren es bereits 75,3 Milliarden Euro. Gleichzeitig wird nach der laufenden Vorausberechnung des Statistischen Bundesamtes die Zahl der Erwerbspersonen in den 2020er-Jahren erstmals seit Bestehen der Bundesrepublik Deutschland sinken.

Mit klassischen Investmentfonds und ETFs wurden in den westlichen Industrienationen Anlagevehikel geschaffen, die breiten Bevölkerungsschichten eine einfache und vergleichsweise kostengünstige Möglichkeit bieten, an den Erträgen der Kapitalmärkte zu partizipieren. Regelmäßige Sparpläne können zudem über die Zeit zum Aufbau eines signifikanten Kapitalstocks beitragen. Moderne Depotbanken und Broker mit attraktiven Gebührenstrukturen und bequem zu händelnden Onlineplattformen unterstützen diesen Kapitalisierungsprozess.

Der Aufbau einer solchen privaten Vermögensfestung ist das eine. Die Strategie in der Verwertungsphase, egal ob vor oder nach Erreichung des regulären Rentenalters, das andere. Gerade die seit über 150 Jahren etablierten CEFs können für diese Lebensphase einen zentralen Baustein im persönlichen Vermögensmix bilden. Mit CEFs und einer passenden Strategie erschließen sich Anleger einen aus einer Vielzahl global verteilter Quellen sprudelnden Einkommensstrom – wie schon zu Zeiten Abraham van Ketwichs.

Abkürzungsverzeichnis

ABS: Asset Backed Security
AEAO: Anwendungserlass zur Abgabenordnung
AFFE: Acquired fund fees and expenses
AIC: Association of Investment Companies
AIF: Alternativer Investmentfonds
AO: Abgabenordnung
AP: Authorized Participant
AStG: Außensteuergesetz
ASX: Australian Securities Exchange
ATM: Automated Teller Machine

BaFin: Bundesanstalt für Finanzdienstleistungsaufsicht
BDC: Business Development Company
BEIC: British East India Company (Britische Ostindien-Kompanie)
BFH: Bundesfinanzhof
BMF: Bundesministerium der Finanzen
BVerfG: Bundesverfassungsgericht
BZSt: Bundeszentralamt für Steuern

CEF: Closed-end Fund (börsennotierter Investmentfonds)
CEFA: Closed-end Fund Association
CFD: Contract For Difference
CRS: Common Reporting Standard

DAX: Deutscher Aktienindex
DBA: Doppelbesteuerungsabkommen

ETF: Exchange Traded Fund
EU: Europäische Union

Fed: Federal Reserve System
FTSE: Financial Times Stock Exchange

GAA: Geldausgabeautomat
GBp: Great Britain Pence (britischer Pence)
GBP: Great Britain Pound (britisches Pfund)
GmbH: Gesellschaft mit beschränkter Haftung

HSBC: Hongkong & Shanghai Banking Corporation Holdings
HYIP: High Yield Investment Program

ICI: Investment Company Institute
InvAG: Investmentaktiengesellschaft
InvG: Investmentgesetz
IPO: Initial Public Offering

KAG: Kapitalanlagegesellschaft
KAGB: Kapitalanlagegesetzbuch
KIID: Key Investor Information Document (Basisinformationsblatt)
KVG: Kapitalverwaltungsgesellschaft

LDP: Level Distribution Policy
LIC: Listed Investment Company
LIT: Listed Investment Trust
LSE: London Stock Exchange

MDP: Managed Distribution Policy
MiFID: Markets in Financial Instruments Directive (Richtlinie über Märkte für Finanzinstrumente)
MSCI: Morgan Stanley Capital International
MSCI ACWI: MSCI All Country World Index

NASDAQ: National Association of Securities Dealers Automated Quotations
NAV: Net Asset Value
NIW: Nettoinventarwert
Non-Dom-Status: Non-Domiciled-Status
NYSE: New York Stock Exchange

OGAW: Organismen für gemeinsame Anlagen in Wertpapieren
OIF: Offener Immobilienfonds

P2P-Kredite: Peer-to-Peer-Kredite
PRIIP: Packaged Retail and Insurance-based Investment Products (Basisinformationsblätter für verpackte Anlageprodukte für Kleinanleger und Versicherungsanlageprodukte)
PV-Anlage: Photovoltaikanlage

REIT: Real Estate Investment Trust
RNH: Residente Não Habitual (nicht gewöhnlicher Ansässiger)
ROC: Return of Capital
ROCE: Return on Capital Employed

SBCA: Small Business Credit Availability Act
SEC: United States Securities and Exchange Commission
SEHK: Stock Exchange of Hong Kong
SICAV: Société d'investissement à capital variable (französisch) oder società di investimento a capitale variabile (italienisch)
SPAC: Special Purpose Acquisition Company
SWX: Swiss Exchange

TCO: Total Cost of Ownership
TER: Total Expense Ratio
TSE: Toronto Stock Exchange (kanadische Börse)
TYO: Tokyo Stock Exchange

UIT: Unit Investment Trust
USD: US-Dollar (Währungskürzel)
UT: Unit Trust

WAM: Wilson Asset Management
WIC: Geoctroyeerde West-Indische Compagnie (Niederländische Westindien-Kompanie)

VOC: Vereenigde Oostindische Compagnie (Niederländische Ostindien-Kompanie)
VCT: Venture Capital Trust

YieldCo: Yield Company

ZAR: Zuid-Afrikaansche Republiek (Südafrikanische Republik)

Quellenverzeichnis

Printmedien

Bogle, John C.: Das kleine Handbuch des vernünftigen Investierens – An der Börse endlich sichere Gewinne erzielen; FinanzBuch Verlag, 2018

Buchter, Heike: BlackRock – Eine heimliche Weltmacht greift nach unserem Geld; Campus Verlag, 2015

Gagel, Reinhold: Wie man eine Bilanz liest – Positionen analysieren, Kennzahlen lesen, Bilanztricks durchschauen; FinanzBuch Verlag, 2020

Händeler, Erik: Die Geschichte der Zukunft – Sozialverhalten heute und der Wohlstand von morgen; Joh. Brendow & Sohn Verlag, 2005

Harari, Yuval Noah: Eine kurze Geschichte der Menschheit; Pantheon Verlag, 2015

Heinsohn, Gunnar: Söhne und Weltmacht – Terror im Aufstieg und Fall der Nationen; Orell Füssli Verlag, 2003

Heinsohn, Gunnar / Steiger, Otto: Eigentumsökonomik; Metropolis Verlag, 2008

Kommer, Gerd: Souverän investieren mit Indexfonds und ETFs – Wie Privatanleger das Spiel gegen die Finanzbranche gewinnen; Campus Verlag, 2011

Malkiel, Burton G.: Börsenerfolg ist (k)ein Zufall – Die besten Investmentstrategien für das neue Jahrtausend; FinanzBuch Verlag, 1999

Pazos, Luis: Bargeld statt Buchgewinn – Mit Hochdividendenwerten zum passiven Monatseinkommen; FinanzBuch Verlag, 2017

Pazos, Luis: Geldanlage in Business Development Companies – Börsennotiertes Wagniskapital für den US-amerikanischen Mittelstand; Independent Publishing, 2020

Pazos, Luis: Geldanlage in Preferred Shares – Mit börsennotiertem Hybridkapital zum defensiven Einkommensportfolio; Independent Publishing, 2021

Pazos, Luis: Geldanlage in REITs – Mit börsennotierten Beteiligungen zum globalen Immobilienportfolio; Independent Publishing, 2018

Perry, Bryan: The 25 Prozent Cash Machine – Double Digit Income Investing; John Wiley & Sons, 2007

Schmidlin, Nicolas: Unternehmensbewertung & Kennzahlenanalyse – Praxisnahe Einführung mit zahlreichen Fallbeispielen börsennotierter Unternehmen; Verlag Vahlen, 2013

Stock, Christin / Goldberg, Joachim: Genial einfach entscheiden – Besser denken, handeln und investieren im täglichen Entscheidungsdschungel; FinanzBuch Verlag, 2013

Stooker, Richard: Income Investing Secrets – Receive Checks for Life; Independent Publishing, 2012

Onlinemedien

Association of Investment Companies: Taxation of investment companies; Ohne Datum, URL: https://www.theaic.co.uk/financial-advisers/guides/taxation-of-investment-companies

Covacoro: Eine kurze Geschichte des Investmentfonds; Stand vom 09.05.2019, URL: https://www.covacoro.de/2019/05/09/eine-kurze-geschichte-des-investmentfonds

Destatis: Erwerbstätigkeit – Erwerbspersonenvorausberechnung; Ohne Datum, URL: https://www.destatis.de/DE/Themen/Arbeit/Arbeitsmarkt/Erwerbstaetigkeit/Erwerbspersonenvorausberechnung-2020.html

Deutsche Börse Gruppe: 20 Jahre ETFs – ETF-Investoren profitieren heute von sehr hoher Liquidität, immer innovativeren Fonds und sinkenden Preisen; Stand vom 12. 03.2020, URL: https://deutsche-boerse.com/dbg-de/produkte-services/insights-20-deyears-etfs/20-Jahre-ETFs-1763736

Die Welt: Unterschätzte Heuschrecken; Stand vom 13.11.2008, URL: https://www.welt.de/debatte/kolumnen/Maxeiner-und-Miersch/article6058189/Unterschaetzte-Heuschrecken.html

extraETF: Kosten von ETFs – Analyse und Überblick; Stand vom 16.11.2021, URL: https://de.extraetf.com/wissen/kosten-von-etfs

Fidelity: Closed-end fund (CEF) distributions – Learn why it's important to understand the source of closed-end fund distributions; Ohne Datum, URL: https://www.fidelity.com/learning-center/investment-products/closed-end-funds/distributions

Finanz und Wirtschaft: Der intime Kenner der Großen Depression; Stand vom 04.11.2013, URL: https://www.fuw.ch/article/der-intime-kenner-der-grossen-depression

Gabler Wirtschaftslexikon: Kapitalsammelstellen; Stand vom 19.02.2018, URL: https://wirtschaftslexikon.gabler.de/definition/kapitalsammelstellen-40370

ginmon: ETF-Trading – So funktioniert der ETF-Handel; Stand vom 16.11.2021, URL: https://www.ginmon.de/etf/etf-trading

Handelsblatt: Gute Nachrichten für private Anleger – BFH hält Beschränkung der Verlustverrechnung für Aktien für verfassungswidrig; Stand vom 07.06.2021, URL: https://blog.handelsblatt.com/steuerboard/2021/06/07/gute-nachrichten-fuer-private-anleger-bfh-haelt-beschraenkung-der-verlustverrechnung-fuer-aktien-fuer-verfassungswidrig

ifo institut: Corona und die wundersame Geldvermehrung in Europa; Stand vom 14.12.2020, URL: https://www.youtube.com/watch?v=L-dCADYr2AM

Investopedia: What Is MSCI?; Stand vom 15.11.2021, URL: https://www.investopedia.com/terms/m/msci.asp

justETF: Kosten von ETFs – Analyse & Überblick; Stand vom 10.11.2021, URL: https://www.justetf.com/de/news/etf/die-tatsaechlichen-kosten-eines-etfs-gesamtkostenquote-ter-vs-total-cost-of-ownership-tco.html

Makronom: Finanzblasen – Warum die Geschichte der Tulpenmanie größtenteils falsch ist; Stand vom 20.02.2018, URL: https://makronom.de/tulpenblase-bitcoin-finanzblasen-warum-die-geschichte-der-tulpenmanie-groesstenteils-falsch-ist-25431

manager magazin: Kuriose Börsenwelt – Zahl der Indizes übersteigt Zahl der Aktien um das 70fache; Stand vom 15.11.2021, URL: https://www.manager-magazin.de/finanzen/artikel/dax-und-co-zahl-der-indizes-uebersteigt-zahl-der-aktien-um-das-70fache-a-1189342.html

private banking magazin; 21 deutsche Anbieter vertreten – Allianz landet unter den Top 10 der 500 größten Asset Manager; Stand vom 08.11.2021, URL: https://www.private-banking-magazin.de/allianz-landet-unter-den-top-10-der-500-groessten-asset-manager

Statista: Anzahl der börsennotierten Unternehmen weltweit in den Jahren von 1980 bis 2019; Stand vom 15.11.2021, URL: https://de.statista.com/statistik/daten/studie/1203648/umfrage/anzahl-der-boersennotierten-unternehmen-weltweit

Statista: Anzahl der weltweit verwalteten ETFs von 2005 bis 2020; Stand vom 15.11.2021, URL: https://de.statista.com/statistik/daten/studie/219379/umfrage/anzahl-der-etfs-weltweit-seit-1997

Statista: Anzahl der weltweit verwalteten offenen Investmentfonds in den Jahren von 2014 bis 2020; Stand vom 15.11.2021, URL: https://de.statista.com/statistik/daten/studie/219484/umfrage/anzahl-der-weltweit-verwalteten-investmentfonds-seit-2001

UK Legislation: The Investment Trust (Approved Company) (Tax) Regulations 2011; Ohne Datum, URL: https://www.legislation.gov.uk/uksi/2011/2999/contents/made

WohnsitzAusland: Kein Welteinkommensprinzip, ausländische Einkünfte steuerfrei – Non Domiciled Status & Remittance Basis Besteuerung endlich verständlich; Ohne Datum, URL: https://www.wohnsitzausland.com/non-domiciled-status

Informationen

a) Onlinebroker

CapTrader mit Sitz in Düsseldorf ist ein Wiederverkäufer von Interactive Brokers, einem der weltweit größten Brokerhäuser. Der Wertpapierhandel und die Depotverwaltung werden über die irische Niederlassung des US-Instituts abwickelt. Handelbar sind über eine Millionen Wertpapiere an mehr als 80 Börsen rund um die Welt, darunter so gut wie alle CEFs. Und das zu einem Preis-Leistungs-Verhältnis, bei dem selbst eine Kleinorder im Gegenwert von wenigen hundert Euro wirtschaftlich ausgeführt werden kann. Ferner stehen bei CapTrader auch Privatkunden Wertpapierleihgeschäfte zur Verfügung (siehe hierzu KAPITEL 2.4). Darüber hinaus handhabt der Broker die ausländische Quellensteuer tadellos und stellt allen Anlegern ein ausführliches Reporting zur Verfügung. Beide Autoren sind seit vielen Jahren selbst Kunden von CapTrader:

https://www.captrader.com/de

Die konzernunabhängige Swissquote mit Hauptsitz in Gland (und damit weitab vom Finanzzentrum Zürich) ist der Schweizer Marktführer im Bereich Onlinebanking. Der Broker ist eines von ganz wenigen Instituten mit deutschsprachigem Service, welches die Handelbarkeit von Wertpapieren für Anleger mit Wohnsitz in der EU bisher in keiner Weise eingeschränkt hat. Neben sämtlichen CEFs können daher auch alle außerhalb der EU aufgelegten und verwalteten ETFs hier geordert werden (siehe KAPITEL 2 und 10.1):

https://www.swissquote.ch

Zahlreiche ETFs lassen sich zudem bei der Comdirect Bank ordern. Die Gebühren für den Handel an außereuropäischen Börsen sind für einen nationalen Anbieter durchaus attraktiv, gleichwohl deutlich höher als bei manchen internationalen Wettbewerbern, insbesondere im Vergleich zu CapTrader. Anleger, die ohnehin ein Depot beim Institut aus Quickborn unterhalten und diesem CEFs beimischen wollen, können hierfür aus praktischen Erwägungen dessen Angebot nutzen:

https://www.comdirect.de

Weiterhin dürften alle international aufgestellten Broker wie Charles Schwab, E*Trade, Fidelity und TD Ameritrade einen umfassenden Zugang zur hier besprochenen Anlageklasse gewähren. In Deutschland sollten die großen Onlinebroker wie die Consorsbank oder die ING analog zur Comdirect ein eingeschränktes Angebot im Programm haben. Zu den im letzten Abschnitt genannten Instituten verfügen die Autoren jedoch über keine persönlichen Erfahrungswerte.

b) Wertpapiere

Börsengehandelte US-amerikanische Fonds lassen sich auf den Seiten diverser Closed-end-Fund-Interessenverbände zur Förderung der Anlageklasse recherchieren:

https://aicalliance.org
https://www.cefconnect.com
https://www.cefa.com

Das Investment Company Institute (ICI) gibt jährlich ein umfangreiches Investment Company Factbook heraus, welches jede Menge Daten, Zahlen und Fakten zu US-amerikanischen CEFs enthält:

https://www.icifactbook.org

Eine sehr feingranulare Suchmaschine für US-amerikanische CEFs bietet die Active Investment Company Alliance auf ihrer Seite an:

https://aicalliance.org/cef-universe/fund-screener

Eine Übersicht zu BDCs nebst verschiedener Such- und Filterfunktionen gibt es auf dem Themenportal des Informationsdienstes BNK Invest:

https://www.bdcinvestor.com/screens/largest-bdcs-by-size

Informationsportale mit zahlreichen Such- und Filterfunktionen speziell zu britischen CEFs einschließlich VCTs betreiben der Finanzinformationsdienst FE fundinfo als auch die Interessenvereinigung Association of Investment Companies (aic):

https://www.trustnet.com
https://www.theaic.co.uk/aic/find-compare-investment-companies

Eine laufend aktualisierte Liste kanadischer CEFs, die als Excel-Tabelle heruntergeladen werden kann, gibt die Toronto Stock Exchange (TSE) heraus:

https://tsx.com/listings/listing-with-us/sector-and-product-profiles/closed-end-funds

Gleich mehrere Informationsdienstleister und Finanzportale – darunter auch die international aufgestellte Morningstar Inc. – betreiben Seiten mit Analysen, Übersichten und Suchfiltern zu australischen CEFs in Form von LICs und LITs:

https://www.eurekareport.com.au/investment-tools/lic
https://www.licat.com.au/sector-reports
https://www.morningstar.com.au/LICs/MonthlyReports

Historische Preise und Ausschüttungen (nicht nur) zu weltweit notierten CEFs lassen sich sehr gut über das Finanzportal des Medienunternehmens Yahoo abrufen:

https://de.finance.yahoo.com

Anleger, die ihren Rechercheaufwand deutlich reduzieren möchten, finden darüber hinaus in den kostenpflichtigen Mitgliederbereichen der von den Autoren betriebenen Onlinepräsenzen mehrere nach

Branchen und Themen sortierte Wertpapierdatenbanken, welche Daten, Fakten und Zahlen zu hunderten CEFs enthalten:

https://dwiedividende.de

https://nurbaresistwahres.de/premiuminhalte

c) Steuern und Abgaben

Alle aktuellen DBA zwischen der Bundesrepublik Deutschland und ausländischen Staaten hat das BMF auf einer eigenen Seite gelistet:

http://bit.ly/31pfUbt

Eine vollständige und jährlich aktualisierte Übersicht über die im Ausland erhobenen und in Deutschland anrechenbaren Quellensteuern auf Dividenden- und Zinszahlungen hält das BZSt als PDF-Dokument bereit:

http://bit.ly/2OH7s5E

d) Sonstiges

Zu zahlreichen in diesem Buch genutzten deutschsprachigen Fachbegriffen existieren Artikel mit weiterführenden und vertiefenden Informationen auf der deutschsprachigen Wikipedia:

https://de.wikipedia.org

Zu zahlreichen in diesem Buch genutzten englischsprachigen Fachbegriffen existieren Artikel mit weiterführenden und vertiefenden Informationen auf der englischsprachigen Wikipedia:

https://en.wikipedia.org

Über folgende Seite ist ein kostenloses und einfach zu bedienendes Onlineportal für finanzmathematische Kalkulationen erreichbar, welches auch komplexe Renditeberechnungen, so zum Beispiel für Sparverträge, erlaubt:

http://www.zinsen-berechnen.de

Aktien für die Ewigkeit

Jeremy J. Siegel

DAS Standardwerk für die richtige Portfoliostrategie und eine kontinuierliche Rendite in allen Marktphasen. Der Bestseller »Stocks for the Long Run« in der 5., komplett überarbeiteten Auflage. Jeremy Siegels Klassiker stellt die wichtigsten Kriterien zusammen, die jeder Aktionär berücksichtigen sollte, um sein Portfolio möglichst stabil und sicher zu gestalten. Er zeigt die wichtigsten Kennzahlen und Strategien auf und erläutert, wie risikoarme aber renditestarke Investments funktionieren. Neben diesen ganz konkreten Investmentstrategien liefert er langfristige Einschätzungen des Marktgeschehens und der Konsequenzen für Anleger.

Das große Handbuch für erfolgreiche Aktien-Anleger

Dr. Gisela Baur, Hans G. Linder, Brigitte Wallstabe-Watermann, Antonie Klotz, Peter Thilo Hasler

Für fortgeschrittene Anleger, die tiefer in die Materie rund um die Auswahl der besten Aktien, langfristig funktionierende Börsenstrategien und tiefer gehende Bilanzanalyse einsteigen möchten, fehlte es bisher an geeigneter Literatur. Mit diesem Buch schließt das fünfköpfige Autorenteam diese Lücke. Ausführlich skizzieren sie Branchen und Märkte mit ihren Chancen und Risiken und stellen bewährte fundamentale und technische Indikatoren vor, die bei der Auswahl der richtigen Märkte und Einzelaktien helfen. Das Buch ist ein umfangreiches und unverzichtbares Standardwerk für alle, die erfolgreich in Aktien investieren und die Mechanismen an den Börsen verstehen möchten.

600 Seiten | Hardcover | 35,00 € (D) | 36,00 € (A) | ISBN 978-3-95972-527-9

Die kommenden Roaring Twenties

Gerhard Massenbauer

Die Notenbanken haben in den letzten Jahren so viel Geld gedruckt wie nie zuvor. Die Zinsen stehen weltweit auf absurd tiefen Niveaus, negative Renditen sind Realität. Viele fürchten sich vor Hyperinflation und dem totalen Systemzusammenbruch. Doch Währungsexperte Gerhard Massenbauer sieht das völlig anders: Der Untergang des Finanzsystems steht nicht bevor. Es liegt – im Gegenteil – überraschend eine chancenreiche Zeit vor uns! Das Buch beantwortet praktische Fragen, die sich jeder Anleger jetzt stellen sollte: Wie lässt sich trotz Minuszinsen Rendite erzielen? Wie identifiziert man Wachstumsmärkte? Wie werden sich die wichtigsten Währungen in den nächsten Jahren entwickeln? Wie erreicht man aktientypische Erträge mit deutlich geringerem Risiko? Und wie schafft man es am Ende, den richtigen Zeitpunkt zu erkennen, um Gewinne zu realisieren?

208 Seiten | Hardcover | 20,00 € (D) | 20,60 € (A) | ISBN 978-3-95972-508-8